Grundlagen des Strafrechts

herausgegeben von

Band 6

Kai Ambos

Nationalsozialistisches Strafrecht

Kontinuität und Radikalisierung

Nomos
facultas
DIKE

Die Deutsche Nationalbibliothek verzeichnet diese Publikation in der Deutschen Nationalbibliografie; detaillierte bibliografische Daten sind im Internet über http://dnb.d-nb.de abrufbar.

ISBN 978-3-8487-5631-5 (Nomos Verlag, Baden-Baden, Print)
ISBN 978-3-8452-9714-9 (Nomos Verlag, Baden-Baden, ePDF)

ISBN 978-3-7089-1839-6 (facultas Verlag, Wien)
ISBN 978-3-03891-096-1 (Dike Verlag, Zürich/St.Gallen)

1. Auflage 2019

Für Analu

„Doch eben weil durch das Dritte Reich eine Tradition vernichtet worden ist, die mit der deutschen Identität aufs tiefste verbunden ist, müssen die Deutschen ... hinter Auschwitz zurück- und über Auschwitz hinausdenken. ... Zur deutschen Identität gehört das Judentum jedenfalls unverlierbar hinzu, und die Nachgeborenen sollten es als ihre Pflicht ansehen, seiner bedeutenden Geschichte nicht nur nachhaltig zu gedenken, sondern dieses Gedenken als fruchtbare Saat in die Zukunft Deutschlands und Europas zu streuen."

Dieter Borchmeyer, Was ist Deutsch?, 2017, S. 22

Was für ein arroganter Glauben, man käme so billig davon?
Als könnte irgendwie irgendetwas irgendwann jemals
wieder normal sein.
... *Es wird nie wieder alles gut.*

Max Czollek, Desintegriert euch!, München 2018, S. 182

Vorwort

Die vorliegende Untersuchung ist aus der Lektüre der jüngst erschienenen Monographie des berühmten argentinischen Strafrechtslehrers Eugenio Raúl Zaffaroni zur nationalsozialistischen Strafrechtsdogmatik („Doctrina Penal Nazi“, 2017) hervorgegangen. Was zunächst nur eine knappe Rezension werden sollte, ist durch die eingehende Überprüfung der von Zaffaroni angegebenen Quellen und die Herbeiziehung weiterer Primär- und Sekundärquellen schnell zu einer selbständigen Abhandlung geworden. Sie versteht das nationalsozialistische Strafrecht – in Übereinstimmung mit der verbreiteten, die Kontinuitätsthese weiterentwickelnden Radikalisierungsthese – als rassistisch (antisemitisch), völkisch („germanisch“) und totalitär ausgerichtete Fortschreibung der autoritären und antiliberalen Tendenzen des deutschen Strafrechts der Jahrhundertwende und der Weimarer Republik. Dies soll durch die systematisch-analytische Aufbereitung der Texte relevanter Autoren belegt werden, wobei es primär um die – für sich selbst sprechenden – Texte, nicht die moralische Beurteilung ihrer Verfasser geht. Allerdings sollte ein Göttinger Ordinarius sich der unrühmlichen NS-Vergangenheit gerade seiner Fakultät bewusst sein, zumal diese zwischenzeitlich von meiner rechtshistorischen Kollegin *Eva Schumann* (insbesondere 2008) weitgehend aufgearbeitet worden ist (krit. schon vorher *Halfmann*, 1998).

Der Leser erfährt auch etwas zur Rezeption des deutschen (NS-) Strafrechts in Lateinamerika. Noch ein Wort zur besagten Kontinuität: Sie existierte nicht nur rückwärtsgewandt (post-Weimar), sondern auch zukunftsgerichtet (Bonner Republik). Kurzum, das NS-Strafrecht kam weder aus dem Nichts noch ist es nach 1945 völlig verschwunden. Der zeitgenössische Versuch der identitären Rekonstruktion des germanischen Mythos durch die sog. „neue Rechte“ schließt daran nahtlos an. Der von ihr betriebene populistische Politikstil ersetzt im digitalen Zeitalter den argumentativen Diskurs durch „ein vermeintlich unmittelbares Zustimmen in einer virtuellen Volksgemeinschaft“ (Stollberg-Rilinger, Interview, faz.net, aktualisiert 2.9.2018).

Ich danke zahlreichen Kollegen für kritische und weiterführende Hinweise. Albin Eser, Fritz Loos und Thomas Vormbaum haben das Manuskript ganz gelesen. Friederike Wapler hat mir wertvolle Hinweise zum vierten Kapitel (NS-Strafrecht und Neukantianismus) gegeben, darüber hinaus Gunnar Duttge, Katrin Gierhake, Luis Greco, Katrin Höffler, Tatjana Hörnle, Günther Jakobs, Urs Kindhäuser, Uwe Murmann und Dietmar von der Pfordten. Hinweise zu anderen Aspekten habe ich überdies von Paulo de Sousa Mendes, Leandro Dias, Michael Kubiciel, Javier Llobet, Christoph Safferling, Eva Schumann, Heike Stopp und Fernando Velásquez erhalten. Florian Jessberger und Moritz Vormbaum haben mir ihre Beiträge zu H. Henkel und Eb. Schmidt, Urs Kindhäuser seinen Beitrag zu „Günther Jakobs und Hans Welzel“ vorab zur Verfügung gestellt. Ferner danke ich Herrn Akademischen Rat Dr. Alexander Heinze sowie meinen studentischen Mitarbeitern Henri Backhaus, Marieke Buchholz, Matthias Friese, Leon Augustin Hill, Roman Jusen, Alina Sviridenko, Dara-Lisa Szielinski und Tjorven Vogt für Unterstützung bei der Recherche und der Erstellung der Druckfassung. Meiner Doktorandin Yingxin He danke ich für Hinweise zum chinesischen Rechtstaatsverständnis.

Kai Ambos　　　　Göttingen, Januar 2019

Inhaltsverzeichnis

Abkürzungsverzeichnis

Abb.:	Abbildung
ADPCP:	Anuario de Derecho Penal y Ciencias Penales
a.E.:	am Ende
allg.:	allgemein/er
ARSP:	Archiv für Rechts- und Sozialphilosophie / Archives for Philosophy of Law and Social Philosophy
BMJ:	Bundesministerium der Justiz
BT:	Besonderer Teil
BVerfG:	Bundesverfassungsgericht
bzgl.:	bezüglich
Ders.:	Derselbe
diff.:	differenzierend
DJ:	Deutsche Justiz (1933-1945; Hrsg. Reichsminister der Justiz; „amtliches Organ der deutschen Rechtspflege und Rechtspolitik"; Rechtsvorgänger: Zeitschrift Preußische Justiz)
DJZ:	Deutsche Juristenzeitung (ab 1933 in NS-Hand; Hrsg. Carl Schmitt (ab 1934); zuvor seit 1896 im Verlag des als Juden Verfolgten Otto Liebmann; 1936 wegen der ZAkDR eingestellt)
DPC:	Derecho Penal y Criminología (Bogotá, Kolumbien: Universidad Externado)
DR:	Deutsches Recht (1931-1945, „Zentralorgan des National-Sozialistischen Rechtswahrerbundes", 1939 mit JW vereinigt)
DRWis:	Deutsche Rechtswissenschaft (1936 gegründet zum Zwecke der „Rechtsneuerung" / Verbreitung der Ideen der Kieler Schule)
DStR:	Deutsches Strafrecht. Strafrecht. Strafrechtspolitik. Strafprozess (als Ergänzungsblatt zur DJ) (1934-1944, Hrsg. Roland Freisler, ab 1953 wieder unter dem Titel „Goltdammer's Archiv für Strafrecht")
ebd.:	ebenda
et al.:	„und andere"
FG:	Festgabe
Fn.:	Fußnote
FS:	Festschrift
GerS:	(Der) Gerichtssaal
gg.:	gegen
ggü.:	gegenüber
Ggs.:	Gegensatz
GLJ:	German Law Journal

grdl.:	grundlegend
grds.:	grundsätzlich/e/er
Hrsg.:	Herausgeber
Herv.i.Orig:	Hervorhebung im Original
i.E.:	im Ergebnis
JCL&Crim:	Journal of Criminal Law and Criminology
Jh.:	Jahrhundert
JJZG:	Jahrbuch der juristischen Zeitgeschichte
JoJZG:	Journal der juristischen Zeitgeschichte
JW:	Juristische Wochenschrift („Organ des Deutschen Anwaltsvereins" bis 1939, danach mit DR vereint; in der NS-Zeit von nationalsozialistischen Rechtsvorstellungen geprägt; Anwaltszeitschrift erst mit der Neugründung der NJW 1947)
JZ:	JuristenZeitung (seit 1951, Nachfolger der SJZ)
krit.:	kritisch
KritV:	Die Kritische Vierteljahresschrift für Gesetzgebung und Rechtswissenschaft
LB:	Lehrbuch
LH:	Libro Homenaje (Festschrift)
MDR:	Monatsschrift für Deutsches Recht (seit 1947)
m.E.:	meines Erachtens
MIH:	Modern International History
MS:	Manuskript
MSchrKrim:	Monatsschrift für Kriminologie und Strafrechtsreform
MSchrKrimBio:	Monatsschrift für Kriminalbiologie und Strafrechtsreform
MSchrKrimPsych:	Monatsschrift für Kriminalpsychologie und Strafrechtsreform (seit Gründung bis 1936 unter diesem Namen erschienen, dann MSchrKrimBio, heute MSchrKrim)
MüKoStGB	Münchener Kommentar zum Strafgesetzbuch
m.w.N.:	mit weiteren Nachweisen
NDP:	Nueva Doctrina Penal
NFP:	Nuevo Foro Penal (Medellín, Kolumbien: Temis, Universidad Eafit)
NJW:	Neue Juristische Wochenschrift
NK:	Nomos Kommentar
NS:	Nationalsozialismus
NSDAP:	Nationalsozialistische Deutsche Arbeiterpartei
o.g.:	oben genannt/e/en/er
OGH:	Oberster Gerichtshof
Übers. K.A.:	Übersetzung Kai Ambos
RDP:	Revista de Derecho Penal (Buenos Aires, Argentinien: Ediar)
RDPC:	Revista de Derecho Penal y Criminología (Buenos Aires, Argentinien: La Ley)
REP:	Revista de Estudios Penales (Valladolid, Spanien: Universidad de Valladolid)

RGBl.:	Reichsgesetzblatt
RJ:	Rechtshistorisches Journal
Rn.:	Randnummer
RStGB:	Reichsstrafgesetzbuch
RW:	Rechtswissenschaft
Rz.:	Randziffer
SchwZStW:	Schweizerische Zeitschrift für Strafrecht
StGB:	Strafgesetzbuch
SJZ:	Süddeutsche Juristenzeitung (1946-1950, Vorgänger der JZ)
Sp.:	Spalte(n)
str.:	strittig
u.a.:	unter anderem
vgl.:	vergleiche
ZAkdR	Zeitschrift der Akademie für deutsches Recht (dem NS-Reichsjustiz- und Reichsinnenministerium unterstehende Einrichtung)
z.B.:	zum Beispiel
Zhg.:	Zusammenhang
ZIS:	Zeitschrift für Internationale Strafrechtsdogmatik
zit.:	zitiert
ZJJ:	Zeitschrift für Jugendkriminalrecht und Jugendhilfe
ZStW:	Zeitschrift für die gesamte Strafrechtswissenschaft
zusf.:	zusammenfassend
zust.:	zustimmend

Kapitel I. Vorbemerkungen

1. Zu Zaffaronis „Doctrina Penal Nazi"

Wie im Vorwort erwähnt, geht die vorliegende Untersuchung auf meine eingehende Befassung mit der jüngsten Schrift des argentinischen Strafrechtslehrers Eugenio Raúl Zaffaroni zur NS-Strafrechtsdogmatik zurück.

Die Schrift besteht aus neun Kapiteln: Die ersten drei widmen sich der Grundlegung der nationalsozialistischen Ideologie und dem institutionellen Rahmen des NS-Staats; die Kapitel vier bis acht beschäftigen sich dann im engeren Sinne mit der kriminalpolitischen bzw. strafrechtsdogmatischen Ausrichtung des NS-Strafrechts, wobei Zaffaroni die sog. Kieler Schule mit ihren Protagonisten Dahm und Schaffstein in den Mittelpunkt stellt; das letzte, neunte Kapitel rekapituliert die Ausführungen und liefert wertvolle Gedanken mit Blick auf die Kontinuität des strafrechtlichen NS-Gedankenguts. Vorangestellt ist ein Prolog des spanischen Strafrechtslehrers *Francisco Muñoz Conde*, der selbst durch eine Arbeit zu Edmund Mezger vor einigen Jahren, insbesondere in spanischsprachigen Zirkeln, Furore gemacht hat.[1] Zaffaroni hat – trotz zahlreicher Ungenauigkeiten[2] und orthographischer Mängel[3] – eine beeindruckende Untersuchung vorgelegt,[4] die die Diskussion im

1 *Muñoz Conde* (2003).

2 An vielen Stellen fehlen leider die Primärquellen, was besonders dort bedauerlich ist, wo *Zaffaroni* den von ihm in Bezug genommenen Autoren auch moralische Verfehlung vorwirft, vgl. etwa *Zaffaroni* (2017), S. 104, 107, 116 f, 141, 151, 207 und 287. Auf weitere Ungenauigkeiten wird im Verlaufe dieser Untersuchung hingewiesen.

3 Der Text enthält zahlreiche Schreibfehler, vor allem was die Schreibweise deutscher Namen und Begriffe angeht, vgl. *Zaffaroni* (2017), S. 22, 64, 65, 79, 105, 107, 111 f. und 204; zu deutschen Begriffen und Namen ebd., S. 28, 59, 93, 98, 109, 149 und 202. Besonders peinlich ist es, dass schon im Klappentext der Name Schaffstein falsch („Shaffstein") geschrieben wird.

4 Zu überschwänglich aber *Guzmán Dalbora*, RDPC VII (2017), 230 wenn er der Untersuchung bescheinigt, „eine absolut vollständige („completísima") Rekonstruktion" der deutschen Strafrechtslehre der 1930er und 1940er Jahre zu enthalten. Dagegen spricht schon die o. Fn. 2 erwähnte ungenaue Zitierweise, aber vor allem die nur selektive Rezeption der deutschen Diskussion, auf die im Laufe dieser Untersuchung mehrfach hinzuweisen ist.

> spanisch- und portugiesisch-sprachigen Rechtskreis sicherlich für viele Jahre prägen wird. Sie schließt an seine frühere Befassung mit dem Thema als Herausgeber einer Schriftenreihe zur „vergessenen Strafrechtswissenschaft" („penalismo olvidado") an.[5]

Zaffaronis Schrift ist nicht nur wegen ihres Themas für eine deutsche Leserschaft von besonderem Interesse,[6] sondern auch wegen der enormen Bedeutung der deutschen Strafrechtswissenschaft in Lateinamerika, der dort (vor allem auch in Argentinien) lange existierenden NS-Netzwerke[7] und – nicht zuletzt – der überragenden Bedeutung ihres Autors in der spanisch- und portugiesisch-sprachigen Welt.

> Der am 7. Januar 1940 in Buenos Aires geborene Eugenio Raúl Zaffaroni – selbst Schüler des (nach Ansicht vieler) Begründers der spanischsprachigen Strafrechtsdogmatik Luis Jiménez de Asúa (1889-1970)[8] – kann auf ein großes Werk zurückblicken, insbesondere auf seinen grundlegenden, fünfbändigen „Tratado de Derecho Penal" (Buenos Aires 1980-83), aber auch zahlreiche Monographien und Aufsätze. Ferner hat er über 30 Ehrendoktorwürden erhalten und unzählige Gastdozenturen vorzuweisen. Zaffaroni hat auch eine beeindruckende Richterkarriere: von 1969-1990 als Provinz- und Bundesrichter[9] (unterbrochen von zwei Jahren als „Procurador General de Justicia de la Provincia de San Luis"), von 2003-2014 als Richter am Obersten Argentinischen Gerichtshof („Corte Suprema de Justica de la Nación")

5 *Zaffaroni*, Hrsg., (2009a), (2009b), (2011) und (2017). Die jeweiligen Bände sind mit Einführungen von Zaffaroni versehen, auf die die hier besprochene Schrift teilweise aufbaut und die verschiedentlich unten zitiert werden. Die Schriftenreihe enthält nicht nur NS-Schriften, sondern etwa auch eine Schrift zur Strafrechtsschule von Utrecht (*Zaffaroni*, Hrsg., 2016).

6 Sie reiht sich in eine Reihe weiterer selbständiger und unselbständiger Abhandlungen lateinamerikanischer Kollegen zum NS-Strafrecht ein, wie wir unten (Kap. VII, insbesondere 2.) sehen werden. Hier sei schon auf die vielleicht wichtigste, weitere selbständige Abhandlung von *Llobet* (2018) verwiesen, der die Grundlagen des NS-Rechtssystems, des NS-Strafrechts und Strafprozessrechts eingehend darstellt sowie die Rolle Welzels gesondert untersucht.

7 Dazu jüngst in dokumentarisch-romanhafter Form *Guez* (2018), S. 30, 36, 45 u. passim (e-book).

8 Zu ihm und seinem Werk – insbesondere seine zehnbändige Untersuchung zu den gesamten Strafrechtswissenschaften, auch des Auslands (*Jiménez de Asúa*, 1946-52), und sein siebenbändiger „Tratado de Derecho penal" (1957-1970) – *Oneca*, ADPCP 23 (1970), 547 ff.

9 Argentinien hat eine föderal organisierte Justiz mit einer Bundesebene sowie 23 Provinzen und der autonomen Stadt Buenos Aires.

und seit 2016 als Richter am Interamerikanischen Gerichtshof für Menschenrechte. Doch Zaffaroni gedenkt sich keineswegs schon zur Ruhe zu setzen, wie diese Schrift und das zeitgleich – gleichsam als Gegenentwurf – erschienene Werk „Derecho penal humano“[10] zeigen. Etwas pikant ist vielleicht, nicht zuletzt vor dem Hintergrund der hier besprochenen Schrift, dass Zaffaroni auch während der argentinischen Militärdiktatur (1976-1983) ein Richteramt ausgeübt hat und zwar das eines Strafzumessungsrichters in Buenos Aires („Juez Nacional en lo Criminal de Sentencia de la Capital Federal“), nachdem er vorher mit nur 36 Jahren als einer der drei Bundesrichter der autonomen Stadt Buenos Aires unter der Regierung von Isabel Perón gedient hatte (1975-1976).[11] In diesem Zusammenhang sind in jüngster Zeit auch Vorwürfe gegen ihn erhoben worden.[12]

2. *Eigener Ansatz*

Die hier vorgelegte Untersuchung versteht das NS-Strafrecht – in Übereinstimmung mit der verbreiteten, die Kontinuitätsthese weiterentwickelnden *Radikalisierungsthese*[13] – als rassistisch (antisemitisch), völkisch („germanisch“) und totalitär ausgerichtete Fortschreibung der autoritären und antiliberalen Tendenzen des deutschen Strafrechts der Jahrhundertwende und der Weimarer Republik.[14] Die in der Radikalisierung liegende völlige

10 *Zaffaroni* (2017a).

11 Die biografischen Daten finden sich u.a. in Wikipedia und wurden von argentinischen Kollegen bestätigt bzw. ergänzt.

12 So hat etwa Graciela Fernández Mejide, ein ehem. Mitglied der angesehenen nationalen Verschwundenenkommission (Comisión Nacional sobre la Desaparición de Personas, CONADEP), Zaffaroni vorgeworfen, im Jahre 1976 (zur Zeit der Militärdiktatur) einer Haftbeschwerde ihres Sohns nicht abgeholfen zu haben (*La Nacion*, 15.2.2018, https://www.lanacion.com.ar/2109256-meijide-revelo-que-le-nego-un-habeas-corpus-por-su-hijo?utm_source=FB&utm_medium=Cali&utm_campaign=2109256 (zuletzt besucht am: 22.10.2018).

13 Zum Begriff *Vormbaum*, in Grundmann et al. (2010), S. 523, 534 ff.; *Vormbaum* (2015), S. 153, 181, 184, 188, 204, 212, 268, 272.

14 Grdl. *Marxen* (1975) (Einzelnachweise insoweit bei u. Fn. 19); auch *Rüping*, in: Dreier/Sellert (1989), S. 180, 192 (NS-Staat „nicht voraussetzungslos und künstlich geschaffen“); *Wolf*, JuS 1996, 195 („historisch vorbereitet“, „mit brutaler Konsequenz auf die Spitze getrieben“); *Hartl* (2000), S. 336 („zahlreiche Vorläufer“), 377 („lange vor der NS-Epoche“); *Cattaneo* (2001), S. 223 (wonach die „autoritäre positivistische Straftheorie den Weg zur totalitären nationalsozialistischen Lehre bereitet hat.“); *Vogel* (2004), S. 8 ff., 18, 20 (m.w.N. in Fn. 29); *Hoyer*, GS Eckert

Verdrängung des sozialen Elements zugunsten einer durch und durch autoritär-völkischen Strafrechtserneuerung – auf der Grundlage eines mystisch überhöhten Rasse- und Volksbegriffs[15] – hat mit Gustav Radbruch einer ihrer schärfsten Kritiker schon im Jahre 1933 konstatiert.[16] Die von

(2008), S. 359 (Kulmination „lange vor 1933" bestehender Entwicklungslinien); *Zaffaroni* (2017), S. 129 ff.; mit Blick auf die Selbstverantwortung des Opfers ebenso *Murmann* (2005), S. 126.

15 Mittels dieses Volksbegriffs und den darauf aufbauenden bzw. daraus folgenden weiteren Charakteristika, wie sie im Folgenden dargestellt werden (s. auch die folgende Fn.), lässt sich – entgegen *Werle* (1989), S. 45 ff. (48, 52) – durchaus das NS-Strafrechtsprogramms in groben Umrissen beschreiben, zumal es ja in den Grundzügen in der Preußischen Denkschrift (*Preußischer Justizminister* (1933)) und den NS-Leitsätzen (*Frank,* 1935) enthalten ist. Vgl. auch *Gemmingen* (1933), S. 25 f., der trotz Fehlen eines formalen Programms einige „Richtlinien" entwickelt (Idee der Volksgemeinschaft, Strafe als Vergeltung, Auflockerung und Ethisierung). *Von Hentig*, MSchrKrimPsych 24 (1933), 633 f. bezieht sich – neben der Preußischen Denkschrift und Gemmingen – auch auf *Nicolai* (1932), dazu u. Kap. II 1. mit Fn. 71 ff. und Haupttext. *Gúzman D.*, in Zaffaroni (2017), S. 91 weist darauf hin, dass die NS-Strafrechtslehre weder ausgearbeitet noch vollständig war („no ... bien elaborado ni completo..").

16 *Radbruch* (1933/1957), S. 63 (71) („Wenn man genauer zusieht, bleibt bei diesen Reformen freilich nur das autoritäre Element übrig, während der soziale Einschlag völlig verschwindet."), mit nachfolgender Herausarbeitung von sechs Charakteristika des NS-Strafrechts, S. 72 ff.; prägnant zusf. auch *Hoyer*, GS Eckert (2008), S. 358. Krit. zu dem empirielosen, inhaltsleeren und von „Desorientiertheit" gekennzeichneten Ruf Dahms und Schaffsteins nach Autorität *Riemer*, MSchrKrimPsych 24 (1933), 222 ff. Auch Erik Wolf will die Dominanz des national-autoritären gegenüber dem sozialen Element schon 1933 erkannt haben, vgl. Brief an Karl Barth v. 15.10.1945 u. 11.11.1968, veröffentlicht durch *Hollerbach*, in: Heidegger-Jahrbuch 4 (2009), S. 288; zu diesem Brief näher u. Kap. VI 2. mit Fn. 681. – Aus ausländischer Sicht drei Charakteristika nennend *Donnedieu de Vabres* (später französischer Richter am IMG), (1938), S. 71 ff., 92 (Willensstrafrecht, Rassenstrafrecht und Orientierung am gesunden Volksempfinden); ihm folgend *Jiménez de Asúa* (1947), Band VII, S. 63-186, 141 f. (als viertes Charakteristikum den vereinheitlichten Verbrechensbegriff hinzufügend). In dieser beeindruckenden Untersuchung stellt *Jiménez de Asúa* das „autoritäre Strafrecht im 3. Reich" (S. 74) als Gegensatz zum liberalen, aufgeklärten Strafrecht der Jahrhundertwende und Weimarer Republik (S. 65 ff.) und im Vergleich zu den autoritären Strafrechten Russlands und Italiens (S. 67 ff.) dar, nennt die maßgeblichen NS-Strafrechtler (S. 76 ff.) – von denen viele nur „penalistas improvisados" seien (S. 79) – sowie die wichtigsten strafrechtsdogmatischen Themen (S. 95 ff.) und Reformvorhaben bzw. Gesetze (S. 108 ff., 116 ff., 124 ff.) der „neuen Ordnung" (S. 95); zuletzt fasst er die – in den 1930er und 1940er Jahren schon erstaunlich verbreitete – ausländische Kritik am NS-Strafrecht zusammen (S. 142 ff.); zu dieser Kritik auch *Blasco y Fernández de Moreda*, Criminalia (Mexiko) IX (4/1943), 235, 247 ff. (zu diesem Autor näher *Zaffaroni*, in Zaffaroni, 2011, S. 29 ff.); demge-

Klaus Marxen ausgemachte „Fortführung und Steigerung bereits vorhandener Denkansätze“[17] durch die als „Steigbügelhalter“[18] des Nationalsozialismus fungierende antiliberale Strafrechtswissenschaft der 1930er Jahre lässt sich strafrechtstheoretisch mit Blick auf die klassische und moderne Schule[19] (s. etwa Bindings autoritäres Staats- und Strafrechtsverständnis[20] und die Liszt'sche Tätertypenlehre[21]), aber auch gesetzgeberisch[22] belegen; der sog. Schulenstreit erweist sich aus dieser Sicht, wie wir im Dritten Kapitel sehen werden, als weniger kontrovers als gemeinhin angenommen. Zugespitzt kann man das NS-Strafrecht als politisierte und radikale Fortschreibung der neoklassischen und finalen Verbrechenslehre charakterisie-

---

genüber überwiegend deskriptiv, allerdings mit zustimmendem Grundton *Cavaleiro de Ferreira* (1938), S. 72 ff. (neben Staatsschutz im BT die Zulassung der Analogie, das subjektivierendes Willensstrafrecht und das Gewohnheitsverbrechergesetz diskutierend) (zu seinen engen Verbindungen zu NS-Juristen, aber zugleich seine rechtsstaatlichen Überzeugungen betonend *Sousa Mendes* (2013), S. 36 f. u. *ders.*, in Sousa Mendes (2018), S. 21 ff.). *Jiménez de Asúa* hat übrigens selbst schon im Jahre 1933 das NS-Strafrecht (insbesondere auf die Denkschrift des preußischen Justizministers von 1933 bezugnehmend) scharf kritisiert, vgl. *Jiménez de Asúa* (1933), S. 374, 377 ff. (381) („maximas exageraciones“, tendencia autoritaria“ [377], „ungeschickte Grausamkeit“ [torpe crueldad], „primitiva“ [381], aufgrund derer die „técnica penal alemana“ sterben werde [382]). Früher (1920 und 1922) hatte er freilich selbst einem an der Gefährlichkeit des Täters orientierten Strafrecht das Wort geredet und Zwangsmaßnahmen im sog. vordeliktischen Zustand der Gefährlichkeit befürwortet (dazu näher *Mercurio*, 2013, 350 ff.).

17 *Marxen* (1975), S. 247.

18 Begriff von *Sontheimer* (1962), S. 376 (zur „Steigbügelhalter-Rolle“ der konservativen, antidemokratischen Rechte für den Nationalsozialismus).

19 Vgl. zusf. *Marxen* (1975), S. 247 ff., 270 f., 272, 275; zu den obrigkeitsstaatlich-altnational ausgerichteten sog. Neuklassikern (u.a. Nagler, Sauer) ebd., S. 121, 128 ff., 131, 158; zu den „jüngeren Kriminalisten“ und der „konservativen Revolution“ ebd., S. 153 ff.; zum Antiliberalismus der modernen Schule ebd., S. 159 ff.

20 S. u. Kap. III mit Fn. 193 und Haupttext.

21 Dazu etwa jüngst *Vormbaum*, in: Jeßberger/Kotzur/Repgen (2019), S. 10 f.; näher u. Kap. III mit Fn. 201 ff.

22 Dazu etwa *Schreiber*, in: Dreier/Sellert (1989), S. 151, 166 ff. (mit Blick auf die NS-Einzelgesetzgebung – über 50 Gesetze und Verordnungen – zwischen spezifisch nationalsozialistischer, terroristischer Gesetzgebung und solcher unterscheidend, die „auf kriminalpolitische Vorstellungen der Weimarer Zeit bzw. auf österreichische Vorbilder zurückgriffen.“ [167]); detaillierte Darstellung der materiell-strafrechtlichen Gesetzgebung bei *Werle* (1989), S. 57 ff.; knapp zusf. *Hoefer*, JCL&Crim 35 (1945), 386 ff.

ren,[23] denn die beiden akademischen Hauptrichtungen, repräsentiert durch „die Marburger" (Schwinge und Zimmerl) und „die Kieler" (Dahm und Schaffstein), bekannten sich zu der politischen Aufgabe der (Straf-)Rechtswissenschaft,[24] nämlich der Verwirklichung des völkisch, rassistisch und totalen NS-Staates auch mit strafrechtlichen Mitteln[25] (wobei das „Justiz"-Strafrecht allerdings in eine polizeiliche Verbrechensbekämp-

---

23 Vgl. *Marxen*, in: Rottleuthner (1983), S. 55, 57 ff. (Kontinuität bzgl. Nationalsozialismus [57], Politikorientierung von *Schwinge/Zimmerl* (1934) ebenso wie *Dahm/Schaffstein* (1933) [58], ebenso beide am völkischen Projekt des NS Staates orientiert [62 f.]); *Marxen*, in: Reifner, (1984), S. 77, 82 ff.; *Marxen*, KritV 73 (1990), 287 ff. (z.B. Willensstrafrecht als „Höhepunkt" [294]).

24 Grdl. *Schaffstein* (1934), S. 6 ff. („politische Strafrechtswissenschaft" als Ausdruck des „Primat des Politischen" als „gemeinsamen Grundprinzip, das die Voraussetzung alles wissenschaftlichen Erkennens darstellt und eben dadurch seine Einheit verbürgt." [6]; als zwar nicht unterwürfige, aber auf die „Idee des Staates" gerichtete Wissenschaft und zwar des totalitären NS-Staates, auf dessen „völkische[n] Lebensordnung" [15], denn erst mit dessen Verwirklichung konnte das „Politische ... zum bestimmten Prinzip der strafrechtlichen Begriffsbildung werden, seitdem es im neuen Staat durch den Totalitätsanspruch des Nationalsozialismus mit dem Nationalsozialistischen identisch geworden ist" [23], weshalb es nun alleine „um die Erkenntnis und Durchsetzung des ‘richtigen‘ Nationalsozialismus" gehe [23 f.]); auch *Schaffstein*, ZStW 56 (1937), 104, wo der Ruf einer, dem „neuen Reich[s]" angepassten „völlig anderen Denkweise" auch im Sinne „einer politischen Forderung" verstanden wird. *Schwinge/Zimmerl* (1934) erkennen die „großen Gedanken" (S. 13) und das „Primat der politischen Führung" (S. 75) sowie Auslegungsanforderungen aus der „Idee des neuen Staates" an (S. 76); zu ihnen näher u. Kap. IV 2. Vgl. auch *Welzel* (1935), S. 57 f. („‚politische‘ Aufgabe" als „Ergründung der konkreten Werte der historischen Situation", als „Entscheidung für oder gegen den Lebens-'Stil‘ der konkreten historischen Epoche", die durch „das gegenwärtige Schicksal der völkisch-staatlichen Gemeinschaft" geprägt sei), 75 f. („‚politische‘ Aufgabe" als Ausrichtung der „rechtlichen Wertungen" an der „Wirklichkeit" der „völkisch-staatlichen Gemeinschaft" „in ihrer konkreten historischen Situation, in ihrem jeweils gegenwärtigen Schicksal, mit dem es sich auf Leben und Tod auseinandersetzen muß...") sowie *Henkel*, in Krieck/Staufing (1933), S. 19 ff. (19 f., 22 f.: Ablehnung einer „voraussetzungslosen" und „wertfreien" (Rechts-)Wissenschaft, stattdessen Bezug auf Nation, Volkstum, Anerkennung ihres „nationalbewußten und nationalgebundenen Charakter[s]"). Vgl. sekundär *Marxen* (1975), S. 55, 169 ff.; *Marxen*, in: Rottleuthner (1983), S. 58 f. („Politikdogmatik der Kieler Schule" und „Primat der politischen Führung" bei Schwinge/Zimmerl); *Stefanopolou*, JoJZG 2010, 112 (zu Schaffstein); zur Politisierung schon in der Weimarer Republik *Halfmann*, in: Becker (1998), S. 105. Zur Verbindung von Recht und Politik als Charakteristikum des Totalitarismus zutreffend *Gúzman D.*, in Zaffaroni (2017), S. 89.

25 Vgl. zum völkisch-rassischen Rechtsdenken etwa *Alexy*, in: Säcker (1992), S. 219 f.; auch *Murmann* (2005), S. 127 („... Wettbewerb der Rechtswissenschaft zur best-

fung eingeordnet und dieser auch weitgehend – organisatorisch-institutionell – untergeordnet war).[26] Der darin liegende Anspruch eines totalen bzw. totalitären Strafrechts (samt „Führerstaat“ und Führerprinzip“)[27] schließt die Annahme eines Dualismus von Recht und Ideologie im Sinne der Zwei-Welten-Lehre[28] aus.[29] Für die *gesamte* nationalsozialistische Strafrechtslehre war also der Zweck, die Finalität des NS-Staates bestimmend, sie war insofern „von einer finalistischen Grundhaltung geprägt…“.[30] Die begriffliche Nähe zur finalen Handlungslehre Welzels ist nicht nur zufällig.[31]

Joachim Vogel sieht das nationalsozialistische Strafrecht in fünf Entwicklungslinien der Strafrechtsentwicklung im 20. Jahrhundert (Expansion, Materialisierung, Ethisierung, Subjektivierung, soziale Funktionalisierung) eingebettet, die nicht nur zwischen 1933 und 1945 durch die Nationalsozialisten radikalisiert wurden, sondern auch bis in unser heutiges Straf-

---

möglichen Durchführung der geforderten rassisch-völkischen Rechtserneuerung als rechtspolitisches Ziel des Nationalsozialismus.“).

26 Das hat *Werle* (1989), S. 730 ff. und passim überzeugend nachgewiesen. Eine „duplicity of legal and illegal action“ nahm schon *Hoefer*, JCL&Crim 35 (1945), 390 an, wobei er letztere in der Verantwortung der Gestapo sieht. Zum damaligen Diskussionsstand hinsichtlich des Verhältnisses von Kriminalpolizei und Staatsanwaltschaft diff. *Dahm*, DRWis 1938, 148 (der eine Eingliederung der einen in die andere Behörde mit Unterordnung der eingegliederten Behörde wegen der Wesensverschiedenheit von Polizei und Staatsanwaltschaft ablehnt [150 ff.], obwohl er immerhin die Verpolizeilichung der Verbrechensbekämpfung aus Gründen der „Zweckmäßigkeit“ für nachvollziehbar hält [154]; stattdessen plädiert er für eine genauere Abgrenzung mit einer ausschließlichen polizeilichen Zuständigkeit für Verbrechen – allerdings gegen ein selbständiges „kriminalpolizeiliches Aufklärungsverfahren“ [161] – bei staatsanwaltschaftlicher Zuständigkeit für die Anklageerhebung/-vertretung [161 ff.] sowie eine freiere polizeiliche Entfaltung gegenüber der Staatsanwaltschaft [166 f.], ohne dass die Polizei jedoch die repressiven Befugnisse über ihre präventive Tätigkeit ausdehnen solle [168 f.]).

27 Dazu näher Kap. II 1. u. 2.

28 Vgl. *Werle* (1989), S. 30 ff. m.w.N. insbesondere zu Buchheim und Jäger.

29 S. auch *Hartl* (2000), S. 39, der zu Recht betont, dass das NS-Strafrecht „nur vor dem Hintergrund der nationalsozialistischen Ideologie erklärbar“ sei (die er als diffuses „Konglomerat“ verschiedener nationalistischer, altdeutsch-völkischer, antimarxistischer und autoritärer Ideen beschreibt [S. 40]).

30 *Marxen*, in: Rottleuthner (1983), S. 63..

31 Vgl. *Matus*, ZIS 2014, 622 (623, 625), der wie Marxen eine Kontinuität insbesondere bzgl. des Finalismus und eine grds. Übereinstimmung mit der Kieler Schule sieht; *Frommel*, JZ 2016, 920 mit Fn. 43 (Nähe zwischen Finalismus und NS-Willensstrafrecht). Wir werden darauf zurückkommen (u. Kap. VII 2. mit Fn. 712 ff. u. Haupttext).

recht hineinwirken.[32] Hierin zeigt sich die sowohl rückwärtsgewandte als auch zukunftsorientierte Blickrichtung der Radikalisierungsthese und der ihr zugrundeliegenden Kontinuitätsthese: Das NS-Strafrecht kam weder aus dem Nichts noch ist es nach 1945 völlig verschwunden. Nach 1945 bestand eine personelle[33] und sachliche[34] Kontinuität,[35] auch und gerade im Hochschulbereich.[36] Wir werden an mehreren Stellen, meist en passant,

---

32 *Vogel* (2004), S. 14 ff., 43 ff. m.w.N.

33 *Maus*, in: Dreier/Sellert (1989), S. 80, 81 f.; *Wolf*, JuS 1996, 189; *Gross* (2010), Pos. 395 mit Fn. 43; *Görtemaker/Safferling* (2016), S. 86 ff.; bzgl Schleswig-Holstein *Vormbaum*, GA 1995, 147 f. (Godau-Schüttke rezensierend).

34 Grdl. *Marxen* (1975), S. 254 ff. (statt Neubeginn unkritische Fortführung unter Außerachtlassung des antiliberalen NS-Erbes und bei Entpolitisierung des NS-Strafrechts, Verdeckung der Zusammenhänge, beispielhaft unechtes Unterlassen); *Marxen*, KritV 73 (1990), 287 ff. (bzgl. Analogieverbot und Willensstrafrecht); *Wolf*, JuS 1996, 189 ff. (Weitergeltung/Übernahme von Strafgesetzen [190, 191 ff.] und NS-Lehren [191], z.B. täterstrafrechtliche Subjektivierung, Finalität u. Handlungsunwert [193 f.], deshalb Rückkehr zu liberalen Grundlagen des StGB von 1871 notwendig [195]); *Hartl* (2000), S. 334 ff., 380 f. (Kontinuität bzgl. „willensstrafrechtlichem Gedankengut" und „subjektivistischen Vorläufern" [337]; Weiterentwicklung der willensstrafrechtlichen Subjektivierung und Vorverlagerung zu einem den Handlungsunwert betonenden Schuldstrafrecht, allerdings keine „pauschale Gleichsetzung" mit Willensstrafrecht [337 ff., 375]; Relikte im AT [Beteiligungslehre, Versuch, 342 ff.] und BT [z.B. Vorbereitungsstrafbarkeit, 365 ff.]); *Hoyer*, GS Eckert (2008), S. 360 ff. (Pflicht- statt Rechtsgutsverletzung, Kollektiv- statt Individualrechtsgüter, Analogiebildung statt Gesetzlichkeitsprinzip, verwerfliche Gesinnung und Sittenverstoß als Strafgründe); vgl. auch *Stefanopolou*, JoJZG 2010, 116 f. (Sonderdelikte sowie Handlungsunwert); *Höffler*, in: Schumann/Wapler (2017), S. 61, 69 f. (bzgl. Jugendkriminologie); aus rechtshistorischer Sicht mit Blick auf germanisches Rechtsdenken, *Klippel*, in Rückert/Willoweit (1995), S. 31, 53 f.; knapp *Vormbaum*, GA 1995, 148; *Görtemaker/Safferling* (2016), S. 358; zum NS-Hintergrund von § 323c *Harzer* (1999), S. 57 ff. Eine „relativ schwache theoretische und inhaltliche Kontinuität" sieht *Alexy*, in: Säcker (1992), S. 224 f., der sich jedoch insoweit nur auf das rassisch-völkische Denken bezieht (und nicht auf das von ihm weiter ausgemachte autoritäre und neuhegelianische Rechtsdenken).

35 Zusf. *Wolf*, JuS 1996, 189 ff.; *Rüthers*, JZ 2017, 457 ff.

36 NS-belastete Hochschullehrer wurden in der Regel allenfalls als „Mitläufer" eingestuft und erhielten ein zeitlich begrenztes Lehrverbot (Geldbußen wurde in der Regel nicht verhängt), so dass sie jedenfalls nach einer gewissen Zeit wieder an die Universität zurückkehren konnten, vgl. etwa zu Henkel u. Kap. II 1. mit Fn. 110 sowie zu Dahm/Schaffstein u. Kap. V 1. *Wolf*, JuS 1996, 189 nennt Mezger, Henkel, Schaffstein und Bruns. Zur Göttinger Fakultät *Halfmann*, in: Becker (1998), S. 102, 129 ff. (136 f.).

darauf zurückkommen.[37] Diese Kontinuität erklärt nicht nur das verbreitete Schweigen („kommunikatives Beschweigen"),[38] sondern auch die fehlende *accountability* zahlreicher belasteter Juristen,[39] die durch die „tabula rasa Politik" der Adenauer-Regierung und die bis 1989 (!) vor allem mit Hilfe des Auswärtigen Amts aktive "Kriegsverbrecherlobby" auf höchster Ebene sanktioniert wurde.[40] Moralphilosophisch bzw -geschichtlich ist diese Kontinuität darauf zurückzuführen, dass die nationalsozialistische Moral derart stark in der deutschen Gesellschaft verankert war, dass sie diese auch noch lange nach 1945 prägen konnte und die Integration der Nachkriegsgesellschaft, samt der in ihr weiterlebenden Nationalsozialisten, garantiert hat.[41] Daran schließt die identitäre Rekonstruktion des germanischen Mythos[42] durch die „neue Rechte" nahtlos an.[43] Natürlich ist Kontinuität bzw. Radi-

---

37 Bezüglich sachlicher Kontinuität vgl. etwa zu den heute existierenden *Analogieermächtigungen* Kap. II 2. mit Fn. 130, zum *Unternehmensdelikt* Kap. II 3. mit Fn. 180 sowie zur *Untreue* Kap. V 4. mit Fn. 515 ff. und Haupttext.

38 Vgl. *Lübbe* (2007), S. 32; auch *Wolf*, JuS 1996, 189, 195 (keine offene Auseinandersetzung); *Halfmann*, in: Becker (1998), S. 102, 136 f.; jüngst *Frommel*, JZ 2016, 916, 919; *dies.*, JZ, 2017, 455 („Schweigekartelle[n]"); *Rüthers*, JZ 2017, 458 („Schweigespirale", „Schweigegebot"). In diesem Klima war es nicht karrierefördernd, sich wissenschaftlich mit der NS-Aufarbeitung zu befassen, vgl. etwa Herbert Jägers Hinweis auf die entsprechende Warnung seines Lehrers Henkel (*Jäger*, in Horstmann/Litzinger, 2006, S. 49) oder *Hoyer*, GS Eckert (2009), S. 351 („Gefährdungen" durch „Nestbeschmutzen", hinsichtlich der rechtshistorischen Befassung, u.a. mit der Kieler Schule, durch Jörn Eckert).

39 Dazu jüngst *Safferling*, in: Lüttig/Lehmann (2017), S. 19 ff. m.w.N.; zur fehlenden accountability von NS-Richtern *Graver*, GLJ 19 (2018), 845, 848.

40 Vgl. einerseits Konrad Adenauers programmatische Stellungnahme in der 7. Sitzung des Bundeskabinetts am 29.6.1949 im Rahmen einer Amnestiediskussion: „Wir haben so verwirrende Zeitverhältnisse hinter uns, daß es sich empfiehlt, generell tabula rasa zu machen."; abrufbar unter http://www.bundesarchiv.de/cocoon/barch/0000/k/k1949k/kap1_3/para2_4.html zuletzt besucht am 22.10.2018. Vgl. andererseits zur "Kriegsverbrecherlobby" jüngst *Bohr* (2018), S. 13 ff., 367 ff.

41 Vgl. näher *Gross* (2010), Pos. 24 ff., 165 (bzgl. antisemitischer Diskriminierung), 2519 ff. („Integrationsleistung" durch „Tradierung nationalsozialistischer Ideen und Denkmuster"); zur sozialen Reintegration der Nazis grdl. *Frei* (1996), S. 7 ff.; *Czollek* (2018), S. 47 ff. m.w.N.

42 Vgl. *Geyer*, FAZ, 7.6.2018, 13. Zum germanischen NS-Rechtsdenken s. u. Kap. II 1. mit Fn. 57 u. Haupttext.

43 Zur Kontinuität per identitärer Bewegung s. z.B. Caroline Sommerfeld als eine der Ikonen der „neuen Rechten": „Auf die Frage, ob jemand, der nicht weiß ist, Deutscher sein könne, antwortet sie: 'Nein!' Deutschsein sei zwar keine reine Rassenfrage. 'Aber es hat auf jeden Fall ganz elementar eine ethnische Komponente. Mit der Staatsbürgerschaft allein ist es nicht getan.'" (*Kazim*, 2018). Zur neuen Rechten und NS-Parallelen jüngst *Czollek* (2018), S. 13 f., 33.

kalisierung in diesem Sinne – und zwar sowohl rückwärtsgewandt (post-Weimar) als auch zukunftsgerichtet (Bonner Republik) – nicht als Fortführung des insoweit einzigartigen NS-Unrechtsstaats gemeint;[44] das verbietet schon die liberal-rechtsstaatliche Ausrichtung dieser *beiden* deutschen Republiken, vor allem der jüngeren Bonner Republik, die mit dem Übergang in die „Berliner Republik" den „Schonraum der Nachkriegszeit" verlassen und sich rechtsstaatlich bewährt hat.[45]

Die Kontinuitäts- bzw. Radikalisierungsthese (im hier verstandenen engeren Sinne) wird im Folgenden, so hoffe ich, durch die systematisch-analytische Aufbereitung der Texte relevanter Autoren eine Bestätigung erfahren. Dabei stehen die Texte selbst im Mittelpunkt, nicht die moralische Beurteilung ihrer Verfasser, denn diese ist ohnehin nur aus der Zeit heraus (*ex ante*) und auch nur dann möglich, wenn sich der Beurteilende in die Situation jener Zeit versetzen kann. Immerhin spricht aus manchen frühen Texten, wie wir unten sehen werden, ein gehöriger Idealismus und mitunter auch missionarischer Eifer, verbunden mit der Hoffnung auf das neue (bessere) Strafrecht des neuen (besseren) deutschen Staates,[46] was sich wohl nicht nur mit dem jugendlichen Alter der Protagonisten erklären lässt,[47] aber doch verständlich macht, dass sogar manche spätere Kritiker zu Beginn selbst euphorisch gewesen sind.[48] Im Übrigen sprechen die Texte für sich, so dass sich jeder Leser selbst ein Urteil bilden kann, ohne dass es hier

44 Vgl. insoweit *Werle* (1989), S. 6 f., 27, 733 ff., der für den Zeitraum der NS-Zeit grds. ein „entartetes" (von polizeilicher Verbrechensbekämpfung dominiertes) Strafrecht annimmt und insoweit eine Kontinuität im (großen) rechtsstaatlichen Sinne ablehnt („Bruch in der historischen Entwicklung unverkennbar", 734), aber immerhin konzediert, dass es (bedenkliche) begriffliche Übernahmen gegeben habe (27), wobei er sich einer abschließenden Bewertung, einschließlich der Beantwortung der Kontinuitätsfrage, enthält (733).

45 Vgl. *Krüper*, in: Duve/Ruppert (2018), S. 238 ff.

46 An dieser Stelle sei etwa schon auf die bemerkenswerte Schrift *Gemmingens* (1933) hingewiesen, mit der dieser – ohne parteiamtliche Autorisierung (S. 6) – versucht, ein NS-Strafrecht im Sinne Hitlers zu entwickeln, vor einer „sinn- und zweckwidrigen Barbarisierung des Strafrechts" warnt (S. 18) und als „höheres ... Fernziel" die „Überwindung des Strafrechts" propagiert (S. 18 ff.).

47 Aber sicherlich auch, s. z.B. *Riemer*, MSchrKrimPsych 24 (1933), 223 („Es ist kein Zufall, daß gerade die junge Generation es sich angelegen sein läßt, ... nach einer absoluten Autorität zu greifen... Im Nihilismus, der der jungen Generation so nichtswürdig erscheint, spiegelt sich ihre eigene Desorientiertheit.").

48 Ein paradigmatisches Beispiel ist wohl *Eb. Schmidt*, s. insoweit u. Kap. V 1. mit Fn. 431 a.E. In diesem Zusammenhang verdient Erwähnung, dass kein (linientreuer) "Schreibzwang" bestand, vgl. *Rüthers/Schmitt*, JZ 1988, 369 (376 f.).

einer abschließenden Einordnung oder Definition eines „NS-Juristen“[49] bedarf.[50] Immerhin kann mit einer gewissen Verwunderung festgestellt werden, dass sich nur einer der betroffenen Strafrechtswissenschaftler[51] *öffentlich* von seinen früheren Lehren distanziert hat.[52]

49 Zum Unterschied zwischen einem „Nazijuristen“/“juristischem Nazi“ („nazista jurista“) (wie etwa Freisler) und einem „nationalsozialistischen Juristen“ („jurista nazista“) (wie etwa Schaffstein) *Batista*, in Zaffaroni (2017), S. 103.

50 Für Einordnungsversuche s. *Marxen* (1975), S. 152 ff.; für den Versuch einer Begriffsbestimmung s. *Schumann*, in: BMJ (2013), S. 70 ff. (wonach jedenfalls die Angeklagten des Nürnberger Juristenprozesses und wegen Rechtsbeugung Verurteilte dazu zählen; die Klassifizierung durch die Alliierten aufgrund Kontrollratsdirektive Nr. 38 v. 12.10.1946 gemäß der Gruppen Hauptschuldige, Belastete, Minderbelastete u. Mitläufer sei jedoch nicht zuverlässig, weshalb weitergehend auf „Nazifizierungs- und Entnazifizierungsvorgänge“ im wissenschaftsgeschichtlichen Sinne Bezug genommen werden müsse).

51 Es handelt sich dabei um Friedrich *Schaffstein*, wobei man über die Qualität seiner Distanzierung unterschiedlicher Ansicht sein kann, vgl. u. Kap. V 1. mit Fn. 436. Dahm hat nur in einem – eigentlich privaten – Brief an Eb. Schmidt “Irrtümer und Fehler” eingeräumt, u. Kap. V 1. mit Fn. 431. Ebenso erfolgte Erik *Wolfs* Distanzierung privat in dem schon erwähnten Brief an Karl Barth, dazu u. Kap. VI 2. mit Fn. 681.

52 *Vogel* (2004), S. 109, der sich sonst jeglicher Bewertung enthält, nennt dies ein „schweres wissenschaftsethisches Versagen“; krit. zu Welzel *Stopp* (2018), S. 170.

Kapitel II. Grundlagen des NS-Strafrechts

1. Rassismus, Volksgemeinschaft, Führerstaat, Führerprinzip und Exklusion

Schon im Einführungskapitel betont Zaffaroni die Bedeutung der deutschen Strafrechtsdogmatik für Lateinamerika, insbesondere mit Blick auf die Entwicklung zwischen 1933 und 1945,[53] und bestätigt damit die Bedeutung seiner Schrift gerade für einen deutschen Leserkreis. Er nennt eine Reihe von Gründen für den Erfolg der deutschen Strafrechtsdogmatik in Lateinamerika, insbesondere ihr Angebot rationaler oder doch zumindest nicht ganz irrationaler Lösungen,[54] warnt aber zugleich vor einer geschichtsvergessenen Übernahme. Zu dieser Geschichte gehöre eben auch das NS-Strafrecht, mithilfe dessen der Genozid in „feinster" Art und Weise legitimiert worden sei.[55] Dieses Strafrecht wiederum sei nicht aus dem Nichts heraus entstanden, sondern das Produkt eines „rassistischen Europa" gewesen, wobei es die rassistische Perspektive radikalisiert und verstärkt habe.[56] Damit stellt Zaffaroni den Nationalsozialismus in die historische-politische Kontinuität seiner Zeit, die er später auch für das spezifisch strafrechtliche Denken nachzuweisen unternimmt. Schon an dieser Stelle benennt er – zutreffend – den Kern des nationalsozialistischen Denkens: Die rassistische Überhöhung der deutschen Volksgemeinschaft durch einen romantisierenden und biologistischen Rückgriff auf die Idee der germanischen Arier.[57]

---

53 *Zaffaroni* (2017), S. 27 ff.

54 *Zaffaroni* (2017), S. 31 ("innegable capacidad de proporcionar soluciones racionales o, por lo menos, con menores niveles de irracionalidad y arbitrariedad").

55 *Zaffaroni* (2017), S. 31 („legitimación genocida más finamente elaborado de todos los tiempos").

56 *Zaffaroni* (2017), S. 32.

57 *Zaffaroni* (2017), S. 37. Zum Rückgriff auf das germanische Strafrecht etwa *Dahm* (1935a), S. 6; allg. zur Bedeutung des germanischen Rechtsdenkens im NS *Klippel*, in Rückert/Willoweit (1995), S. 39 ff. (insbesondere zum behaupteten Gegensatz zum individualistischen römischen Recht). Krit. zu einem Rückgriff auf das germanische Recht als „unverantwortlicher Rückschritt" aber *Gemmingen* (1933), S. 16 f., weil dessen Strafbegründung im Ungehorsam gegen den Schuldgrundsatz verstoße.

Dem spezifisch juristischen NS-*Rassismus* widmet Zaffaroni das zweite Kapitel,[58] wobei er auch hier die historischen Kontinuitäten betont. Er sieht in ihm die Fortsetzung einer rechtlichen Romantisierung, die in der Fokussierung auf die deutsche Volksgemeinschaft und den deutschen Führer ihren Höhepunkt fand und den Rassismus um eine spezifisch antisemitische Komponente anreicherte.[59] Er stellt den NS-Rassismus in den Kontext der neokolonialen europäischen Genozide,[60] unterscheidet ihn aber vom englischen evolutiven Rassismus eines Herbert Spencer, bei dem, so ist die unzureichende Erklärung Zaffaronis[61] zu ergänzen, eine gesellschaftliche Evolution (i.S. einer Fortentwicklung) stattfindet, im Laufe derer sich die stärkere, weiße „Rasse" im Zuge sozialdarwinistischer Selektion durchsetzt.[62] Demgegenüber handele es sich beim NS-Rassismus um einen „involutiven" Rassismus à la Arthur de Gobineau,[63] wonach – ganz anders als beim evolutiven Rassismus – die rassisch reine Gesellschaft (die arische Herrenrasse) erst noch geschaffen, also die deutsche Volksgemeinschaft – im Sinne einer Rückbildung (Involution) – zunächst von „unreinen" Elementen gesäubert werden müsse.[64]

Roland Freisler[65] hat das Konzept der *rassisch-blutsmäßig verstandenen Volksgemeinschaft* zur zentralen Grundlage des NS-Strafrechts gemacht: dieses sei „ein Spiegelbild der seelischen Haltung des Volkes", es diene dem

58 *Zaffaroni* (2017), S. 41 ff.

59 *Zaffaroni* (2017), S. 42 ff., 61 ff.

60 *Zaffaroni* (2017), S. 43.

61 *Zaffaroni* zitiert die Schriften Spencers weder im Text noch im Literaturverzeichnis.

62 Vgl. insbes. *Spencer* (1864), wo er in Anlehnung an Darwins „On the Origin of Species" den Slogan vom „survival of the fittest" auf die Soziologie und Ethik übertrug, ohne jedoch die natürliche Selektion i.S. Darwins zur Grundlage seiner Gesellschaftstheorie zu machen. Vielmehr wurde sein Sozialdarwinismus vom Lamarckismus, also der (komplexen) These des französischen Biologen Jean-Baptiste Lamarck von der Vererbbarkeit bestimmter erworbener Charaktereigenschaften, beeinflusst (dazu *Spencer* (1851) und (1860)).

63 *Gobineau* (1853-1855).

64 *Zaffaroni* (2017), S. 45 f., aber auch hier sind seine Ausführungen ergänzungsbedürftig. Im Übrigen ist der Einfluss Gobineaus auf den NS-Rassismus umstritten, vgl. nur *Kale*, MIH 7 (2010), 33, 59 ff. (wonach Gobineau zwar "der Erste" gewesen sei, "to theorize that race was the deciding factor in history and the precursors of Nazism repeated some of his ideas, but his principle arguments were either ignored, deformed, or taken out of context in German racial thought", so dass "Gobineau's influence on German racism has been repeatedly overstated ...").

65 Zur ausländischen Rezeption s. etwa *Arnedo*, in Zaffaroni (2017), S. 9 ff. (mit Darstellung des Freisler'schen Lebenslaufs und seiner Strafrechtslehre).

„Schutz des Volkes selbst, seiner Bluts- und Schicksalsgemeinschaft",[66] seiner „Rassenehre",[67] weshalb „Fernhalten fremden Blutes und Ausschaltung entarteten Blutes ... höchstes Gebot" sei[68] und die entsprechenden „Maßnahmen zur Sicherung des Volksbestandes zu treffen" seien.[69] Ebenso sei der Staat – als „äußere Form" des Volkes – und die NS-Bewegung (NSDAP) – als „Trägerin des Staatsgedankens" – zu schützen.[70] Helmut Nicolai hat die NS-Rasselehre vulgärphilosophisch zu untermauern versucht[71] und dafür erstaunlicherweise auch von Erik Wolf Beifall erhalten.[72] Er sieht die Kriminalitätsrate in Abhängigkeit von der ethnischen Zugehörigkeit und

66 *Freisler*, in Preußischer Justizminister (1933), S. 6; s. auch *Freisler*, in Frank (1934), S. 7 f. („bluthafte Gestaltung der richtunggebenden Ideen" als „Vorbedingung für Auf- oder Abstieg im Volksleben.") und S. 8 (Schutz von „Blut und Boden"); *Thierack*, in Frank (1934), S. 25 f. („Blut und Boden als heilige Güter des deutschen Volkes", „Blut" als „Lebensquell", das eine „Blutsgemeinschaft" schaffe); zum Gesetz als „Ausdruck eines bluthaften Gemeinschaftsdenkens" s. *Dahm* (1935a), S. 17.

67 *Thierack*, in Frank (1934), S. 26 („Rassereinheit fordert Rassebewußtsein, Rassestolz" und eben strafrechtlichen Schutz).

68 *Freisler*, in Frank (1934), S. 8; ebenso *Preußischer Justizminister* (1933), S. 22 („Reinhaltung der deutschen Blutsgemeinschaft ..."); *Thierack*, in Frank (1934), S. 26 („Artfremdes Blut ist fernzuhalten, erbrankes ..., entartetes ... oder verseuchtes ... ist auszumerzen ...").

69 *Freisler*, in Frank (1934), S. 8. Er nennt „Kampf gegen Abtreibung, Mädchenhandel, Schutz der Mutterschaft." Ebenso *Thierack*, in Frank (1934), S. 26.

70 *Freisler*, in Frank (1934), S. 8 f. Die NSDAP sei „unlöslich mit dem Staat verbunden", aber „keineswegs Staatsorgan." Dem verstärkten Staatsschutz hat die Denkschrift des *preußischen Justizministers* (1933), S. 13 ff. durch Voranstellung der Staatsschutzdelikte Rechnung getragen. Dies war auch eine Hauptforderung der antiliberalen Bewegung, vgl. *Marxen* (1975), S. 124 f.

71 *Nicolai* (1932), S. 42 ff. (Verbrechen als Veranlagung mit der Konsequenz der „Friedloslegung", d.h. „Ausschluß des Verbrechers aus der Rechtsgenossenschaft des Volkes, damit auch die Unmöglichkeit sich in dieser fortzupflanzen." „Rechtsträger, Rechtsgenosse, Volksgenosse kann eben nur der sein, dessen Rechtsgewissen ... unverfälscht ist." „Ausmerzung ehrloser Verbrecher" durch ein strenges Strafrecht, denn ein „humanes" Strafrecht zeige gerade keinen „hohen Kulturzustand"). Zur NS-Gesinnung Nicolais siehe *Marxen* (1975), S. 90 f., 147 ff.,153. Zur NS-Rasselehre auch *Hartl* (2000), S. 42 f. (für den der Antisemitismus ihren Mittelpunkt bildete).

72 *Wolf* hat die Schrift im Rahmen des angesehenen ZStW-Literaturberichts „Rechts- und Staatsphilosophie" (ZStW 53 (1934), 560, 572 ff.) nicht nur aufgenommen und damit in eine Reihe mit wichtigen rechtsphilosophischen Schriften seiner Zeit gestellt, sondern sogar gelobt, nämlich als „unbefangen[e] und unerschrocken[e]" Darstellung der NS-Rechtsidee und als „Anfang nationalsozialistischer Rechtslehre", die lediglich einige „Unausgeglichenheiten" aufweise, was aber „nicht anders sein kann ..." (573 f.) (zu punktueller Kritik an Nicolais Rassenlehre

will deshalb das Strafrecht gegen diejenigen wenden, die nicht der nordischen und germanischen Bevölkerung angehören.[73] Hier kommt der nationalsozialistische Versuch zum Vorschein, die – durchaus vorhandenen[74] – früheren kriminalbiologisch-sozialdarwinistischen Ansätze der Kriminologie zu instrumentalisieren[75] und die strafrechtliche Diskriminierung von „Artfremden"[76] rassebiologisch zu rechtfertigen;[77] die kriminologische For-

u. Fn. 78 a.E.). Positiv etwa auch *von Hentig*, MSchrKrimPsych 24 (1933), 633 („ehrlich, durchdacht, systemgerecht und ... lesenswert.").

73 *Nicolai* (1932), S. 43 (wonach „die Kriminalität zeigt, daß die Straffälligkeit umso geringer ist, je nordischer und germanischer eine Bevölkerung ist."); dazu auch *Zaffaroni* (2017), S. 147.

74 Zur entsprechenden kriminalbiologischen und -anthropologischen Forschung um die Jahrhundertwende und zur Zeit der Weimarer Republik *Dölling*, in: Dreier/Sellert (1989),S. 195 f., 222 f.; *Vormbaum* (2015), S. 155 ff.; *Hilliger* (2018), S. 293 ff.; früher schon *Wolf* (1933), S. 13 ff. (insbesondere Bezugnahme auf die italienischen Positivisten).

75 Vgl. etwa *Exner* (1939), S. 149 ff. (Bedeutung von „Erbgut" und „Verbrecheranlage"); auch *ders.*, (1949), S. 272 ff. (Anerkennung des Umwelteinflusses, aber Betonung der besonderen Bedeutung der „Anlage" bzw. des „Erbguts"); *Mezger* (1934), S. 18 (zwar Ablehnung der Lehre Lombrosos des „geborenen Verbrechers", aber Anerkennung, dass es „unleugbar Menschen [gibt], die vermöge ihrer angeborenen Anlage zum Verbrecher bestimmt sind"), 54 (besonders „krankhafte Veranlagung" des „psychopathische[n] Verbrecher[s], der damit zum besonders gefährlichen Verbrecher werde), 104 ff. (Betonung des „Erbgut[s] der Ahnen" im Rahmen einer biologistischen Verbrechensauffassung); zur biologist. Ansicht und (konsequenter) Verhütung des erbkranken Nachwuchses auch *Mezger* (1942), S. 79 ff., 269 ff.; s. auch *Dölling*, in: Dreier/Sellert (1989), S. 198, 202, 209. Es darf freilich nicht übersehen werden, dass Exner und auch Mezger grds. ein differenziertes Zusammenspiel von Anlage und Umwelt anerkannten und damit den kruden genetisch-rassistischen Determinismus von NS-Ideologen, wie etwa Robert Ritter, ablehnten; s. u. Fn. 78. – *Zaffaroni* (2017), S. 151 ff. verweist insoweit auf einen Artikel aus der ZStW (S. 151 oben), der sich positiv zu einem 1907 im US-Bundesstaat Indiana erlassenen Sterilisationsgesetz geäußert haben („artículo elogioso") und deshalb auf erhebliche Kritik gestoßen sein soll („reacción sumamente negativa"), die Liszt zu einer Distanzierung gezwungen habe. *Zaffaroni* gibt jedoch keine genaue Quelle an; in dem von ihm zitierten Werk von *Wetzell* (2000), S. 163 findet sich eine solche auch nicht. Eine Durchsicht der ZStW 27 (1907) hat ebenfalls keine Fundstelle ergeben. Der Vorbildcharakter US-amerikanischer Rassegesetzgebung wird aber von *Whitman* (2017) (deutsch 2018 bei C.H. Beck), S. 34 ff., 114 ff., 132 ff. nachgewiesen (woraus sich, gerade unter Präsident Trump, auch kritische Rückfragen an die USA ergeben, etwa „how did it come to pass that America produced law that seemed intriguing and attractive to Nazis?" [136] und zu ihrem Platz „in the larger world history of racism" und „about the character of American legal culture" [137]). Zum Vorbildcharakter des (deutschen) Kolonialstrafrechts *Vormbaum* (2015), S. 140 f.

schung hat aber die geforderte Unterstützung nur bedingt geleistet.[78] Jedenfalls kann die hierin zum Ausdruck kommende Bedeutung der – im gerade erwähnten rassisch-blutsmäßigen Sinne verstandenen – Volksgemeinschaft nicht genug betont werden: Sie ist Ausgangspunkt und Zweck des nationalsozialistischen (Straf-)Rechts,[79] sein prioritäres (rein zu halten-

---

76 Zu den „Fremdvolkstrafrechten" (z.B. Polenstrafrecht) und dem Sonderstrafrecht für Juden eingehend *Werle* (1989), S. 351 ff., 449 ff., 603 ff., 698 ff., 723 f., 725 f.

77 Einseitige Betonung der Anlage etwa bei *Dahm*, MSchrKrimPsych 24 (1933), 162, 172 ff., 176; *Schaffstein* (1934), S. 19 („Überlegenheit" der NS-„Rassenidee" aufgrund „erbbiologische[r] Ungleichheit"); *Schaffstein*, ZStW 55 (1936), 276, 282 ff. (beide mit Kritik an der Überbetonung des Erziehungsgedankens und Forderung der Unschädlichmachung „Unerziehbarer"). S. auch *Werle* (1989), S. 698, 700; *Zaffaroni*, in Zaffaroni (2009a), S. 15 (Perfektionierung des rassistischen Biologismus durch NS).

78 Vgl. näher *Wetzell* (2000), S. 179 ff., der anhand einer Untersuchung der Schriften relevanter Autoren belegt, dass der NS die kriminalbiologische Forschung zwar zur Unterstützung seiner eugenisch-biologistischen Sichtweise gebraucht, aber von den mainstream-Kriminologen wie Mezger u. Exner (ebd., S. 209 ff.) nur bedingt diese Unterstützung erhalten habe, denn „genetically deterministic and racist explanations of crime did not predominate in criminal biology and criminology", sondern „mainstream criminology ... was characterized by a continuing process of increasing methodological sophistication" (ebd., S. 230). Andererseits fand die kriminalbiologisch begründete NS-Selektionspolitik einen Unterstützer in Gustav *Aschaffenburg*, Begründer und Herausgeber der Monatsschrift für Kriminalpsychologie und Strafrechtsreform (heute MSchrKrim), der selbst wegen seines jüdischen Glauben von den Nazis vertrieben wurde (S. 186 ff.); ferner kritisierten Juristen wie Hellmuth Mayer die kriminalbiologische Forschung (S. 202 ff.), weshalb weder eine Verbindung zwischen „criminal biology and racism (including anti-Semitism)" (S. 187) noch „a natural affinity between Nazi jurists and criminal biology" angenommen werden könne (S. 209); krit. zu Ritter und seiner „Asozialen"-Forschung, insbesondere zu Zigeunern, S. 219 ff. („simplistic and methodologically backward quality of Ritter's research that accelerated his career in the Third Reich", [S. 229]). Wetzells Sichtweise von *Mezger* ist aber zu günstig, zu ihm näher u. Kap. IV 1. mit Fn. 221 ff. u. Haupttext. – Für ein Zusammenspiel von Anlage-Umwelt etwa *Wolf*, ZStW 53 (1934), 573 f. (insoweit krit. zu Nicolais reiner, rassenbasierter Anlagetheorie); erstaunlich diff. auch *Gemmingen* (1933), S. 14 ff., wonach Hitler selbst die Bedeutung des „Milieufaktors" betont habe und deshalb sicher gegen eine einseitige Betonung der Anlage gewesen sei.

79 *Zaffaroni* (2017), S. 72 ff. Vgl. etwa auch *Gemmingen* (1933), S. 14, wonach das „umfassende Ziel" Hitlers „die Erziehung der (liberalistisch-atomistisch gedachten) Gesellschaft zur (organisch-völkisch gedachten) Gemeinschaft, also zum 'Volk'" gewesen sei. Aus neuerer Zeit zusf. *Hartl* (2000), S. 43 ff.

des)[80] Schutzobjekt[81] und normativer Fixpunkt,[82] sogar Rechtsquelle („gesundes Volksempfinden").[83] Sowohl der Einzelne als auch der Staat werden in den Dienst der Volksgemeinschaft gestellt, womit der Einzelne seinen Selbstzweck verliert[84] und zur Treue verpflichtet wird;[85] zugleich wird der

---

80 Vgl. o. Fn. 68 und folgender Abschnitt (2.) mit Fn. 167.

81 Vgl. *Preußischer Justizminister* (1933), S. 13 (wo der Schutz der Volksgemeinschaft an die Spitze eines möglichen neuen StGB gestellt wird); zu den entsprechenden NS-Verordnungen/Gesetzen zum Schutz des deutschen Volkes, Staates etc. *Werle* (1989), S. 64 ff., 700 ff.

82 Vgl. etwa *Schaffstein*, ZStW 53 (1934), 603, 624 („Für die nationalsozialistische Staats- und Rechtsauffassung ist das Volk als transpersonale Ganzheit höchster und einziger unmittelbarer Wert, aus dem sich alle anderen Rechtswerte mittelbar ergeben."). *Zaffaroni* zitiert diese Abhandlung nicht.

83 Vgl. *Freisler*, in Frank (1934), S. 11 („Rechtsbewußtsein des Volkes" als „Rechtsnorm"); *Freisler*, DJ 97 (1935), 1251 (gesundes Volksempfinden als Rechtsquelle); *Schaffstein* (1934), S. 24 („wahre Rechtsquelle", die Denkschrift des preußischen Justizministers (1933) zitierend); *Schaffstein*, ZStW 53 (1934), 605, 607 („völkische[s] Rechtsempfinden" als Quelle nationalsozialistischen Rechts); *Henkel* (1934b), S. 28 f. („Wertanschauungen der Volksgemeinschaft" als „Rechtserkenntnisquelle"); *Mezger*, DJZ 41 (1936), 602 („gesundes Volksempfinden" als „selbständige Äußerungsform der lebendigen völkischen Rechts- und Sittenordnung", allerdings getragen vom „Grundgedanken eines Strafgesetzes", also dem ersten Bezugspunkt des geändert § 2 StGB). S. auch *Marxen* (1975), S. 70 f.; *Werle* (1989), S. 145; *Hartl* (2000), S. 54; *Zaffaroni* (2017), S. 78 ff. – Das „gesunde Volksempfinden" diente auch zur Bestimmung zahlreicher Einzelfragen der Verbrechenslehre, vgl. zum Unterlassen etwa u. Kap. V 4. mit Fn. 499; zur Unbeachtlichkeit eines Rechts-/Verbotsirrtums bei dessen Unvereinbarkeit mit der „gesunden Volksanschauung über Recht und Unrecht" u. Kap. IV 1. mit Fn. 245 u. Haupttext; zu Schranken des Notwehrrechts *Preußischer Justizminister* (1933), S. 137 u. *Freisler*, in Frank (1934), S. 17 (Missbrauch des Notwehrrechts „nach gesunder Volksanschauung"); dort finden sich zahlreiche weitere Beispiele.

84 Vgl. etwa *Preußischer Justizminister* (1933), S. 4 f. (Einzelner als Teil des „Volksorganismus", weshalb er dazu gezwungen werden müsse, „bei all seinem Handeln die notwendige Rücksicht auf die Erhaltung des Bestandes der Nation und ihre Wohles zu nehmen."); *Freisler*, in Frank (1934), S. 9 („Treuhänderstellung des Einzelnen in Bezug auf die Gesamtheit"); ebenso *Thierack*, in Frank (1934), S. 28; auch *Gerland*, DJZ 38 (1933), 860 („Vor der Gemeinschaft bedeutet der Einzelne nur so viel, als er für sie bedeutet"); *Dahm* (1935a), S. 12 (Einzelner als „Volksgenosse, als Glied einer konkreten Gemeinschaft..."); dazu etwa auch *Alexy*, in: Säcker (1992), S. 225 f.; *Hoyer*, GS Eckert (2008), S. 353 („Suprematie des Kollektivs ..."); zu Antiindividualismus, Antiliberalismus und gemeinschaftsbezogenem Denken auch *Hartl* (2000), S. 47 ff.; *Murmann* (2005), S. 126 ff. – Noch 1933 hat Dahm allerdings die Ansicht vertreten, dass „kein deutsches, der Eigenart unserer differenzierten Kultur entsprechendes Strafrecht denkbar [ist], das nicht dem Einzelnen Spielraum ließe." (*Dahm*, MSchrKrimPsych 24 (1933), 162, 174).

Staat – in Überwindung der traditionellen Trennung von Volk und Staat – zu einem einzigartigen faschistischen Staat.[86]

Dies leitet zur Institutionalisierung des NS-Staates über,[87] denn diese stand ganz im Zeichen der Realisierung der apostrophierten Volksgemeinschaft. Zaffaroni zitiert hier ausführlich eine berüchtigte Rede Görings vor der Akademie für Deutsches Recht im Jahre 1935,[88] wo dieser betonte, dass der NS-Staat kein Selbstzweck sondern Mittel zum Zweck, eben der Realisierung der „artgleichen" Volksgemeinschaft sei.[89] Göring propagiert die Überlegenheit der arischen Rasse und ihres nordisch-germanischen Rechts gegenüber den Menschen der „Südsee", die dieses Recht nicht verstünden und deren Recht wiederum „von uns nicht verstanden und zurückgewiesen" werde.[90] Zaffaroni bemerkt insoweit, dass sich die darin liegende Diskriminierung nicht gegen Lateinamerika, sondern gegen Italien gerichtet habe.[91] Das ist aber zweifelhaft, denn zum einen war die Diskriminierung der „Südsee-Insulaner" Ausdruck des zu jener Zeit – und mitunter auch heute noch – verbreiteten kolonialen („zivilisierten"), gegen die „neue

---

85 *Thierack*, in Frank (1934), S. 27 („Treuepflicht gegenüber Führer, Volk und Staat"; Treue als „vornehmstes deutsches Erbgut").

86 Zum Unterschied zwischen dem NS-Deutschland und dem faschistischen Italien vgl. insoweit *Dahm* (1935a), S. 6 ff. wonach bei jenem die Volksgemeinschaft im Mittelpunkt stehe und der Staat ihrem Zweck zu dienen habe, während bei diesem die Nation sich im totalen Staat verwirkliche, weshalb ein „ausgeprägter Etatismus" (S. 6) herrsche (ebenso *Grispigni* (1941a), in Zaffaroni (2009a), S. 70 mit Fn. 12 ([Ersetzung von „Staat" durch „Volk"]). Im NS-Staat könne demgegenüber allenfalls eine totale Mobilmachung i.S. Jüngers, aber kein totaler Staat existieren, weil der Staat „seine Grundlage und Rechtfertigung im Volkstum" (*Dahm*, a.a.O., S. 7) finde. Dies bedeute – neben dem ohnehin unterschiedlichen Wesen zwischen Deutschen und Italienern – einen „tiefgreifenden Wesensunterschied" (S. 7). Zum Unterschied auch *Gúzman D.*, in Zaffaroni (2017), S. 89 („visión sustancialista" [NS] versus „supraindividual"); zum Unterschied hinsichtlich der Ersetzung von „Staat" durch „Volk" auch *Grispigni* (1941a), in Zaffaroni (2009a), S. 70 mit Fn. 12.

87 *Zaffaroni* (2017), S. 85 ff. (3. Kap.).

88 *Göring* (1935).

89 *Göring* (1935), S. 6 („Unseren Staat hat der Führer für das Volk geschaffen … Unser Staat ist daher nicht Selbstzweck, sondern Mittel zum Zweck."); dazu *Zaffaroni* (2017), S. 85 f. Ebenso *Preußischer Justizminister* (1933), S. 4.

90 *Göring* (1935), S. 13 („Und darum haben die Blut- und Artgleichen ihr Recht und verstehen es. Sie werden vielleicht unten in der Südsee keinen Menschen finden, der nordisch-germanisches Recht verstünde. Das, was dort als Rechtsbegriff von jedem einzelnen aufgefaßt wird und als ewiges Recht gilt, wird von uns nicht verstanden und zurückgewiesen.").

91 *Zaffaroni* (2017), S. 86, 96.

Welt“ gerichteten Rechtsdenkens und zum anderen diente der italienische Faschismus dem Nationalsozialismus in vielerlei Hinsicht als Vorbild.[92]

Die Volksgemeinschaft, als Dreh- und Angelpunkt des NS-Projekts, steht auch im Folgenden im Mittelpunkt der Überlegungen Zaffaronis: Er betont zurecht mehrfach, dass es sich nicht um ein *a priori* existierendes Gebilde gehandelt habe, sondern ein bloßes *politisches Projekt* des Nationalsozialismus, das eben erst noch hätte realisiert werden müssen.[93] Und zu seiner Realisierung brauchte es eben strafrechtlichen Zwang, denn wenn eine homogene Volksgemeinschaft schon existiert hätte, dann wäre ein solcher ganz und gar unnötig gewesen, hätten die „Volksgenossen“ (Larenz, dazu sogleich) doch dann ohnehin, ethnisch homogenisiert, vollkommen harmonisch zusammengelebt und ohne weiteres den nationalsozialistischen Führungsanspruch akzeptiert.[94] Im Zusammenhang mit seiner Diskussion der Volksgemeinschaft bezieht sich Zaffaroni – durchaus überraschend – an mehreren Stellen auf die darin liegende „systemische Konzeption der Gesellschaft“,[95] wobei er diese, wie im weiteren Verlauf der Untersuchung klar wird, eher organisch als „Ameisengesellschaft“ („sociedad hormiguero“) im Sinne des Werks des Dominikanerpaters Johannes Nider[96] versteht und eben nicht im Sinne soziologischer Systemtheorie. So sagt Zaffaroni dann – endlich – explizit: „Die *Volksgemeinschaft* war ein systemisches Konzept, aber keine einfache systemische Soziologie, von der man sie genau unterscheiden muss“.[97] Letztlich versteht Zaffaroni hier also „systemisch“

---

92 Hitler war ein Bewunderer Mussolinis (dazu *Nolte* (1963), S. 32 f., 50, 55, 291) und zahlreiche NS-Symbole haben einen italienisch-faschistischen Ursprung (etwa der deutsche Gruß, der dem „römischen Gruß“ nachgebildet ist, und die „römischen“ Feldzeichen der NSDAP-Einheiten; zum Vorbildcharakter des römischen Reichs ebd, S. 500; zu Ähnlichkeit, aber auch Verschiedenheit zwischen NS und italienischem Faschismus ebd., S. 343 f.). *Dahm/Schaffstein* haben im Übrigen – trotz Betonung der Unterschiede an anderer Stelle – den italienischen Faschismus als Beispiel der „nationalistischen und totalen Staatsauffassung“ angeführt (u. Kap. V 2. mit Fn. 454 mit Haupttext). In diesem Sinne auch *Grispigni* (1941a), in Zaffaroni (2009a), S. 70 mit Fn. 12 („doctrinas … completamente análogas“).

93 Siehe z.B. *Zaffaroni* (2017), S. 128 („no era más, que un proyecto politico para imponer…“), 293 (“programa político por realizar o en vías de realización…”).

94 *Zaffaroni* (2017), S. 127 f. („si la sociedad estaba tan integrada éticamente como se pretendía, no se explica por qué fueron necesarias leyes penales tan draconianas y extremas y un ejercicio de poder punitive tan fuertemente verticalizador.“).

95 *Zaffaroni* (2017), S. 72, 78, 80 f., 214 f., 217, 290, 302.

96 *Nider* (1475); dazu *Zaffaroni* (2017), S. 37 ff.

97 *Zaffaroni* (2017), S. 290 („La *comunidad del pueblo* era un concepto sistemico, pero no una simple sociología sistémica, de la cual se la debe distinguir cuidadosamente.“ [Übers. K.A., Herv. im Original]).

im Sinne einer „organischen Konzeption der Gesellschaft",[98] wobei aber nicht übersehen werden darf, dass der Nationalsozialismus das Volk bzw. die Volksgemeinschaft als Gegenbegriff zu dem eben systemisch geprägten Begriff der Gesellschaft verstanden hat.[99] Der Volksbegriff war „für den Staat ebenso konstitutiv wie er für den Einzelnen vernichtend" war.[100]

Parallel wurde die *Entrechtlichung* durch die *Entpersonalisierung* derjenigen Bürger betrieben, die nicht der „arischen Volksgemeinschaft" angehörten.[101] Insoweit verweist Zaffaroni zutreffend auf die von Karl Larenz – in bewusster Abkehr vom „subjektiv-ethischen Individualismus des späten Naturrechts"[102] und in einer Hinwendung zum „Recht als Lebensform der Volksgemeinschaft"[103] – begründete Beschränkung der vollen Teilnahme am Rechtsverkehr auf „Volksgenossen", weil nur diese aufgrund ihrer Zugehörigkeit zum deutschen Volk und deutschen Blut als vollwertige Mitglieder der Rechtsgemeinschaft („Rechtsgenossen") anerkannt werden könnten.[104] Daraus musste freilich folgen, dass nur die Volksgenossen auch die vollen Pflichten gegenüber der Volksgemeinschaft und dem Führer haben

---

98 *Zaffaroni* (2017), S. 291 („concepción orgánica de la sociedad").

99 Vgl. *Freisler*, DJZ 97 (1935), 1247, 1248 (organischer Volksbegriff); sekundär *Rüping* (1989), S. 180; *Murmann* (2005), S. 129 ff.

100 *Murmann* (2005), S. 130.

101 *Zaffaroni* (2017), S. 97 ff.

102 *Larenz*, in Dahm et al. (1935), S. 225, 228. Zum Kampf gegen das subjektive Recht unter Rückgriff auf das (vermeintlich sozial-gemeinschaftsorientierte) germanische Recht (im Gegensatz zum vermeintlich individualistisch ausgerichteten römischen Recht) *Klippel*, in Rückert/Willoweit (1995), S. 39 ff. (49 ff.); *Luig*, in Rückert/Willoweit (1995), S. 95 ff. Zum Rückgriff auf das germanische Strafrecht zur Begründung des Gemeinschaftsgedankens *Dahm* (1935a), S. 6.

103 *Larenz*, in Dahm et al. (1935), S. 238 f. Hier wird die an anderer Stelle ausgearbeitete Bedeutung des „völkischen Rechtsdenkens" und des – am Schmitt'schen „Ordnungsdenken" (u. Fn. 267) angelehnten – Denkens in „konkret-allgemeinen Grundbegriffen" (kaB) deutlich, vgl. *Larenz* (1933), S. 9, 43 ff., 52. Deren Funktion bestand im Kern in der nationalsozialistischen Gestaltung der gesellschaftlichen Wirklichkeit orientiert an der rassistisch definierten Volksgemeinschaft, in der „völkischen Rechtserneuerung" durch Begriffsänderung; dazu *Rüthers* (1989), S. 58 f., 76 ff., 95 ff. m.w.N; *Schröder* (2016), S. 19 m.w.N., insbesondere auf Otto Koellreutter und Curt Rotheberger; zum „Recht als Lebensrecht" und konkretem Ordnungsdenken aus rechtshistorischer Sicht *Rückert*, in Rückert/Willoweit (1995), S. 177 ff. (schlussfolgernd, dass das NS-Recht „den rechtsstaatlich liberalen Rahmen der alten Rechtsquellenlehre" verlassen und „den permanenten Lebensdurchgriff in die jeweilige konkrete Ordnung" offen propagiert habe, S. 234 f.).

104 *Larenz* , in Dahm et al. (1935), S. 241 („Rechtsgenosse ist nur, wer Volksgenosse ist; Volksgenosse ist, wer deutschen Blutes ist."). Damit sollte § 1 BGB, der die

konnten – letztlich hatten sie keine Rechte sondern nur Pflichten.[105] Auch die *Richter* hatten in diesem Modell der Volksgemeinschaft und damit dem Führer zu dienen; sie waren also keine unabhängigen Beschränker der Strafgewalt des neuen Staates,[106] sondern hatten – selbst als nationalsozialistische Führerpersönlichkeiten[107] – mit dem Ziel ihrer Realisierung zu

---

Rechtsfähigkeit „jedes Menschen“ anerkannte, ersetzt werden (ebd.). Außerhalb der Volksgemeinschaft stehende Ausländer genießen danach eine nur „beschränkte Rechtsfähigkeit“ kraft Zugeständnis der Volksgemeinschaft und werden „als Gast geachtet“ (241 f.). Davon ist es nur ein kleiner Schritt zur Entrechtlichung jüdischer u.a., als nicht-arisch angesehener Mitbürger, näher *Rüthers* (1989), S. 88 ff. (91: „Instrument zur Aberkennung staatsbürgerlicher Rechte“); näher zu Werdegang und Straftheorie von Larenz *Schild*, in Asholt et al. (2014), S. 122 ff. (obwohl Mitglied in zahlreichen NS-Vereinigungen, kein "Kronjurist" des 3. Reichs, weil "weitgehend wirkungslos" [126]), 128 ff. (komplexes Verhältnis zu Hegels Philosophie), 142 ff. (eigene Straftheorie an "Lebensordnung der Volksgenossen" – als "Rassegenossen" – orientiert und Verständnis des Verbrechens als "Gemeinschaftsrechtswidrigkeit" mit Ausschluss des Verbrechers aus Gemeinschaft u. Verlust seiner Ehre; "auf ein ... Leben eines rassistisch und schicksalhaft aufgefassten Volkes aufgebaut, in der die Rassefremden keinerlei Rechtsstellung haben und haben können" [153]).

105 *Zaffaroni* (2017), S. 101.

106 S. für eine jüngere empirische Untersuchung zu Richtern im NS-Staat *Graver*, GLJ 19 (2018), 845 ff. (wonach zunächst die Unabhängigkeit der Justiz gewahrt wurde [853], was mit der deutschen Tradition [die Graver mit den Theorien der „path dependency“ und des „habitus“ erklärt] zu tun habe [871 ff.]; zwar existierte kein organisierter Widerstand [„resistance“], aber doch vereinzelt „opposition“ und „dissent“ [864, Bsp. bei 853 ff.]). Ähnlich sah schon *Hoefer*, JCL&Crim 35 (1945), 392 f. in den ersten Jahren der NS-Herrschaft noch „a certain degree of independence“, die die Nazis aber unbedingt brechen wollten.

107 Vgl. *Vormbaum* (2015), S. 205 ff.

108 Vgl. etwa *Siegert* (1934), S. 19, wonach der Richter, wenn weder Gesetz noch Gewohnheitsrecht bestehe, “im Geist des Volkes und der Führung zu handeln” habe; ebenso *Gürtner* (1936), S. 11 f. („Ausfüllung verbliebener Lücken“ durch Richter unter Rückgriff auf „die Forderungen des völkischen Lebens“ und das Führerprinzip). Zu Hitler als „Gerichtsherr“ und zur daraus folgenden richterlichen Orientierung am Führerwillen („Belehnung“) und dessen unbedingter Umsetzung *Werle* (1989), S. 19 ff., 151, 270 ff., 577 ff., 602, 682, 690 f., 692 ff., 715; s. auch *Rüping* (1989), S. 182 ff. (mit Hinweis auf die von Dahm u.a. im Jahre 1936 formulierten „Leitsätze über Stellung und Aufgabe des Richters“ [182]); *Maus* (1989), S. 88 ff. (mit Hinweis auf die vom Reichsjustizministerium seit 1942 herausgegebenen „Richterbriefe“ [90]); *Hartl* (2000), S. 53 ff., 262 ff.; *Zaffaroni* (2017), S. 101 ff.; *Arnedo*, in Zaffaroni (2017), S. 63 ff.

agieren,[108] freilich nur zu Lasten der vermeintlichen Straftäter.[109] Wie wir unten sehen werden (Kap. V 3.), ist die wichtige Rolle der Richter zur Verwirklichung des NS-Projekts gerade von der Kieler Schule erkannt und entsprechend begründet worden.[110]

Als verfassungsrechtliche Vordenker des *Führerstaats* sieht Zaffaroni schließlich vor allem Ernst Rudolf Huber, Ernst Forsthoff und Carl Schmitt.[111] Schmitt legt er u.a. – neben seinem Antisemitismus[112] – die Ersetzung des *nulla poena sine lege*-Grundsatzes durch ein *nullum crimen sine poena*[113] zur Last,[114] doch ging es Schmitt um viel mehr, nämlich um die

---

109 Vgl. etwa *Dahm*, DStR 80 (1934), 88, wo dieser Bedenken hinsichtlich der „Erweiterung des richterlichen Ermessens“ im Zusammenhang mit den Unrechts- und Schuldausschließungsgründen vorbringt, weil diese sich „einseitig zugunsten des Täters auswirke ...“.

110 Neben den „Kielern“ ist auch von den „Marburgern“ Schwinge und Zimmerl die dienende Rolle der Richter betont worden, vgl. u. Kap. IV 2. mit Fn. 273, 303 und Haupttext. Ferner ist auf zwei Schriften *Henkels* (1934a u. 1934b) hinzuweisen, wo dieser die richterliche „Bindung an die leitenden Grundsätze des völkischen Führerstaats“ betont (1934b, S. 21) und als Aufgabe des Richters ansieht, „dem geltenden Gesetz nach Möglichkeit eine der gegenwärtigen Rechtsanschauung entsprechende Auslegung zu geben“ (ebd., S. 28), womit er auch „in seiner Ermessenspraxis die leitenden Grundsätze der Staatsführung zum Ausdruck“ bringen müsse (ebd., S. 31). Dazu auch *Werle* (1989), S. 147 ff.; *Jeßberger*, in: Jeßberger /Kotzur/Repgen (2019), S. 4 f. mit Fn. 26 ff. – Zur **NS-Verstrickung Henkels** krit. *Wolf*, JuS 1996, 189; näher und diff. *Jeßberger*, a.a.O., S. 2 f., 10 ff. (zwischen dem „frühen Henkel“ – „tief in das ‚Projekt‘ nationalsozialistischer Rechtserneuerung verstrickt“, „radikaler Parteigänger“ [Diestelkamp] und als „Mitläufer“ eingestuft – und dem „Hamburger Henkel“ unterscheidend, der u.a. für eine Verlängerung der Verjährungsfristen mit Blick auf NS-Taten eintrat). Interessant ist bezüglich des „späten Henkel“ auch, dass in seinem Seminar viel über NS-Verbrechen debattiert wurde (vgl. *Duve*, Ein Gespräch mit Claus Roxin (15.5.2006), <www.forhistiur.de/2006-05-duve/>, Rz. 6) und seine beiden Schüler Roxin (GA 1963, 193) und Jäger (1967) – mit Henkels Unterstützung – wesentliche Beiträge zur strafjuristischen NS-Aufarbeitung geleistet haben. Jäger konstatierte zwar Henkels „Nähe zu nationalsozialistischem Gedankengut“, traute ihm „im Rückblick“ aber nichts „wirklich Böses“ zu; er habe ihn vor seinem NS-bezogenen Habilitationsvorhaben zwar „ganz vorsichtig gewarnt“, aber es später „sehr unterstützt“ (*Jäger*, in Horstmann/Litzinger, 2006, S. 47, 49).

111 *Zaffaroni* (2017), S. 87 f. Instruktiv zu diesen und der deutschen „Geojurisprudence“ *Priemel* (2016), S. 260 ff.; zu ihm *Ambos*, ZIS 2018, 39 ff.; zu Schmitt *Cattaneo* (2001), S. 181 ff.

112 *Zaffaroni* (2017), S. 66 ff.

113 *Schmitt*, JW 63 (1934), 713; auch *ders.*, DJZ 39 (1934), Sp. 691 (693). Dazu auch *Walther*, in: Dreier/Sellert (1989), S. 323, 337 f.; *Cattaneo* (2001), S. 206 ff.; *Vormbaum* (2015), S. 180 mit Fn. 198.

114 *Zaffaroni* (2017), S. 92.

Ersetzung des liberalen durch einen nationalsozialistisch-materialen Rechtsstaatsbegriff, also die nationalsozialistische Bestimmung – genauer: Pervertierung – des Rechtsstaatsbegriffs statt der Einhegung des Nationalsozialismus durch liberale Rechtsstaatlichkeit.[115] Schmitt propagierte Führerstaat und Führerkult samt *Führerprinzip*.[116] Der von Zaffaroni zu Recht erwähnte Widerspruch zwischen dem von den NS-Ideologen beklagten geschwächten Rechtsempfinden des Volkes und dessen Legitimationsfunktion für NS-Staat und Führer,[117] sollte aus NS-Sicht durch die enge, innere Verbindung zwischen Führer und Volk, welche den Führer zum Vermittler des Volkswillens mache, aufgelöst werden.[118]

---

115 *Schmitt*, JW 63 (1934), 715 f. („Wir bestimmen also nicht den Nationalsozialismus von einem ihm vorgehenden Begriff des Rechtsstaates, sondern umgekehrt den Rechtsstaat vom Nationalsozialismus her." [716]). Die Abkehr vom Gesetzlichkeitsprinzip ist dann die Folge der Ersetzung eines – von Schmitt sog. – formalen bzw. positivistischen durch einen materialen, scil. nationalsozialistischen, Gesetzesbegriff, aus dem u.a. folgt: Auslegung aller unbestimmten Rechtsbegriffe und Generalklauseln „unbedingt und vorbehaltlos im nationalsozialistischen Sinne" (717). Im Übrigen sei kein Staat „in gleichem Maße wie der starke nationalsozialistische Staat imstande, wirklich Rechtssicherheit und Berechenbarkeit zu gewährleisten", aber es dürfe vom NS-Staat nicht erwartet werden, „daß er sich den 'Berechnungen und Erwartungen' seiner Gegner unterwerfe" (*Schmitt*, DJZ 39 (1934), Sp. 695). – Die Ähnlichkeit der Schmitt'schen Position zu heutigen autoritär-diktatorischen Rechtsstaatsverständnissen ist frappierend, s. etwa das von der chinesischen kommunistischen Partei propagierte und auszufüllende „rule of law" Konzept, wie es von „Führer" Xi Jinping auf dem 19. Parteikongress am 18.10.2017 vorgestellt wurde (englische Übersetzung der amtlichen Xinhua New Agency abrufbar unter <http://www.xinhuanet.com/english/special/2017-11/03/c_136725942.htm>) und wie es sich im Parteistatut und einer jüngsten ZK-Resolution findet (engl. Übersetzung durch das staatliche „Central Compilation and Translation Bureau" jeweils abrufbar unter <http://book.theorychina.org/upload/2017-19D-EN-2/> und <http://book.theorychina.org/upload/ae0b0b63-7c4a-4f50-b978-3ddceafabb89/>); alle zuletzt besucht am 22.10.2018.

116 *Schmitt*, DJZ 39 (1934), Sp. 934; auch *ders.*, DJZ 39 (1934), Sp. 695 („Wille des Führers" als Rechtsgrundlage); pathetischer *Freisler*, DJ 98 (1936), 155 (Führer „als das zentrale Willensorgan", „Gesetze des Führers" als „Äußerungen dieses seines Willens und als solche heiligste Arten, Formenübertragungsmittel des Führerbefehls..."") sowie *ders.*, DJ 96 (1934), 850 (überschwängliche Rechtfertigung des Röhm Putsches). Aus rechtshistorischer Sicht zu Führer, Führertum und Führerprinzip *Kroeschell*, in: Rückert/Willoweit (1995), S. 55 ff.; zusf. *Hartl* (2000), S. 45 f.

117 *Zaffaroni* (2017), S. 97.

118 Vgl. *Marxen* (1975), S. 65, 213, 253; zur Vermittlerrolle des "Führers" auch *Rüping* (1989), S. 181 f. (Volkswille „offenbart sich fortgesetzt im Willen des Füh-

2. *Materieller Unrechtsbegriff, Ethisierung, „totales“ Strafrecht und Entformalisierung*

Rassisch-blutsmäßig verstandene Volksgemeinschaft sowie Führerstaat samt Führerprinzip waren auch die Leitlinien der schon oben erwähnten „politischen“ Strafrechtswissenschaft. So wurden sie auch von Nazi-Strafrechtlern[119] wie Hans Frank, (den schon erwähnten) Roland Freisler und Karl Siegert[120] – letzterer war Nachfolger des aus der Göttinger Rechts- und Staatswissenschaftlichen Fakultät gedrängten (Juden) Richard Honig[121] – propagiert.[122] Reichsjustizminister Franz Gürtner hat sich 1935 in seiner Eröffnungsansprache zum 11. Internationalen Strafrechts- und Gefängniskongreß[123] zur Verdrängung formaler Gesetzlichkeit durch einen *materiellen Unrechtsbegriff* bekannt; dessen inhaltliche Auffüllung obliege

---

rers“, dessen „historische Größe garantiert, den «wirklichen» Willen des Volkes stets unfehlbar zu finden.“); *Werle* (1989), S. 146 f., 691; *Murmann* (2005), S. 134.

119 „Nazijuristen“ bzw. „juristische Nazis“ (nicht nur „nationalsozialistische Juristen“) i.S.v. *Batista*, in Zaffaroni (2017), S. 103 (schon o. Kap. I 2. mit Fn. 49).

120 Siegert hatte sich insbesondere bei der „Arisierung“ der Göttinger Fakultät einen Namen gemacht; dazu *Halfmann*, in: Becker (1998), S. 112 ff., 120 ff. ("negative Auslese" von Juden und Liberalen zur "Heranbildung bester nationalsoz. Rechtsgelehrter"); *Schumann*, in: Schumann (2008), S. 89 f., 96 f. (beispielhaft zu seiner Rolle bei der Entfernung des Nationalökonomen Richard Passow), 100 ff. (zu seinen „Vorschläge[n]“ zum Ausbau des Lehrkörpers“ der Göttinger Fakultät), 103 ff. (zur „Terroristengruppe“ Schürmann-Rath-Siegert, auch schon ebd., S. 95). Die Göttinger Fakultät hat sich insoweit (als NS-Kaderschmiede) durchaus im Wettbewerb mit Kiel gesehen (vgl. *Halfmann*, in: Becker (1998), S. 109, 120), sich aber immerhin nach 1945 gegen die Rückkehr Siegerts ausgesprochen (ebd., S. 134). Eine Liste der ausgeschiedenen Dozenten findet sich in Becker (1998), S. 720-712.

121 Honig wurde am 25.4.1993 zunächst beurlaubt (worauf Siegert am 1.11.1933 seinen Lehrstuhl übernahm) und dann am 31.12.1933 in den Ruhestand versetzt (gemäß § 3 Abs. 1 des „Gesetzes zur Wiederherstellung des Berufsbeamtentums“ v. 7.4.1933, RGBl 1933 I, 175). Honig ging ins Exil, zunächst an die Universität Istanbul (1933-1939) und danach in die USA, wo er u.a. einen grundlegenden Beitrag zum U.S.-amerikanischen Strafrecht – in einem u.a. von Mezger (!) hrsg. Sammelband verfasste (in: Mezger/Schönke/Jescheck (1962), Bd. IV, S. 7). Nach 1945 lehnte er eine Rückkehr auf seinen alten Göttinger Lehrstuhl ab, hielt aber ab 1954 Gastvorlesungen. Heute hängt sein Bild in der strafrechtlichen Abteilung der juristischen Bibliothek der Göttinger Fakultät. Näher *Halfmann*, in: Becker (1998), S. 105, 107 ff., 130 f.; *Schumann*, in: dies. (2008), S. 65, 89, 108, 110 f.

122 *Zaffaroni* (2017), S. 93 ff. Zur Kritik der antiliberalen Strafrechtsbewegung am liberalen Staatsverständnis näher *Marxen* (1975), S. 56 ff. m.w.N.

123 *Gürtner* (1936), S. 4 ff.

den Richtern unter Rückgriff auf die „Forderungen des völkischen Lebens" und das „Führerprinzip".[124] Auch Roland Freisler propagierte einen, von formalen Bindungen freien materiellen Rechts- und Unrechtsbegriff, der in der „völkischen Sittenordnung" „wurzelt",[125] also aus dem „gesunden Volksempfinden" – anerkannt „als Rechtsquelle"[126] – seinen Inhalt beziehe;[127] dies bedeutet die Aufhebung der Trennung zwischen Sitte und Recht[128] und – neben weiteren Folgen für die „Tatbestandstechnik"[129] – die Zulassung der Analogie.[130] So wird letztendlich die Gerechtigkeit mit dem Volkswillen gleichgestellt – „Gerecht ist, was dem deutschen Volke

---

124 *Gürtner* (1936), S. 9 ff. Vgl. auch *Frank* (1935), S. 13, 16 (Leitsätze 9, 11, 26) (Orientierung am Gedanken der „materiellen Gerechtigkeit").

125 *Freisler*, Willensstrafrecht (1935), S. 32.

126 Vgl. schon o. Kap. II 1. mit Fn. 83.

127 *Freisler*, DJ 97 (1935), 1251.

128 *Freisler*, DJ 97 (1935), 1250.

129 *Freisler*, DJ 97 (1935), 1251 („Normative Tatbestände, Generalklauseln ..., Anerkennung des gesunden Volksempfindens als Rechtsquelle und Zulassung der unmittelbaren Erkenntnis dieses Rechts ..."). Eingehend zu den unbestimmten Begriffen in der NS-Gesetzgebung *Werle* (1989), S. 716 ff.

130 Näher *Freisler*, in Frank (1934), S. 10 ff. (Bestrafung jeglichen „volksschädliche[n] Verhalten[s]" durch Zulassung der „Rechtsanalogie", d.h. „Entscheidung nach dem richtig erfaßten Geiste nationalsozialistischen Strafrechts"); knapp *Freisler*, DJ 97 (1935), 1251; ähnlich *Preußischer Justizminister* (1933), S. 127 (Strafbarkeit auch dann, wenn „Handlung nach gesunder Volksanschauung sittlich verwerflich und ... von dem einem bestimmten Strafgesetz zugrunde liegenden Rechtsgedanken gefordert ..."); *Luetgebrune*, in Frank (1934), S. 42 ff. (anwendbares Strafgesetz auch der „aus der deutschen nationalsozialistischen Volksanschauung geborene und durch Gesetzes- und Rechtsangleichung [vom Richter] gefundene strafrechtliche Rechtssatz." [S. 43]). – Zur **Aufhebung des Analogieverbots** (als einer der „wesentlichen Forderungen des nationalsozialistischen Strafrechtsreformprogramms") durch das § 2 des Gesetzes zur Änderung des StGB v. 28.6.1935 (RGBl I, 839) auch *Cavaleiro de Ferreira* (1938), S. 76 f.; *Marxen* (1975), S. 192 ff.; *Schreiber*, in: Dreier/Sellert (1989), S. 160 ff.; *Werle* (1989), S. 16 f., 141 ff., 715 f. (zutreffend betonend, dass es Legalität im NS-Staat mit seiner Aufhebung der Trennung von Gesetz und Recht und der politischen Führung des Rechts nicht habe geben können); *Hartl* (2000), S. 297 ff. – Insoweit ist allerdings zu beachten, dass gerade die nationalsozialistische Lockerung des Analogieverbots ein gutes *Beispiel zukunftsorientierter Kontinuität* in Form der heute existierenden Analogieermächtigungen (s. z.B. § 315b Abs. 1 Nr. 3 StGB, einen „ähnlichen, ebenso gefährlichen Eingriff" verlangend) und Regelbeispielen (die ja neben den unbenannten, z.B. „besonders schwerer Fall" des § 243 StGB, sogar gänzlich unbenannte Fälle, z.B. § 212 Abs. 2, erfassen) darstellt, vgl. *Hoyer*, GS Eckert (2008), S. 365 f.; zu den Regelbeispielen grdl. krit. *Hirsch*, FS Gössel (2002), 287 ff. („juristische Fehlkonstruktion", die strafrechtlichen Grundprinzipien, insbesondere dem Gesetzlichkeitsgrundsatz, widerspreche, wobei

frommt"[131] –, wobei „der Inhalt dieses Volkswillen („gesund") der „nationalsozialistischen Rechtsidee" entsprechen muss,[132] von der NS-Führung bestimmt wird und damit letztlich den Launen des Führers ausgeliefert ist.[133] Die Freisler'sche Strafrechtslehre dreht sich also um (rassisch-blutsmäßig definiertes) Volk, Führer und Partei.[134] Für Siegert beruhte das NS-Recht auf einer Kombination aus „Volksgeist und Führung", der nationalsozialistische Bürger – Volksgenosse in Larenz'scher Terminologie – müsse aber immer den „Gesetzen der Führung folgen" und diese „im Geiste der Führung und des Volkes auslegen".[135] Die im gleichen Jahr vorgelegten „nationalsozialistischen Leitsätze für ein neues deutsches Strafrecht" betonten die Erhaltung der blutsmäßig definierten Volksgemeinschaft als Hauptziel des Strafrechts, weshalb dieses von den Gedanken „der Volksgemeinschaft, der Treue, der Pflicht, der Ehre und der gerechten Sühne" beherrscht sei.[136] Der Dualismus zwischen Sitte (Moral) und Recht wurde ab-

---

durch ihre „Umetikettierung" von qualifizierten Tatbestandsmerkmalen in Strafzumessungsregeln dieser unterlaufen werden solle [302]; besonders krit. zum vermehrten Gebrauch während der NS-Zeit [288, 300]).

131 *Freisler*, DJ 98 (1936), S. 1630.

132 *Dahm*, DStR 80 (1934), 91 („Als 'gesund' kann … nur die Rechtsanschauung gelten, die der deutschen und nationalsozialistischen Rechtsidee entspricht").

133 *Radbruch* hat das Diktum Freislers in den Satz „Recht ist, was dem Volke nützt" umformuliert und in seinen „Fünf Minuten Rechtsphilosophie" (1945) unter „Zweite Minute" kritisiert, weil damit „Willkür, Vertragsbruch, Gesetzeswidrigkeit", „was den Inhaber der Staatsgewalt gemeinnützig dünkt, … jede Laune des Despoten, Strafe ohne Gesetz und Urteil, gesetzloser Mord" zu Recht, also der „Rechtsstaat in einen Unrechtsstaat verwandelt" werde. Richtig müsse es deshalb heißen: „nur was Recht ist, nützt dem Volke" (in Dreier/Paulson (1999), S. 209). Krit. auch *Werle* (1989), S. 697 f. (der – nicht definierte – „'Volksnutzen' führt zum Führer zurück ..." [Eb. Schmidt zitierend]).

134 Vgl. auch *Arnedo*, in Zaffaroni (2017), S. 41 (mit Fn. 77), 43.

135 *Siegert* (1934), S. 19. *Zaffaroni* (2017), S. 146 f. spricht hier zu Recht von einer fehlenden Kohärenz und zunehmenden Konfusion Siegerts. *Schröder* (2016), S. 6 sieht in der Bezugnahme auf den Volksgeist eine Anspielung auf die historische Rechtsschule.

136 *Frank* (1935), S. 11 („Verdirbt das Blut, dann stirbt das Volk; erlischt die Treue, dann zerfällt die Gemeinschaft" [im Orig. fett hervorgehoben]). Die folgenden Leitsätze (S. 12 ff.) bestehen aus (neun) einführenden Grundsätzen und (28) Folgerungen, davon vier für die Strafgesetze, 13 für die Verbrechen und 11 für die Strafen, sowie einer Schlußfolgerung. Diese macht die „Wiedererweckung des deutschen Treuegedankens im Herzen aller Volksgenossen und deren Erziehung zur Pflichterfüllung" durch „die nationalsozialistische Bewegung als die große völkische Triebkraft" zur Voraussetzung eines wirksamen Strafrechtsschutzes.

gelehnt[137] und stattdessen der vollkommenen *Ethisierung* des (Straf-)Rechts das Wort geredet.[138] Zusammenfassend ging es also um eine antipositivistische, völkisch-ethisierend aufgeladene (materielle) Rechtsbegründung[139] auf der Grundlage des gesunden Volksempfindens, welches durch den Führer vermittelt werden sollte.[140]

Dem haben sich auch angesehene Strafrechtswissenschaftler angeschlossen. So nimmt Mezger im Jahre 1934 auf die „totale[n] Staatsauffassung" und die „*Totalität* der Rechtsgemeinschaft" – in Abgrenzung zur überkommenen „liberalistische[n] Auffassung" – Bezug, um begründen zu können, dass die strafrechtliche Reaktion auf den „psychopathischen Verbrecher" „unmöglich ... vom Individuum und seiner individuellen Beschaffenheit hergeleitet werden" könne, sondern eben in der besagten „Totalität der Rechtsgemeinschaft" ihren „Ausgangspunkt" nehmen müsse.[141] In einem solchen totalen Staat werde die Einhaltung des Gesetzlichkeitsprinzips zur „Zweckmäßigkeitsfrage" und die „maßvolle Auflockerung" des Analogieverbots begegne „keinem wesentlichen Bedenken."[142] „Materielle Rechts-

Der 2. Teil der Leitsätze, 1936, bezieht sich auf den BT. Vgl. auch *Thierack*, in Frank (1934), S. 30 („Ehre, Treue, Sittenreinheit" als „ethische Werte" und „höchste Volksgüter"; Ehre als „vornehmste[s] Volksgut", Rechtsbruch als „ehrloses Verhalten", welches den Täter „aus der Gemeinschaft ausschaltet", weil sein Verbleib „dem ehrhaften Volksgenossen nicht zuzumuten ist.").

137 Vgl. nur *Frank* (1935), S. 12 (Leitsatz 3): „Für deutschen Denken besteht Einklang zwischen sittlicher Wertung, Pflichtgefühl und Rechtsempfinden."

138 Krit. schon *Beyer* (1947), S. 49 („Ethik und Politik werden mit dem Recht vermischt"); aus heutiger Sicht *Hartl* (2000), S. 50 ff.; *Vogel* (2004), S. 72 ff.; *Murmann* (2005), S. 136; *Hoyer*, GS Eckert (2008), S. 357 f. Vgl. aber auch *Marxen* (1975), S. 71 ff. (73), für den der Dualismus „in verschleierter Form" erhalten blieb, denn die Bewertung der Wirklichkeit als „sinnvoll" oder der Volksanschauung als „gesund" bedürfe eines Maßstabs, der notwendigerweise außerhalb dieser Wirklichkeit liege. S. dazu auch mit Blick auf die Kieler Schule u. Kap. V 2. mit Fn. 475 f. – Zu ethisierenden Tendenzen des heutigen Rechts (als weiteres Beispiel zukunftsorientierter Kontinuität) krit. *Hoyer*, GS Eckert (2008), S. 366 ff. (z.B. bei Mordmerkmalen, Sittenbezug bei § 228 StGB oder Verwerflichkeitsklausel bei § 240 StGB); zu § 240 auch krit. *Wolf*, JuS 1996, 191 f.

139 Vgl. zu diesem neuen (antiliberalen) materiellen Verbrechensbegriff und den früheren Ansätzen auch *Marxen* (1975), S. 172 ff., 182 ff.; *Werle* (1989), S. 145 f.; *Hoyer*, GS Eckert (2008), S. 354 ff.

140 Vgl. auch *Murmann* (2005), S. 133 ff.; zur Vermittlungsrolle des Führers schon o. in diesem Kap., 1. mit Fn. 118 u. Haupttext.

141 *Mezger* (1934), S. 65 f.

142 *Mezger*, DJZ 39 (1934), Sp. 100 f. mit ausdrücklicher Bezugnahme auf den gerade genannten Vorschlag der Denkschrift des Preußischen Justizministers, o. Fn. 130.

widrigkeit" sei als „Handeln gegen die deutsche nationalsozialistische Weltanschauung" zu verstehen.[143] Ähnlich sieht Erik Wolf, auf den wir später näher eingehen werden (Kap. VI), die „materiellen Inhalte der Gerechtigkeit ... durch den Nationalsozialismus gegeben."[144]

Friedrich Schaffstein, auf den wir ebenfalls zurückkommen werden (Kap. V 1.), hat schon 1934 in seinem grundlegenden Text zur „politischen Strafrechtswissenschaft" ein unmissverständliches Bekenntnis der Strafrechtswissenschaft zu den nationalsozialistischen Werten und den diese umsetzenden totalen NS-Staat verlangt.[145] In einer gleichzeitig erschienen Abhandlung hat er – ähnlich wie Mezger – den nationalsozialistisch-materiellen[146] und „totalen Staat" propagiert,[147] in dem „das Verlangen nach Rechtssicherheit für das Individuum ... hinter dem Streben nach materieller Gerechtigkeit" zurücktrete[148] und – so ein Jahr später – die „wiedergefundene Einheit von Strafrecht und völkischer Sittenordnung" herrsche.[149] Der so begründete materielle Unrechtsbegriff hat – ganz im Sinne des Schmitt'schen *nullum crimen sine poena* – die „Beseitigung des Analogie-Verbots" zur „selbstverständliche[n] und zugleich praktisch bedeutsamste[n] Folge".[150] Anders ausgedrückt geht es um die Überwindung der for-

143 *Mezger*, ZStW 55 (1936), 1, 9.

144 *Wolf*, DRWis 4 (1939), 177.

145 *Schaffstein* (1934), S. 15 ff., 23 ff. In diesem totalitären Staat gehe es nur noch um die „Durchsetzung des 'richtigen' Nationalsozialismus" (S. 23 f.).

146 *Schaffstein*, ZStW 53 (1934), 606 („organische Auffassung des Nationalsozialismus, welche ... den Begriff Staat materiell bestimmt und ihn als Lebens- und rechtliche Gestaltungsform des Volkes begreift."). Zur „Materialisierung" auch *Vogel* (2004), S. 58 ff.

147 *Schaffstein*, ZStW 53 (1934), 607, 621 („... im totalen Staat erscheint nicht nur der Beamte, sondern letztlich jeder irgendwie als Treuhänder und Amtsträger der Volksgesamtheit"). Zum (str.) Verhältnis von autoritärem und totalen Staat und der Durchsetzung dieses *Marxen* (1975), S. 66 f., 139 f., 171 f.; auch *Vogel* (2004), S. 73 („totale Politisierung oder Ideologisierung von Recht und Strafrecht"), 623 („Schutz des totalen Staates").

148 *Schaffstein*, ZStW 53 (1934), 607; für eine nationalsozialistisch inspirierten materiellen Unrechtsbegriff auch *Schaffstein*, DR 4 (1934), 349, 350 (die „nationalsozialistische Revolution" habe „auch das Rechtsdenken ergriffen ... und unter der Oberfläche juristischer Begriffe deren weltanschauliche und politische Grundlagen aufzudecken" sich „bemüht", weshalb nun „einige Hoffnung" bestehe, das das liberale „Uebel endlich an der Wurzel" ausgerottet werden könne).

149 *Schaffstein*, in: Dahm et al. (1935), S. 110.

150 *Schaffstein*, ZStW 53 (1934), 607; zur Lockerung des Analogieverbots durch Bezugnahme auf die gesunde Volksanschauung" *Schaffstein*, DR 1934, 349, 352; s.

malen Bindungen des Positivismus[151] mittels eines völkisch-rassistisch aufgeladenen und am (gesetzesgleichen[152]) Führerwillen orientierten[153] Naturrechtsverständnisses.[154] Die aus liberal-rechtsstaatlicher Sicht bedenklich „weite Fassung der Tatbestände“ ist für Schaffstein „notwendiges und unvermeidliches Übel“ des NS-Strafrechts,[155] das Gesetz wird so zur bloßen Richtlinie für die Auslegung“.[156] Henkel schließlich liefert eine innovative dogmatische Begründung dieser Entformalisierung und Materialisie-

---

auch u. Kap. IV 2. mit Fn. 462 ff. u. Haupttext. Immerhin sieht *Schaffstein* „die gefährdete Rechtssicherheit vom Standpunkt des Normadressaten“ als bedenklich an, fügt aber sogleich relativierend hinzu, dass diese „im neuen Staat nicht mehr das gleiche Gewicht hat wie früher“ (ZStW 54, 1934, 608). Im Übrigen will er den liberalen Formalismus durch die nationalsozialistische Formgebundenheit ersetzen, s. *Schaffstein*, DR 4 (1934), 349 ff. und u. Kap. IV 3. mit Fn. 481 ff. u. Haupttext. Insoweit den Unterschied zum faschistischen Staat (Italien) betonend *Dahm* (1935b), S. 11 ff. (wonach dort eine Tendenz zur Bewahrung des Legalitätsgrundsatzes existiere, weil das Gesetz Ausdruck staatlich-faschistischer Autorität sei und ein extralegaler Volkswille nicht anerkannt werde, weshalb die Strafe die verletzte Staatsautorität wiederherstelle).

151 Zur NS-Ablehnung des Positivismus „wegen seiner Wesensgleichheit mit dem Liberalismus“ schon *Beyer* (1947), S. 48; zur NS-Bekämpfung des Positivismus auch *Walther*, in: Dreier/Sellert (1989), S. 336 f.

152 Zur Gesetzesgleichheit des (bloßen) Führerwillens und damit der Ersetzung des Grundsatz des Vorbehalt des (formellen) Gesetzes *Maunz*, in: Huber (1943), S. 27 („Dieses System hat notwendigerweise und folgerichtig den alten Gesetzmäßigkeitsgrundsatz ersetzt, seitdem an die Stelle des alten Gesetzes der Wille des Führers getreten ist.“).

153 *Schaffstein* (1934), S. 24 („Unterwerfung unter den im Gesetz verkörperten Führerwillen“). Zum – rechtlich verbindlichen – Führerwillen als Ausgangspunkt des NS-Verbrechensbekämpfungsrechts und Ausdruck des Primats der politischen Führung *Werle* (1989), S. 681 ff., 690, 715, 720 („Strafrecht … nichts anderes als ‘innenpolitische Exekutive‘ [690, Naucke zitierend]).

154 Die vulgär naturrechtliche Orientierung des NS an Blut, Volk und Rasse ist schon von *Beyer* (1947), S. 47 ff. kritisiert worden (im Ergebnis „stark politisch gefärbtes Naturrecht“ [51]). Zur NS-Bekämpfung des vernunftrechtlichen Naturrechts der Aufklärung *Walther*, in: Dreier/Sellert (1989), S. 337.

155 *Schaffstein*, ZStW 53 (1934), 623.

156 *Dahm* (1935b), S. 14; auch *Dahm* (1935a), S. 17 (Gesetzgeber solle sich mit „allgemeinen Richtlinien“ begnügen).

rung durch seine Theorie der tatbestandlichen „Gefahrenzone",[157] die später von Justizminister Gürtner aufgegriffen wird.[158]

3. Generalpräventives und sühnendes Willensstrafrecht

Was die *Strafzwecke* angeht, so kann man unter den nationalsozialistischen Autoren durchaus unterschiedliche Positionen ausmachen, wobei sich die Strafe – im Sinne des alles beherrschenden Projekts der Volksgemeinschaft – jedenfalls daran orientieren sollte, wie sie sich auf diese und ihren Zusammenhalt auswirkt; es gehe um den „sühnende[n] Schutz der Volksgemeinschaft".[159] Daraus ergibt sich die besondere Bedeutung der Ehrenstrafe als Decapitierung der bürgerlichen Existenz.[160] Siegert plädiert für ein „Zusammenwirken" aller möglichen Strafzwecke – Vergeltung,[161] negative Generalprävention, Spezialprävention, Integration und „Ausstoßung aus der Volksgemeinschaft"[162] –, weil nur auf diese Weise „dem nationalsozialistischen Strafrecht die volle Schlagkraft im Kampfe für Deutschland" gegeben werde.[163] Insgesamt dominieren aber generalpräventive Überlegungen.[164]

---

157 *Henkel* (1934a), S. 68 („eine gewisse 'Gefahrenzone', die sich um die strafgesetzlichen Tatbestände herumlegt" als Ausdruck einer „an der Lebensgesetzlichkeit des Volks- und Staatsganzen orientierten Strafrechtsbetrachtung..."). Henkel hielt daran auch nach dem Krieg fest, vgl. *Henkel* (1977), S. 439 f. (tatbestandliche „Gefahrenzone", „um ein mißbilligtes ... Täterverhalten umfassend ... einbeziehen zu können..."; deren Ablehnung stelle eine „utopische Forderung" an die Rechtssicherheit dar). Krit. *Marxen* (1975), S. 173 f.; *Cattaneo* (2001), S. 215 f., 231 f.; *Hoyer*, GS Eckert (2008), S. 355; zu Henkels NS-Verstrickung schon o. Kap. II 1. mit Fn. 110.

158 *Gürtner* (1936), S. 11 f. („Indem wir den Richter anweisen, nicht nur nach dem Wortlaut des Gesetzes, sondern nach seinen Rechtsgedanken zu entscheiden, legen wir ... um jede Strafvorschrift eine Gefahrenzone ... wer sich in dieser Sphäre bewegt ... wird riskieren, der Strafe zu verfallen.").

159 *Seidenstücker* (1938), S. 45 ff.

160 Vgl. auch u. Kap. V 4. mit Fn. 510 und Kap. VI 2. mit Fn. 657, jeweils mit Haupttext. Dazu auch und zum Strafensystem i.Ü. *Freisler*, in Frank (1934), S. 19 ff. (21); *Hartl* (2000), S. 237 ff. (240 ff.).

161 Nach *Gemmingen* (1933), S. 23 ist auch im „Denken Adolf Hitlers ... der Vergeltungsgedanke tief verankert.".

162 In diesem Sinne plädiert *Siegert* (1934), S. 74 auch für eine „Tötung" der „entarteten Volksgenossen", für die „Vernichtung lebensunwerten Lebens...".

163 *Siegert* (1934), S. 15 f. *Zaffaroni* (2017), S. 146 f. gibt hier keine Seitenzahlen an.

164 Vgl. u. Kap. V 2. mit Fn. 456 ff.

Eine generalpräventive Tendenz hatte auch die Konzeption des Freisler'schen *Willensstrafrechts*.[165] Denn dessen Zweck soll – als „Spiegelbild des nationalsozialistischen deutschen Weltbildes"[166] – in der ständigen Selbstreinigung des Volkskörpers[167] und dessen Erziehung im nationalsozialistischen Geiste bestehen.[168] Es müsse als „Kampfrecht" bzw. als „Rüstzeug der Volksgemeinschaft"[169] den „Thypus des Friedensstörers im Volke", also den, der das Volk „von innen aus bedroht", „vernichten".[170] Dabei sei, weil für den Nationalsozialismus „das die Welt Bewegende der Wille" sei, schon

---

165 *Freisler*, in: Gürtner (1934), S. 11 ff.; auch *Gürtner* (1936), S. 14 ff. Vgl. auch *Zaffaroni* (2017), S. 153 ff. (155 ff.), aber teilweise ungenau zitiert; spanische Übersetzung in *Zaffaroni*, Hrsg. (2017), S. 113 ff. mit kritischen Kommentaren von *Arnedo* (insbes. S. 72 ff.), *Guzmán* D. und *Batista*; grundsätzlich zust. *Cavaleiro de Ferreira* (1938), S. 77 f. – Zu Vorläufern des Willensstrafrechts ausführlich *Hartl* (2000), S. 56 ff. (insbesondere auf § 49a RStGB, die vom RG vertretene subjektive Versuchstheorie [„Wegbereiter", S. 60, 184 ff.], Karl Klees Vorarbeiten zum dolus indirectus [S. 60 ff.] und die StGB-Entwürfe 1922/1925 [S. 64] verweisend), der das Willensstrafrecht jedoch im Ergebnis als Radikalisierung der vorangegangenen Subjektivierungsbestrebungen, für das vorher „kein vergleichbares Äquivalent existierte", betrachtet (ebd., S. 64 f.); insoweit wie *Marxen*, KritV 73 (1990), 294 („Höhepunkt", „Extrem"). Zur gesetzgeberischen Entwicklung und Diskussion *Hartl* (2000), S. 65 ff. (auf die hier mehrfach zitierten Denkschriften des *Preußischen Justizministers* [1933], der *Akademie für Deutsches Recht* [1934], die NS-Leitsätze [*Frank*, 1935] und die Arbeit der amtlichen Strafrechtskommission [*Gürtner*, 1935] verweisend); zu Grundgedanken und Motiven *Hartl* (2000), S. 89 ff., 96 ff.

166 *Freisler*, in: Gürtner (1934).

167 *Freisler*, in: Gürtner (1934), S. 13 f. (Strafrecht als „Selbstreinigungsapparatur des Volkskörpers"); dazu auch *Werle* (1989), S. 705 ff. – Folgerichtig ist insoweit auch die – durch die Denkschrift des *preußischen Justizministers* (1933) vorgeschlagene – Beseitigung des Auslieferungsverbots Deutscher, denn auf diese Weise könnten „entartete und kranke Volksbestandteile ... zur Vermeidung unnützen Kraft- und Kostenaufwandes und weiterer Gefährdung des ganzen Volkskörpers möglichst abgestoßen werden." (*Schaffstein*, ZStW 53 (1934), 614). S. auch *Schaffstein*, ZStW 55 (1936), 285 (ggf. Opferung des noch „heilbare[n] kranke[n] Glied[s]" der Gemeinschaft, „wenn die Gefahr für den Gesamtorganismus ein gewisses Mindestmaß zu überschreiten scheint"), 286 (generalpräventive Wirkung der Strafe zur „Reinigung und ... Wiederherstellung der Gemeinschaft"). Nach *Gemmingen* (1933), S. 15 f. habe Hitler selbst aber die Strafe nicht für das „angemessene Mittel für die – an sich erstrebenswerte – Ausscheidung des rassisch Fremden aus dem Volkskörper" gehalten.

168 *Freisler*, in: Gürtner (1934), S. 18 („Dem antisozialistischen Willen muß der Nährboden entzogen werden durch nationalsozialistische Erziehungs- und Sozialarbeit"); dazu auch *Hartl* (2000), S. 99 f.

169 *Freisler*, DJ 97 (1935), 1251. Zum „Kampfrecht" auch *Hartl* (2000), S. 96 f.

170 *Freisler*, in: Gürtner (1934), S. 12.

der „Wille des Friedensstörers" der „Feind",[171] dieser müsse „bereits im Keime erstickt werden."[172] Freislers Bezugnahme auf die „Willens*betätigung*",[173] also die externe Manifestation des Willens, lässt sich vor diesem Hintergrund nicht als Einschränkung der Strafbarkeit (tatsächlich geht es um die Ersetzung des Erfolges bzw. der Vollendung), sondern nur als prozessuale Konzession verstehen, denn wie soll ein nicht betätigter Wille überhaupt äußerlich erkennbar und damit verfolgbar sein.[174] Andererseits bestätigt sich in der Externalisierung des Willens das ihm immanente Indiz der Gefahr und so verbinden sich die scheinbar gegensätzliche Lehren des (subjektiven) Willens- und des (objektiven) Gefährdungs-/Gefährlichkeitsstrafrechts.[175]

Weiter verbindet Freisler den Sühnegedanken mit seiner willensstrafrechtlichen Konzeption. Der Sinn des Strafrechts bestehe in der „*Sühne*", die „für uns Deutsche so alt [sei], wie unser Volk alt ist"; sie sei weder ver-

---

171 *Freisler*, in: Gürtner (1934), S. 13. S. insoweit auch *Frank* (1935), S. 14 ff. (mit spezifischer Bezugnahme auf den verbrecherischen, bösen Willen in Leitsätzen 16, 19, 28); *Gürtner* (1936), S. 15 (Anpassung der Strafe an die „Intensität des verbrecherischen Willens..."). Insoweit den Unterschied zum faschistischen (Erfolgs-)Strafrecht (Italiens) betonend *Dahm* (1935b), S. 17 ff. (dem „ein solches Willensstrafrecht fremd" sei [19], weil es nicht die Volksgemeinschaft und den Einzelnen als deren Glied in den Mittelpunkt stelle, s. schon o. Kap. II 1. mit Fn. 86); ansatzweise auch *Dahm* (1935a), S. 11.

172 *Freisler*, in: Frank (1934), S. 13.

173 *Freisler*, in: Frank (1934), S. 13 („betätigte verbrecherische Wille ... zugrund zu legen"); *Freisler*, in: Gürtner (1934), S. 30 („... nur an die Stelle des durch die Willensbetätigung herbeigeführten Erfolges oder an die Stelle der Vollendung der Willensbetätigung tritt ... die auf die Herbeiführung des Erfolges oder die Vollendung ... gerichtete Willensbetätigung.").

174 S. *Freisler*, in: Gürtner (1934), S. 31, wo er explizit „Beweisschwierigkeiten" verwirft, weil es ja gerade nicht um den „nicht betätigten Willen" gehe. Vorher schon *Gemmingen*, JW 62 (1933), 2373 („Beweis der Erfolgswahrscheinlichkeit anhand eines Willensbefundes"). Auch *Mezger*, DJZ 39 (1934), Sp. 102 f. führt Beweisschwierigkeiten beim Willensstrafrecht an. Diesen Aspekt scheint *Hartl* (2000), S. 138 zu übersehen, wenn er in Freislers Forderung einer „Willensbetätigung" eine Bestätigung der Tatbestandsbezogenheit des Willensstrafrechts sehen will.

175 Vgl. *Gemmingen*, JW 62 (1933), 2371 ff.; *Mezger*, DJZ 39 (1934), Sp. 97 ff.; sekundär *Hartl* (2000), S. 266 ff. (willensstrafrechtliche Ausdehnung der Strafbarkeit mittels selbständiger Vorbereitungsdelikte wegen erhöhter Gefährlichkeit bestimmter Handlungen); *Vogel* (2004), S. 81.

standesmäßig noch philosophisch zu begründen, denn sie „lebt in uns".[176] Da die Schuld aber schon dem Willen zugerechnet werde, fordere auch das Sühnebedürfnis ein Willensstrafrecht.[177]

Ein konsequent weiterentwickeltes Willensstrafrecht musste sich endlich auf zahlreiche Fragen der Verbrechenslehre – mit Blick auf Vorsatzdelikte[178] – auswirken.[179] So verliert etwa die Unterscheidung zwischen Versuch und Vollendung an Bedeutung, denn schon beim Versuch kommt der verbrecherische Wille zum Ausdruck.[180] Auch kann nicht an der Differenzierung zwischen Täterschaft und Teilnahme sowie der (strengen) Akzessorie-

---

176 *Freisler*, in: Gürtner (1934), S. 15 f.; vgl. auch *Frank* (1935), S. 11 ff. (mit spezifischer Bezugnahme auf die Sühne in Leitsätzen 6, 10); dazu auch *Hartl* (2000), S. 97 f.

177 *Freisler*, in: Gürtner (1934), S. 16 f.

178 *Freisler*, in: Gürtner (1934), S. 13 (von „Willensstrafrecht" könne nur bei „bewußt" vorgenommenen Friedensstörungen gesprochen werden), 15 (Zurechnung der Schuld zum Willen „von den Fällen der Unachtsamkeit abgesehen"), 29 („... kann die Nachlässigkeitsbestrafung an sich schon nicht an den Willen ... anknüpfen."), 32 (Willensstrafrecht, soweit es nicht um „Nachlässigkeitsbestrafung" geht). Dazu auch *Hartl* (2000), S. 149, 150 f.

179 Eingehend *Hartl* (2000), S. 137 ff., 378 (neben den sogleich im Text genannten Bereichen etwa das unechte Unterlassen, die Entbehrlichkeit der Kausalität, die Notwehr, Rechtswidrigkeit [insbesondere Notwehr], Schuld [einschl. Vorsatz und Fahrlässigkeit], Strafe und Strafzumessung und Konkurrenzen diskutierend). Auf die meisten Bereiche werden wir unten zurückkommen.

180 *Freisler*, in: Frank (1934), S. 13 f.; *Freisler*, in: Gürtner (1934), S. 32 f.; auch *Mezger*, DJZ 39 (1934), Sp. 102, 103 f.; *Schaffstein*, DRWis 1 (1936), 48 f.; sekundär *Marxen* (1975), S. 228 f.; *Werle* (1989), S. 710; *Hoyer*, GS Eckert (2008), S. 357; *Zaffaroni* (2017), S. 158 ff.; eingehend zur Diskussion, den Reformbemühungen und Reformen *Hartl* (2000), S. 77, 189 ff. (versuchte Teilnahme), 197 ff. (Versuch), 322 ff. (Strafbarkeit versuchter Teilnahme durch § 49a RStGB), 329 ff. (Ausdehnung Strafbarkeit Versuch durch Art. 4 AngleichungsVO; dazu auch *Schröder* (2016), S. 22). – In diesem Zusammenhang verdient es Erwähnung, dass die heutige allgemeine Definition des **„Unternehmens"** einer Tat (§ 11 Abs. 1 Nr. 6 StGB) vom NS-Regime im Rahmen der Hochverratsdelikte mit § 87 StGB wortgleich eingeführt wurde (RGBl. I, 1934, S. 341 ff.; *Hartl*, 2000, S. 285 f.; *Wolters*, 2001, S. 60 f.; zu den allgemeinen Beratungen und der weiteren staatsschutzrechtlichen Ausdehnung s. auch *Preußischer Justizminister* (1933), S. 133 f.; *Freisler*, in: Frank (1934), S. 13; *Freisler*, in: Gürtner (1934), S. 32; *Mezger*, DJZ 39 (1934), Sp. 102; sekundär *Hartl*, 2002, S. 200 ff., 284 ff.). Damit wurde der Konzeption nach ihrer Ablehnung in der Weimarer Republik zu einer Renaissance und Expansion verholfen (*Wolters*, 2001, S. 65), wobei der im Jahre 1950 zunächst gestrichene § 87 im Jahre 1951 identisch wiedereingeführt wurde (BGBl. I, S. 739 ff.; *Wolters*, 2001, S. 66). Zwar darf nicht übersehen werden, dass der Unternehmensbegriff schon Ende des 18 Jh. im Rahmen der Staatsverbrechen verwendet wurde (ebd., S. 48 ff.) und die heutige Fassung ihren Ursprung

tät dieser zu jener festgehalten werden, denn die Willensschuld ist bei jedem einzelnen Beteiligten selbständig zu bestimmen und gerade nicht von der Haupttat abhängig;[181] es wird also einem extensiven Täterbegriff (im Sinne eines Einheitstätermodells) mit grundsätzlich gleicher Strafe für Täter und Teilnehmer das Wort geredet.[182] Was den BT angeht, so führte das Willensstrafrecht vor allem zu einer Strafrechtsexpansion durch (subjektivierende) Vorverlagerung.[183]

---

in § 61 Abs. 1 PreußStGB hatte (ebd., S. 54 f.), doch galt er vielen NS-Juristen als „gesetzestechnisch einwandfreie Verwirklichung" des Willensstrafrechts (so *Mezger*, DJZ 39 (1934), Sp. 99).

181 Vgl. nur *Frank* (1935), S. 34 f. (alleine Bestrafung nach dem „verbrecherischen Willen ... ohne daß es auf die Bestrafung des anderen ankommt", denn die „bisherigen Streitfragen über die Täterschaftsformen und deren Verhältnis zueinander" hätten „keine Bedeutung mehr", bleibe es doch „dem Richter überlassen, im Einzelfall den Grad des verbrecherischen Willens ... bei der Strafzumessung zu berücksichtigen." Eine Strafmilderung komme in Betracht, wenn dieser verbrecherischer Wille „nur in einem ganz unwesentlichen Umfange vorhanden" sei); dazu *Schröder* (2016), S. 21.

182 Vgl. nur *Freisler*, in Frank (1934), S. 22 f. (entscheidend Mitwirkung, gegen Akzessorietät); ähnlich *Mezger*, DJZ 39 (1934), Sp. 101 f. Das war aber selbst unter zeitgenössischen (NS-)Juristen keineswegs unumstritten, für eine Beibehaltung der traditionellen Unterscheidung bei gleichzeitiger Betonung des Willenselements etwa *Oetker*, in Frank (1934), S. 116 ff.; ebenfalls für eine Beibehaltung der Unterscheidung als „volkstümlicher" (bei generell geringerer Strafwürdigkeit der Teilnahme) *Zimmerl*, ZStW 54 (1935), 575 ff. (579 , 581, 582), für den allerdings die Frage eines restriktiven oder extensiven Täterbegriffs rein „rechtstechnische[r]", begriffsjuristischer Natur ist („Frage der strafrechtlichen Begriffsbildung", 577), weshalb das „sog. Willensstrafrecht" weder zu ihrer Beantwortung noch zur rechtsinhaltlichen Frage der Strafhöhe der Teilnahme – ebensowenig wie die NS-Ideologie an sich – „auch nur das Mindeste" beitrage (577 f.). Sekundär eingehend *Hartl* (2000), S. 77 ff., 163 ff. m.w.N. (extensiver Täterbegriff mit vollkommener Aufgabe der Unterscheidung oder zumindest noch Benennung unterschiedlicher Beteiligungsformen [an das funktionelle Einheitstätermodell österreichischer Prägung erinnernd] sowie akzessoritätsunabhängiger oder -minmaler Ansatz). – Insoweit unterscheidet sich das Willensstrafrecht vom Kieler Täterstrafrecht, vgl. u. Kap. V 5. mit Fn. 559 u. Haupttext. Dies übersieht *Stefanopolou*, JoJZG 2010,116.

183 Vgl. *Hartl* (2000), S. 136, 266 ff., 379 (selbständige Vorbereitungsdelikte, Strafbarkeit versuchter Teilnahme und Lockerung der Strafbarkeitsbedingungen bei Hehlerei, Begünstigung und unterlassener Verbrechensanzeige). Zusf. zur Arbeit der NS-Strafrechtskommission *Freisler*, in Gürtner (1935), S. 9 ff. Dort finden sich sodann Berichte zu einzelnen Deliktsgruppen, auch von namhaften Strafrechtswissenschaftlern wie etwa Dahm, Kohlrausch, Mezger und Dahm.

Kapitel III. Kontinuität und Schulenstreit (?)

Wie schon eingangs gesagt,[184] geht auch Zaffaroni von der Kontinuitätsthese mit Blick auf die klassische und moderne Schule aus. Mit dem sogenannten Schulenstreit zwischen Binding und Liszt werde ein Gegensatz aufgebaut, der den diese Strafrechtler verbindenden Konservativismus und Autoritarismus lediglich verdecke.[185] Die These ist aus heutiger liberalstrafrechtlicher Sicht wohl richtig, aber nicht neu; insbesondere Marxen hat die antiliberalen Tendenzen der klassischen und modernen Schule belegt.[186] In jüngerer Zeit hat insbesondere Naucke[187] (auf den Zaffaroni sich vor allem bezieht) nachgewiesen, dass die klassische und moderne Schule „sich ergänzende, vikariierende Politikformen der unbestrittenen Forderung nach gesellschaftlicher Sicherheit und Stabilität durch Verbrechensminderung“ gewesen seien,[188] es beiden Richtungen also letztlich um „effektive Verbrechensbekämpfung“,[189] und zwar insbesondere mit Blick auf die „Gefährlichen“,[190] gegangen sei; beide Richtungen haben also zweckorientiert argumentiert – „zweckmäßige Vergeltung“ vs. „zweckmä-

184 S. Kap. I 2. mit Nachweis in Fn. 14.

185 *Zaffaroni* (2017), S. 137 ff.; weniger eindeutig vorher *Zaffaroni*, in Zaffaroni (2011), S. 45, 46 f. (wo er zwar die gleichen „praktischen Konsequenzen“ annimmt [auf Muñoz Conde und Marxen bezugnehmend], aber keine Kontinuität i.e.S. annehmen will [„demasiado duro“, „beneficio de la duda“ zugunsten von Binding und Liszt]).

186 O. Kap. I 2. mit Fn. 19 u. Haupttext. Vgl. auch *Frommel* (1987), S. 104 ff. (104: „erhebliche Zweifel am gängigen Bild eines Gegensatzes von absoluter und relativer Strafbegründung“; 113: „verdeckt-relative Theorie“ der klassischen Schule); *Guzmán Dalbora*, RDPC VII (2017), 231.

187 *Naucke*, FS Hassemer (2010), S. 559 (m.w.N. in Fn. 4).

188 *Naucke*, FS Hassemer (2010), S. 563.

189 *Naucke*, FS Hassemer (2010), S. 564; zu Liszt ebenso *Dölling*, in: Dreier/Sellert (1989), S. 194, 223 („Instrument eines effektiven Gesellschaftsschutzes“). Damit ging die Abwertung des Gesetzlichkeitsgrundsatzes einher, vgl. *Naucke*, in: Institut für Zeitgeschichte (1981), S. 71, 98; zust. *Frommel* (1987), S. 73 f.

190 *Naucke*, FS Hassemer (2010), S. 563 („Daß gegen die Gefährlichen mit Stärke und Härte gekämpft werden muß, ist beiden Schulen selbstverständlich.“).

ßige Prävention“[191] – und die staatsrechtliche, strafbegrenzende Seite des Strafrechts vernachlässigt.[192]

Zaffaroni ist auch darin zuzustimmen, dass vor allem Bindings Normenbegriff – unbedingte Befolgung von Normen als Ausfluss staatlicher Autorität[193] – einem autoritären Staatsverständnis und damit in letzter Konsequenz auch der Idee eines (gesetzesgleichen) Führerbefehls,[194] wenn man diesen – ganz im Sinne des schon erwähnten Führerprinzips[195] – als Ausdruck höchster staatlicher Autorität ansieht, Vorschub geleistet hat. So

---

191 *Naucke*, FS Hassemer (2010), S. 560 ff. (denn die zweck*freie* Vergeltung im kantischen Sinne habe schon im 19 Jh. keine Anhänger mehr gefunden, S. 516). Vgl. früher schon *Merkel* (1899), S. 687, 703 (wonach der „Vergeltungsgedanke Zweckbeziehungen nicht aus-, sondern einschließt.“). Vgl. auch *Frommel* (1987), S. 107 („Prävention durch Vergeltung“).

192 Näher *Naucke*, FS Hassemer (2010), S. 564 ff. (564: Ergebnis des Schulenstreits sei die „Überwältigung der staatsrechtlichen Theorie einer ständigen Begrenzung des Strafrechts durch die technische Theorie der Strafzwecke“); krit. auch *Vormbaum* (2015), S. 120, 133 (aus liberaler Sicht beide Hauptrepräsentanten „alles andere als „modern““). Zu strafrechtsdogmatischen Übereinstimmungen und Unterschieden zwischen Bindung und Liszt auch *Frommel* (1987), S. 61 ff., 113 f.

193 Vgl. etwa *Binding* (1885), S. 183 ff. („Pflicht zum Gehorsam“ gegenüber der Norm [183], „Anerkennung einer obrigkeitlichen Befehlsgewalt“, so dass „der bindende Befehl“ „ueberall“ „obrigkeitlicher Wille“ ist [186]); *ders.*, (1905), S. 424, 437 (Betonung des Treuegedankens bei Hoch- und Landesverrat, wobei allerdings betroffener Staat und Verfassung „zu Recht“ bestehen müssten); *ders.*, (1913), S. 226 ff (Strafe zur Aufrechterhaltung der „Autorität des verletzten Gesetzes“ [226], zur Durchsetzung der „Gehorsamspflicht“ des Täters und des „Gehorsamsrecht[s]“ des Staates [227], als staatliche Reaktion durch „zwangsweise Unterwerfung [des Delinquenten] unter seine Macht oder Herrlichkeit“ [228]; Staat als alleiniges „Subjekt des Strafrechts“, der „Schuldige“ als sein alleiniges „Objekt“ [229]). Krit. zu Bindings autoritärem Staatsverständnis auch *Vormbaum* (2015), S. 132, 133. Adressat der Strafnorm sei allerdings der Rechtsanwender (Richter), an den Täter (Bürger) richten sich nur die (ungeschriebenen) Verbotsnormen (Verhaltensnormen), vgl. *Vormbaum* (2015), S. 64, 132; *Murmann* (2005), S. 90 (Betonung der „Pflicht zum Gehorsam“ gegenüber der Norm); vgl. aber auch *Hilliger* (2018), S. 159 ff., wonach Binding das Strafgesetz nur als einfachen, adressatenlosen „Gesetzesbefehl“ verstanden habe.

194 Zum Führerbefehl als verbindliche Rechtsgrundlage vgl. etwa *Freisler*, DJ 97 (1935), 1251 (Gesetz als „vornehmste Form des Führerbefehls“) sowie *Dahm*, in: ders. et al. (1935), S. 101 (Gesetz als „Ausdruck … des Führerbefehls“); aus der Sekundärliteratur näher *Marxen* (1975), S. 202 ff., 212 ff.; *Werle* (1989), S. 578 f., 583 ff., 602, 681 ff. (688), 715, 720 (Führerwille/-befehl ist Recht, deshalb statt Gesetzes- Führerbindung [688]); krit. zur Ausfüllung des Gesetzes durch den Führerbefehl *Vogel* (2004), S. 67.

195 O. Kap. II 1. mit Fn. 116 u. Haupttext.

wurde Binding denn auch von NS-Autoren vereinnahmt,[196] aber auch von Nachkriegsautoren kritisiert[197] – und zwar unabhängig von der posthum im Jahre 1920 veröffentlichten Schrift zur „Vernichtung lebensunwerten Lebens",[198] deren Verhältnis zu seiner Normentheorie ohnehin umstritten

196 *Rauch* (1936), S. 14 f. („Bindings konservativ-autoritäre Haltung zeigt sich in eindringlichster Form in seinem Normbegriff", „Betonung der staatlichen Macht" sei Binding „das Wichtigste" am „Strafrechtsverhältnis" zwischen Individuum und Staat, „Verbrechen" als „Gehorsamsverweigerung" gegenüber Staat; „mehr als nur autoritäre Staatsauffassung … „mit der starken Betonung des Gedankens des Ungehorsams" werde „das ganze Verbrechens- und Strafproblem mit ethischen Wertungen durchsetzt…"), 36 f. (Bindings Kampf gegen das Gesetzlichkeitsprinzip, insbesondere das Analogieverbot, betonend); *Dahm* (1935b), S. 15 („Binding und die klassische Schule sind gerade im faschistischen Strafrecht lebendig"). Diff. allerdings *Schaffstein* (1934), S. 8 f. (einerseits „autoritäre[s] Staatselement", andererseits „Bedürfnis nach Rechtssicherheit"); *Welzel*, DRWis 3 (1938), 116 f. („Machtstaatsgedanke" als Anleihe bei liberalen Historikern und damit einhergehend „autoritäre[n] Seite des Normbegriffs" und Strafe als „Bewährung staatlicher Macht und Herrlichkeit, der Selbstbehauptung des Staates gegenüber dem Rechtsbrecher"; andererseits aber „wesensmäßige Verknüpfung mit dem Rechtstaat in der garantierenden Seite der Norm …"). Vgl. auch die Vereinnahmung durch *Schwinge/Zimmerl* (1934), S. 28 ff. („Übersteigerung und Vergröberung" [28], „blinder Kampf gegen die ‚abstrakten Begriffe des AT'" [29]). Zur Vereinnahmung Bindings auch *Marxen* (1975), S. 38 ff. (*Welzel*, a.a.O., aber verkürzt darstellend).

197 Vgl. etwa *Marxen* (1975), S. 37 ff. („Verständnis von der Norm als einem absolut bindenden Befehl …" [39], „Verletzung der Treuepflicht gegenüber dem Staat" als Kern der Staatsschutzdelikte [40]).

198 *Binding/Hoche* (1920). Die Schrift wird weithin als geistiger Vorläufer der NS-Euthanasie Politik betrachtet (*Naucke*, in: Binding/Hoche (1920), S. XXVIII f. [Begründung einer verwaltungsunrechtlichen „Tötungsverwaltung" zur „Freigabe von Tötungen" und „Euthanasie"]; *Schumann* (2006), S. 19 ff. [die ihn „als geistigen Wegbereiter der Euthanasieaktionen" bezeichnet, S. 21 f.]; *Zaffaroni*, in Zaffaroni, (2009b), S. 7 ff. [der die Verbreitung der Schrift in spanischer Fassung zwar nicht als post mortem Verurteilung ihrer Verfasser verstehen will [S. 7], aber doch die geschichtliche Verantwortung Bindings betont [„la historía no se lo perdonó", S. 12] und den Inhalt der Schrift mit deutlichen Worten kritisiert [S. 14 ff.], u.a. als „triste producto intelectual", das den Genozid vorbereitet habe [S. 41]). Die Schrift war auch Gegenstand des „prosecution case" im Nürnberger Ärzteverfahren (dazu *Priemel* (2016), S. 252). Binding wurde wegen ihr im Frühjahr 2010 die Ehrenbürgerwürde der Stadt Leipzig aberkannt (*Vormbaum* (2015), S. 133 mit Fn. 11). Zu bedenken ist jedoch, dass die Schrift insofern ein Produkt ihrer Zeit war, als seit 1880 im (sozialdarwinistisch beeinflussten) naturwissenschaftlichen und juristisch-philosophischen Diskurs eine Enttabuisierung des Schutzes des „kranken" Lebens propagiert wurde (*Hammon* (2011),

ist.[199] Was nun – den durchaus widersprüchlichen[200] – Liszt angeht, so hat seine Forderung nach einer „Unschädlichmachung" unverbesserlicher Straftäter im Rahmen seiner zweiten Spur eines reinen Schutz- bzw. Sicherungsstrafrechts („Marburger Programm")[201] nicht nur die (willensstraf-

---

S. 2 f. und passim m.w.N.; dazu, insbesondere zur Euthanasiedebatte vor Binding/Hoche, auch *Große-Vehne* (2005), S. 11 ff. [zur „Tötung auf Verlangen" im deutschen Partikularrecht], 37 ff. [zur Euthanasiedebatte seit 1870]; *Hilliger* (2018), S. 283 ff., 301 ff.; s. auch die Nachweise o. Kap. II 1. mit Fn. 74). Nach *Schmitt*, FS Forsthoff, 1967, S. 37 (61) hätten Binding/Hoche „in einer geradezu rührenden Weise darüber nachgedacht, wie man einen Mißbrauch ihrer Vorschläge ... verhindern könnte", weshalb es „niederträchtig" sei, ihnen „irgendeine [!] Schuld oder Mitverantwortung" an der NS-Praxis zu geben. In diesem Sinne nun auch *Hilliger* (2018), S. 392 ff., 400, der – auf der Grundlage einer Einordnung der Schrift in die szientistisch-biologistische Diskussion des 19 Jh. (S. 283 ff., 293 ff.) – diese lediglich „als Impulsgeber ohne inhaltliche Neuheiten" (S. 392) ansieht, die lediglich wegen der „wissenschaftlichen Autorität ihrer Verfasser" große Wirkung entfaltete (S. 394, 400), wobei sich aber eine „Kontinuität" zur Art und Weise des NS-Mordprogramms „historisch" nicht „belegen" lasse (S. 395 f., 400 f.).

199 Diff. *Frommel* (1987), S. 75 f. („ungerecht, Binding an dieser Altersschrift zu messen", Fiktion der strengen juristischen Behandlung, „Neigung zu verdeckter Kriminalpolitik mit dogmatischen Mitteln"); einen Zhg. herstellend *Naucke*, in: Binding/Hoche (1920), S. XXIII ff. (Strafbarkeit der Tötung auf Verlangen als Verstoß gegen Primärnorm; „Absicht des normtheoretischen Unternehmens" sei es, „das Strafrecht loszuwerden", um das „staatliche Töten" zu vereinfachen [S. XXIX]); zu Naucke auch *Zaffaroni* (2017), S. 139 mit Fn. 276, wonach dieser einen Widerspruch zum Normativismus Bindings verneine und seine Unterscheidung zwischen Gesetz und Norm betone; explizit gegen Nauckes These u.a. einer Binding'schen Rechtfertigung der Tötung nach geltendem Recht nun aber *Hilliger* (2018), S. 325 f., 328 ff. (357), 383 ff., 387 ff., 399 f., wonach Binding lediglich (de lege ferenda) eine rechtspolitische Forderung erhoben habe u. deshalb auch kein Widerspruch zu seiner Normentheorie zu erkennen sei.

200 Instruktiv *Frommel* (1987), S. 85 ff. (zwischen einer liberal, spezialpräventiv helfenden und einer autoritären, „Kampf"-Seite unterscheidend; „Kontrast zwischen seiner autoritären Rhetorik und seiner faktisch liberalen Wirkung"). Die „Kampfseite" wurde insbesondere von *Exner* verfolgt, vgl. etwa *dieser*, ZStW 53 (1934), 629 (wonach Liszt vor 51 Jahren „wirksame gesetzliche Kampfmittel gegen das dispositionelle Verbrechertum gefordert" habe); *ders.* (1939), S. 261 (Zustandsverbrecher als „Gesellschaftsfeinde"), 358 („rassehygienische Maßnahmen" bei „unverbesserlichen Zustandsverbrecher", weil „anlagemäßiges Verbrechertum"); zu ihm m.w.N. *Frommel* (1989), S. 85 ff., 101 f.; zu unkrit. insoweit *Jiménez de Asúa* (1947), S. 92. Exner war aber kein bekennender Nazi und vertrat insgesamt einen differenzierten Anlage-Umwelt Ansatz, vgl. *Wetzell* (2000), S. 213 ff. und o. Kap. II 1. mit Fn. 75 u. 78.

rechtliche)[202] NS-Tätertypenlehre[203] intellektuell vorbereitet,[204] sondern auch der späteren NS-Gesetzgebung zur Unschädlichmachung von „Volksschädlingen" mittels des Gewohnheitsverbrechergesetzes[205] und auch der „Volkschädlingsverordnung"[206] zumindest den Boden bereitet.[207]

---

201 *Liszt*, ZStW 3 (1883), 1, 34 ff. (Besserung der besserungsfähigen und -bedürftigen Verbrecher, Abschreckung der nicht besserungsbedürftigen Verbrecher und Unschädlichmachung der nicht besserungsfähigen Verbrecher [36]).

202 Dazu schon o. Kap. II 3. mit Fn. 165 ff. u. Haupttext.

203 Zum Täterstrafrecht *Hartl* (2000), S. 116 ff. (zwischen „generellem" und „individuellem" Täterstrafrecht unterscheidend, wobei dieses sich auf die abstrakt-normativen, auf dem Willensstrafrecht beruhenden Tätertypen und jenes sich auf den konkreten/individuellen kriminologischen Tätertyp bezieht [S. 118 ff.]); zu jenen abstrakten – dem vermeintlichen „Wesen" der Tat entspringenden – Tätertypen näher u. Kap. V 5. mit Fn. 562 ff. und Kap. VI 1. mit Fn. 612 ff. jeweils mit Haupttext. Zur Einbettung des Täterstrafrechts in die polizeiliche Verbrechensbekämpfung s. *Werle* (1989), S. 708 ff.

204 Vgl. etwa *Marxen* (1975), S. 160 ff. (allerdings zutreffend auf die grds. liberale Ausrichtung der Liszt'schen Zweckstrafe hinweisend); *Marxen*, in: Reifner (1984), S. 82 f. (allerdings zutreffend darauf hinweisend, dass sich Liszt nur auf Strafzumessung und -vollzug bezogen hat); kritischer *Marxen*, KritV 73 (1990), 292 f. (Liszt'sche Täterorientierung als Vorläufer des Willensstrafrechts); dagegen diff. *Hartl* (2000), S. 58 (die spezialpräventive Ausrichtung und Tatbestandsbezogenheit der modernen Schule betonend, was aber auch *Marxen*, 1975, S. 160 ff. anerkennt); zum Jugendstrafrecht insoweit *Höffler* in: Schumann/Wapler (2017), S. 62 ff. (welches allerdings notwendig – auch – täterbezogen, weil spezialpräventiv ausgerichtet ist).

205 Gesetz gg gefährliche Gewohnheitsverbrecher und über Maßregeln der Besserung und Sicherung, 24.11.1933, RGBl I 1933, 995. Art. 1 sieht eine Strafschärfung für Gewohnheitsverbrecher, Art. 2 Maßregeln der Besserung und Sicherung vor. Zu diesem Gesetz auch *Cavaleiro de Ferreira* (1938), S. 79 ff.; *Schmidt* (1965), S. 430 ff.; *Werle* (1989), S. 86 ff.; *Arnedo*, in Zaffaroni (2017), S. 59 f.; aus willensstrafrechtlicher Sicht *Hartl* (2000), S. 233 f.; mit dem New York „Baumes Law" vergleichend *Hoefer*, JCL&Crim 35 (1945), 389.

206 Verordnung gegen Volkschädlinge v. 5.9.1939, RGBl 1939 I, 1679; dazu auch *Werle* (1989), S. 233 ff.; *Hartl* (2000), S. 309 ff.; *Vormbaum* (2015), S. 198 ff.

207 *Liszt*, ZStW 3 (1883), 36 ff. bezeichnete das „Gewohnheitsverbrechertum", das er vor allem bei den unverbesserlichen Straftätern verortet sieht, als „krankes Glied" des Organismus, als „Krebsschaden", der „sich immer tiefer in unser soziales Leben" fresse (36). Eb. Schmidt stellte fest, dass mit dem Gewohnheitsverbrechergesetz „Liszts alte Forderung nach der Intensivierung des Kampfes gegen das Gewohnheits-Verbrechertum" erfüllt worden sei (*Schmidt*, MSchrKrim 33 (1942), 205, 222), weshalb es sich nicht um „eine spezifisch nationalsozialistische Aussage zur Strafzumessung" gehandelt habe (*Schmidt* (1965), S. 431). Vgl. auch (üw krit.) *Marxen* (1975), S. 162 f.; *Frommel* (1987), S. 87 ff.; *Schreiber*, in: Dreier/Sellert (1989), S. 167 f. (keine „spezifisch nationalsozialistische Neuerung"); *Werle* (1989), S. 86 ff.; *Kubink* (2002), S. 94 („... Vorläufer ... der biologi-

Bei all dieser Kontinuität darf freilich nicht übersehen werden, dass der antiliberal-nationalsozialistische Strafrechtsdiskurs die liberalen Ansätze beider Schulen bekämpft und sie gleichermaßen als Repräsentanten – „Schößlinge derselben Wurzel“[208] – des zu überwindenden individualistischen und positivistischen Liberalismus angesehen hat.[209] So hat der Nationalsozialismus – ganz im Sinne der eingangs genannten Radikalisierungsthese – die staatsautoritären Positionen Bindings, Liszts und ihrer Zeitgenossen durch seinen biologistisch-völkischen Rassismus verschärft und damit eine Brutalisierung in der Praxis herbeigeführt, die für diese Autoren wohl nicht vorstellbar und auch nicht voraussehbar war. Als Gegner wurde das liberale Denken der Aufklärung ausgemacht, das auch auf dem Gebiet des Strafrechts zu überwinden war;[210] dabei hat sich die antiliberale Bewegung nicht um eine differenzierte Darstellung des Liberalismus bemüht, diesen vielmehr bewusst verzerrt dargestellt (Strohmanntechnik), um die eigene Position „um so strahlender leuchten zu lassen“.[211] So war der Antiliberalismus – neben dem aus der Überbetonung der Volks-

---

schen Säuberung und ‚Sonderbehandlung‘ ...“), 249 („rechtlich kaum mehr gebundene Verwendung des Strafrechts“ als „radikale Liszt-Linie“); *Vormbaum* (2015), S. 118 ff. (121 f.), 134, 182, 188.

208 *Schaffstein*, DStR 81 (1935), 97, 99); vgl. auch *Wolf* (1932), S. 12 („aus den gleichen geistigen Wurzelgründen“ stammend); auch *ders.*, (1933), S. 23 („Verschiedenheit von Brüdern gleicher Stammesart“); *Welzel*, DRWis 3 (1938), 113, 119 (auf einem „gemeinsamen methodologischen Boden“); ebenso krit. zur „Binding-Lisztsche[n] Konstruktion des ‘Strafrechtsverhältnisses‘“ und dem darauf beruhenden Konzept des „Strafanspruchs“ *Schaffstein*, DJZ 39 (1934), Sp. 1174 ff. (1179 f.) (dies beruhe auf der „bürgerlich-liberalen Rechtsstaatsideologie“ des 19. Jh. [Sp. 1176] und sei mit dem NS-Strafrecht unvereinbar, weil es die „Bedeutung der Bestrafung auf die eindimensionale interne ‘Rechtsbeziehung‘ von Staat und Verbrecher beschränkt...“ [Sp. 1180]).

209 Vgl. etwa *Schaffstein* (1934), S. 7 ff. (Überwindung des Positivismus der alten Schulen), 18 (Schulenstreit „als Streit zweier voraussetzungloser und unpolitischer Lehrmeinungen...“); näher *Marxen* (1975), S. 29 ff.

210 Vgl. *Henkel* (1934a), S. 11 („es wird die geschichtliche Aufgabe des Nationalsozialismus sein, das Denken der Aufklärung in allen Beziehungen, so auch im Strafrechtsdenken, zu überwinden.“). Zur nationalsozialistischen Gegenaufklärung auch *Cattaneo* (2001), S. 233 ff.

211 Vgl. *Marxen* (1975), S. 25 ff. (27) (ungeschichtliche, oberfächliche und verzerrte Darstellung des Liberalismus). Beispielhaft sei auf zwei NS-Autoren verwiesen, nämlich *Lange* (1933), S. IV („Auch hier ist das Überlieferte mitunter schwärzer gezeichnet, als es bei kühler Abwägung verdient; nur auf diesem Untergrunde konnte das Neue klar und scharf herausgearbeitet werden.“) sowie *Forsthoff* (1933), S. 8 („Diese Schrift steht nicht im Dienste des historischen Erkennens, sondern der politischen Aktion. Sie bedient sich darum bewußt jenes summari-

gemeinschaft folgenden Antiindividualismus[212] – der Kristallisationspunkt des Nationalsozialismus.[213]

schen, auf die Herausstellung der wesentlichen Kampfpositionen gerichteten Verfahrens; und die Frage, ob wirklich das Feld der Willkür [sic!] betreten wird, soll hier bewußt unerörtert bleiben.“), 17 („Das bürgerliche Zeitalter wird liquidiert ... mit Rücksichtlosigkeit und dem Mut zur äußersten Konsequenz.... Nur akademische Pedanten werden darüber erschrecken, daß diese Auseinandersetzung summarisch erfolgt und dabei auch an traditionelles Gut Hand angelegt wird ... In diesen Ermahnungen zur ‘Objektivität‘, zur ‘Ehrfurcht vor der Vergangenheit‘, hinter denen sich vielfach deutlich die Absicht der Sabotage verbirgt, kann sich heute niemand beteiligen, ... der erkennt, daß es heute darauf ankommt, die letzten Reserven aus dem Volke herauszuholen.“).

212 Vgl. schon o. Kap. II 1. mit Fn. 84.

213 *Gross* (2010), Pos. 3165 (auf Aurel Kolnais Studie „The war against the West“ von 1938 bezugnehmend).

Kapitel IV. NS-Strafrecht und Neukantianismus

1. Der (angebliche) Einfluss des Neukantianismus

Zaffaroni widmet dem Einfluss des Neukantianismus auf die NS-Strafrechtslehre ein ganzes Kapitel.[214] Die durch diesen herbeigeführte Renormativierung des Strafrechts mittels der teleologischen Methode sei einerseits eine Antwort auf die positivistische Gefährlichkeitslehre und die biologistische Kriminologie und andererseits – jenseits des strafrechtlichen Diskurses – Ausdruck der wiedererstarkten Kultur gegenüber den Naturwissenschaften gewesen. Aus strafrechtlicher Sicht ist zu betonen, dass der Neukantianismus einerseits – gleichsam auf einer Metaebene – einer Normativierung bzw. Ethisierung des Strafrechts Vorschub leistete[215] und andererseits – auf strafrechtsdogmatischer Ebene – die rechtsphilosophische Grundlage der neoklassischen Verbrechenslehre mit ihrer Entdeckung der subjektiven Unrechtsmerkmale[216] und der Entwicklung der normativen Schuldtheorie[217] darstellte.[218] Die Begründer eines liberalen rechtswissenschaftlichen Neukantianismus waren aber beim Machtantritt der Nazis im Jahre 1933 – bis auf Gustav Radbruch – allesamt schon verstorben. Und Radbruch selbst und weitere Adepten des liberalen Neukantianismus, etwa

---

214 *Zaffaroni* (2017), S. 161 ff. (5. Kap.).

215 Zur Ethisierung des Schuldbegriffs durch die Anfänge neukantianischen Strafrechtsdenkens um 1900 (M.E. Mayer, Graf zu Dohna) sowie die Normativierung des Tatbestands ab 1915 (Mayer, später Grünhut, Mezger, Wolf) *Ziemann* (2009), S. 120 ff., 125 ff., 137 f.

216 *Mezger*, GerS 89 (1924), 207, 259 ff.; *Hegler*, ZStW 35 (1915), 19, 31 ff. (subjektive Tatbestandsmerkmale) (von *Zaffaroni* (2017), S. 168 mit Fn. 325 falsch zitiert); *Mayer* (1915), S. 11 f., 185 ff. (subjektive Rechtswidrigkeitsmerkmale in Abgrenzung zu Schuldmerkmalen).

217 *Mayer* (1901), S. 24 f., 102 ff. (Schuld „als Begriff der sittlichen Ordnung" [104], „rechtliche Schuld" als „Minimum der sittlichen" [105], schuldhafte Handlung als „pflichtwidrige Willensbethätigung" [106, 107], die Ausdruck einer wertenden „Zurechnung" ist, durch die „der Wert der That … auf Rechnung des Thäters gestellt" wird, so dass „eine That zur Schuld zurechnen" bedeute „die Handlung als schuldhaft zu qualifizieren" [24 f.]); *Frank* (1907), S. 9 ff. (Schuld als Vorwerfbarkeit, 11); später etwa auch *Wolf* (1933), S. 38 f. (sozialethische Vorwerfbarkeit).

218 Vgl. auch *Mittasch* (1939), S. 144 ff. (allerdings gegen die ethische Wertung Mayers); *Marxen*, in: Rottleuthner (1983), S. 56.

Max Grünhut (1893-1964) oder James Goldschmidt (1874-1940), wurden von den Nationalsozialisten relativ schnell aus ihren Positionen entfernt,[219] so dass, so die – höchst fragwürdige und im Ergebnis abzulehnende (näher u. 3.) – These Zaffaronis, die neukantianischen Wertinhalte nun vom NS-Strafrecht ausgefüllt werden konnten. Wurden früher, so Zaffaroni, die ordnenden Werte dem liberalen Gedankengut der Aufklärung entnommen, so wurde nun die NS-Ideologie zum Ideengeber der neukantianischen Lehren.[220]

Als bedeutendsten – nationalsozialistisch inspirierten – Neukantianer sieht Zaffaroni *Edmund Mezger*.[221] Was dessen nationalsozialistische Orientierung angeht, so verweist er im Wesentlichen auf die schon zitierte Arbeit von Muñoz Conde[222] und auf Thulfaut,[223] aber auch in einer Fußnote auf seinen eigenen Lehrer Jiménez de Asúa,[224] der Mezger nicht für einen Nazi, aber für eine Person „ohne ausreichenden persönlichen Wert" („sin valor personal suficiente") gehalten habe;[225] immerhin hat Jiménez de Asúa Mezger aber jedenfalls eine nationalsozialistische Orientierung vorgeworfen.[226]

Mezger selbst hatte früh, wie wir schon oben gesehen haben,[227] die völkische und rassistische Orientierung des „neuen" Strafrechts betont,[228] „ty-

219 Vgl. *Wapler* (2008), S. 23.

220 *Zaffaroni* (2017), S. 170 ff.

221 *Zaffaroni* (2017), S. 171 ff.; vorher schon *Zaffaroni*, in Zaffaroni (2009a), S. 16.

222 Kap. I 1. mit Fn. 1 u. Haupttext.

223 *Thulfaut* (2000). Krit. zu Mezger auch *Vormbaum* (2015), S. 196.

224 Zu ihm schon Kap. I 1. mit Fn. 8 u. Haupttext.

225 *Zaffaroni* (2017), S. 174 mit Fn. 341.

226 In seiner schon o. Kap. I 2. mit Fn. 16 genannten Untersuchung zum NS-Strafrecht zählt *Jiménez de Asúa* Mezger zunächst zu den „gloriosos dogmáticos alemanes" seit *Feuerbach* ((1947) Band VII, S. 65), weist später (S. 87 ff., 100 ff.) aber seine nationalsozialistische Orientierung seit 1936 nach (insbes. bezugnehmend auf *Mezger* (1936) und *ders.* (1938).

227 O. Kap. II 2. mit Fn. 141 f. und Haupttext.

228 *Mezger* (1934), S. V („Volk und Rasse" als „Grundgedanken" des „neue[n] totale[n] Staat[s]", „Gedanke der rassenmäßigen Aufartung des Volkes"), 21 f. („Forderung nach rassenhygienischen Maßnahmen zur Ausrottung krimineller Stämme unabweislich"), 203 („Volk und Rasse" als „Grundpfeiler" des NS-Staats und damit seines Strafrechts; „Verantwortlichkeit des Einzelnen gegenüber der Volksgemeinschaft"); *ders.*, 2. Aufl. 1942, S. 238 („Volksgemeinschaft" als „biologisch-historisch-politische[n] Größe", „Weg der rassischen Aufartung", „Verantwortlichkeit gegenüber Volksgemeinschaft"); s. auch *Mezger*, MSchKrimBio 31 (1940), 109 („Verantwortlichkeit des Einzelnen gegenüber der Volksgemeinschaft"), 110 („völkische Rechts- und Sittenordnung" als Grundlage nationalsoz. „Gemeinschaftsethik").

pische Gruppen von Gesellschaftsfeinden" ausgemacht,[229] die „Ausscheidung volks- und rasseschädlicher Bestandteile" aus der Volksgemeinschaft gefordert[230] und das Strafrecht – ganz wie Freisler[231] – als „Kampfrecht zum Schutz und zur Entfaltung des Volkes" charakterisiert.[232] Dem Strafrecht komme insbesondere die Aufgabe der juristischen Erziehung der Volksgenossen und der Sühnung von Straftaten entsprechend der Schuld des Täters mit dem Ziel der Wahrung von Recht und Gerechtigkeit zu.[233] Die Schuld selbst sei nicht nur an der Tat (Tatstrafrecht), sondern auch an Wesen und Persönlichkeit des Täters zu messen (Täterstrafrecht),[234] genauer an der Lebensführungs- und -entscheidungsschuld,[235] womit Mezger zwar dem Schuldbegriff nicht explizit abschwört, ihn aber unendlich – weiter noch als bei der actio libera in causa – vorverlagert. Letztlich obliegt es damit dem Richter, die in der Tat zum Ausdruck gekommene Lebensführung des Täters im Lichte der völkischen Ideologie zu bewerten.[236] Sofern er den nationalsozialistischen Vorgaben folgt, kann er diejenigen als „schuldig" aus der Volksgemeinschaft ausschließen, die ein „schlechtes Leben"[237] geführt haben. Dem Einwand der fehlenden Unrechtseinsicht begegnete Mezger mit seiner Theorie der Rechtsblindheit, wonach auch derjenige, der ohne Vorsatz („rechtsblind")[238] handele, Strafe verdiene, weil er eine Haltung gegenüber der Rechtsordnung zeige, die mit dem gesunden

229 *Mezger* (1934), S. 3.

230 *Mezger* (1934), S. 203; *ders.*, 1942, S. 238 („Ausscheidung volksschädlicher Bestandteile" [der Bezug zu Rasse fehlt hier, erscheint aber wieder zwei S. später, was *Wetzell* (2000), S. 212 mit Fn. 100 übersieht]), 240 („Ausmerzung volks- und rasseschädlicher Teile der Bevölkerung"), 245 („Ausscheidung ... ohne Rücksicht auf die persönliche Schuld"); vorher schon *Mezger*, MSchrKrimPsych 19 (1928) 391, 393 (aus der „konstitutionellen Verbrechensauffassung" ergebe sich, dass es „Unverbesserliche" gebe, die der „Ausscheidung aus der menschlichen Gesellschaft" bedürften); später noch einmal *Mezger*, MSchrKrimBio 31 (1940), 109.

231 O. Kap. II 3. mit Fn. 169 und Haupttext.

232 *Mezger* (1942), S. 78.

233 *Mezger* (1942), S. 247. Zaffaroni liefert hier erneut keine genaue Quelle.

234 S. schon Kap. III mit Fn. 203.

235 *Mezger* (1942), S. 2, 248 f.; vorher schon *Mezger*, MSchrKrimBio 31 (1940), 109. Krit insoweit *Grispigni* (1940), in Zaffaroni (2009a), S. 42 mit Fn. 19 a.E.; zust. *Zaffaroni*, in Zaffaroni, (2009a), S. 17 (nicht anwendbar auf Heranwachsende, lediglich Ersetzung von Gefährlichkeit).

236 *Zaffaroni* (2017), S. 179.

237 *Zaffaroni* (2017), S. 178 (*mala vida*); näher *Zaffaroni*, in: Gómez E. (2011).

238 Als Anhänger der (später sog.) Vorsatztheorie vertrat Mezger die Ansicht, dass ein Irrtum über das Unrecht den Vorsatz betreffe, vgl. *Mezger* (1949) (Nach-

Volksempfinden unvereinbar sei;[239] das gleiche sollte übrigens auch für die „Tatsachenblindheit" gelten.[240] Im Jahre 1950 hat Mezger dann die „Rechtsblindheit" durch die „Rechtsfeindschaft" ersetzt.[241] Die darin liegende Objektivierung von Schuld als (objektiver) Verstoß gegen die NS-Werteordnung greift Mezger in seiner Auseinandersetzung mit dem italienischen (faschistisch orientierten) Strafrechtler Filippo Grispigni[242] auf, wenn er insoweit den persönlichen Schuldvorwurf von einem objektiv ethischen Urteil über ein bestimmtes Verhalten abgrenzt[243] und damit letztlich dem – zu Beginn dieses Abschnitts schon angesprochenen – Schutzgedanken (Schutz vor gefährlichen Tätern) Vorrang einräumt.[244]

Der von Mezger 1944 geehrte Kohlrausch hatte selbst schon vorher in ähnlicher Weise einen – den Vorsatz betreffenden (Vorsatztheorie) – Un-

---

druck 2014), S. 330 ff. („Kenntnis von der rechtswidrigen Bedeutung der Handlung"; allerdings „keine juristische Beurteilung der Handlung" iS korrekter Subsumtion, 334).

239 *Mezger*, FS Kohlrausch (1944), S. 180 (184: diese Ansicht müsse nicht gesetzlich verankert sein, sondern beruhe auf der „inneren Überzeugungskraft als geltendes deutsches Recht..."); zu Ausnahmen aufgrund strafausschließender Unfähigkeit ebd., S. 184 ff. Dazu auch *Zaffaroni* (2017), S. 180.

240 *Mezger*, FS Kohlrausch (1944), S. 184.

241 *Mezger* (1950), S. 43 ff.

242 Vgl. *Grispigni* (1940), in Zaffaroni (2009a), S. 29 ff. und *Grispigni* (1941a), in Zaffaroni (2009a), S. 51 ff. sowie (zum Jugendstrafrecht) *Grispigni* (1941b), in Zaffaroni (2009a), S. 71 ff. Vor allem in den ersten beiden Texten verteidigt Grispigni das neue NS-Strafrecht als Perfektionierung des faschistischen italienischen Strafrechts („Codice Rocco" von 1930) und orientiert sich insbesondere an Hans Frank (vgl. insbesondere *Grispigni*, 1941a, S. 69 f.), aber auch an Gürtner und Freisler. In einem solchen Strafrecht sei Willensfreiheit irrelevant, denn es gehe um die strafrechtliche Verteidigung („defensa") gegen gefährliche Täter („peligrosismo") im Sinne einer „juristisch-sozialen Vergeltung" („retribución jurídico-social"), die sich auf den „Rechtsstatus" („status jurídico") jedes Bürgers auswirke (*Grispigni*, 1941a, S. 52, 55, 65 f. und passim). Zusammenfassend und krit. zu Grispigni auch *Muñoz Conde*, NDP 2003A, 303 ff. (die Verbindungen zwischen ihm und Mezger betonend); *Codino*, in Zaffaroni (2009a), S. 116 ff.

243 *Mezger*, MSchrKrimBio 31 (1940), 109 ("objektives' ethisches Urteil über ein bestimmtes Verhalten" unabhängig von Willensfreiheit des Täters). Mit diesem Aufsatz hat Mezger die von Grispigni aufgeworfene Frage zu beantworten versucht, wie „im neuen deutschen Strafrecht Sühne und Vergeltung mit den gegensätzlichen Gesichtspunkten der Rasse, der Erbanlage, der Sterilisation usw." zu vereinbaren seien (ebd., 106).

244 Krit. insoweit auch (insbesondere auf Grispigni bezugnehmend) *Muñoz Conde*, NDP 2003A, 306 („... idea de peligrosidad y que no tiene otra misión que la defensa social."), 309 ("culpabilidad social"), 310 (Schuld als "responsabilidad social").

rechtsirrtum dann für unbeachtlich erklärt, wenn die damit zum Ausdruck kommende Haltung mit „der gesunden Volksanschauung über Recht und Unrecht unvereinbar ist".[245] Zugleich hat er die Unterscheidung zwischen Ethik und Recht aufgegeben und eine völkische Ethik zum Maßstab des richtigen Handelns erklärt.[246] Erwähnenswert ist in diesem Zusammenhang schließlich noch Wilhelm Sauer, der die Rechtswidrigkeit materiell an „Volkswohl und dem gesunden Rechtsempfinden" orientiert und damit ebenfalls NS-Gedankengut propagiert hat.[247]

2. *Insbesondere: die „Marburger Schule des Neukantianismus"*

Im Mittelpunkt der neukantianischen Untersuchung Zaffaronis stehen *Erich Schwinge* und *Leopold Zimmerl* als Repräsentanten der sog. Marburger Schule des Neukantianismus.[248] Die Darstellung bleibt aber oberflächlich, denn Zaffaroni weist zwar zutreffend darauf hin, dass Schwinge/Zimmerl zu den Hauptantagonisten der sog. Kieler Schule (dazu unten Kap. V) avancierten, erwähnt ihr Hauptwerk[249] aber nur in einer Fußnote und befasst sich im Folgenden mit zwei weniger bedeutenden Einzelwerken.[250]

---

245 *Kohlrausch*, ZStW 55 (1936), 384, 390; dazu auch *Hartl* (2000), S. 155 m.w.N.; für „grundsätzliche Berücksichtigung des Irrtums" aber *Freisler*, in Frank (1934), S. 6. Dazu auch *Zaffaroni* (2017), S. 183 f.

246 *Kohlrausch*, ZStW 55 (1936), 390 f. (Ethik heteronom vom Staat her als „Volksethik" zu bestimmen); ebenso *Mezger*, MSchrKrimBio 31 (1940), 110 („Gemeinschaftsethik").

247 *Sauer* (1936), S. 28 f. (auf der Grundlage eines dreigeteilten Rechtswidrigkeitsbegriffs, der „Volksschädlichkeit", „Normwidrigkeit" und „Kulturwidrigkeit" verlangt). Dazu auch *Zaffaroni* (2017), S. 184 ff.

248 *Zaffaroni* (2017), S. 187 ff.

249 *Schwinge/Zimmerl* (1934) (von *Zaffaroni* (2017), S. 268 und passim, ungenau als Monographie zitiert). Replik bei *Schaffstein*, ZStW 57 (1938), 295 (auch abgedruckt in *Dahm/Schaffstein* (1938), S. 71). Lange später hat *Schaffstein* Schwinge und Zimmerl „eine politische Färbung" vorgeworfen, wohingegen er und Dahm sich „jeder politischen Andeutung peinlich enthalten" hätten (*Schaffstein*, JJZG 7 (2005), 173, 188 f.). Dieser Vorwurf ist aus mindestens zwei Gründen erstaunlich. Zum einen hat Schaffstein selbst, s. schon o. Kap. I 2. mit Fn. 24, ein politisches Strafrechtsverständnis vertreten. Zum anderen kommen in den Schriften Dahms und Schaffsteins häufig politische Begriffe, einschließlich „Nationalsozialismus" und „Führer", vor; hier sei nur auf *Schaffstein*, ZStW 53 (1934), 603 verwiesen, wo schon aus dem Titel des Beitrags die politische Orientierung am Nationalsozialismus zum Ausdruck kommt; zu weiteren Bsp. s. u. Kap. V.

Das ist vor allem deshalb problematisch, weil das Hauptwerk zum Zeitpunkt seines Erscheinens auch bei NS-Gegnern als Ausdruck des Widerstands jedenfalls gegen den von der Kieler Schule repräsentierten fanatischen Nationalsozialismus empfunden wurde,[251] wie überhaupt Schwinge selbst eine durchaus ambivalente Persönlichkeit war.[252]

> In ihrem Hauptwerk warfen Schwinge und Zimmerl – auf der Grundlage einer durchaus lesenswerten historischen Untersuchung des Verhältnisses von Strafrecht und Philosophie[253] – den Kielern vor allem ihren radikalen Bruch mit der überkommenen, durch solide Einzeluntersuchungen (induktiv) groß gewordenen deutschen Strafrechtswis-

---

250 *Schwinge* (1938); *Zimmerl*, FS Gleispach (1936), S. 173.

251 So soll *Grünhut*, selbst von den Nazis wegen seiner jüdischen Abstammung aus der Bonner Fakultät entfernt, die Schrift zustimmend zur Kenntnis genommen haben (*Cohn*, FS Schwinge, 1973, S. 1, 3, der sie selbst wegen ihrer krit. Offenheit für „bemerkenswert[er]" hält). *Mittermaier*, SchwZStR 52 (1938), 209, 211 ff. freute sich „mit vielen anderen über den mutigen Vorstoss der Marburger..." (211), schreibt der Schrift einen mässigenden Einfluß auf die Kieler zu und stimmt ihr überwiegend zu. *Radbruch*, SchwZStR 53 (1939) 109 f. identifizierte die Schrift mit dem „Kampf gegen die sogenannte Kieler Schule" und bezeichnet Schwinges nachfolgende Schrift zum „Irrationalismus" (1938) „als notwendiges Wort zu rechter Zeit". Lt. Eb. *Schmidt* (1965) S. 429 sei die Schrift als Befreiung empfunden worden.

252 Schwinge war einerseits zwar Mitglied des „Bundes nationalsozialistischer deutscher Juristen", aber kein Mitglied der NSDAP oder ihrer Gliederungen und zeigte sich kritisch gegenüber der NS-Ideologie; vgl. insoweit insbesondere Schwinges Marburger Fakultätskollegen *Cohn* (selbst NS-Opfer), 1973, S. 1 ff. (der auf die Schrift „Gehorsam und Verantwortung" hinweist, wo Schwinge für eine Grenze des Gehorsam ggü. der politischen Führung plädierte [S. 3 f.] u. für den die Angriffe „extrem links gerichteter Studentenkreise" in den 1960er Jahre „schwer zu verstehen" sind [S. 5]; s. auch *Garbe* (1989), S. 30, 95 („Raum zum Widerspruch", kein fanatischer NS-Ideologe). Andererseits erwies sich Schwinge – als akademischer Verteidiger der NS-Militärjustiz und praktischer Verteidiger von Nationalsozialisten, einschließlich SS-Mitgliedern – bis ins hohe Alter als revisionistisch (eingehend *Garbe* (1989), S. 31 ff. [Rolle als Militärrichter während der Kriegszeit], 58 ff. [Apologet der NS-Militärstrafjustiz]; auch *Görtemaker/Safferling* (2016), S. 437 [„Lobbyist für die Verharmlosung der NS-Militärjustiz"]; krit. auch *Vogel* (2004), S. 34 m.w.N.; leicht krit., aber insgesamt verteidigend *Spendel*, JZ 1994, 720).

253 *Schwinge/Zimmerl* (1934), S. 1 ff.

senschaft[254] vor;[255] und zwar zugunsten einer deduktiven Orientierung am diffusen Begriff der „Wesensschau" im Sinne der Husserl'schen Phänomenologie – „als einzige Möglichkeit ... die deutsche Strafrechtswissenschaft an der Idee des Nationalsozialismus auszurichten"[256] – und damit ihre „willfährige[r] Auslieferung ... an eine bestimmte philosophische Strömung".[257] Doch werde dem Richter mit „philosophischen Spekulationen", dem Verweis auf die „Wesensschau" und allgemein bleibenden „Deduktionen" „Steine statt Brot" gegeben,[258] „Regellosigkeit" und „Willkür" sei die Folge,[259] weshalb „die Untauglichkeit" der phänomenologischen Methode „zur Lösung rechtswissenschaftlicher Aufgaben ... zur Evidenz erwiesen ist."[260] Stattdessen sei eine „an der Erfahrung gesättigte und an der Erfahrung gereifte philosophische Haltung" nötig, um „die großen Gedanken der politischen Führung auszumünzen und in das Rechtsleben einzuführen."[261] Schon hier wird also deutlich, dass sich Schwinge und Zimmerl nicht im Ziel – Durchsetzung der Ideologie „der alles erschütternden Gewalt der nationalsozialistischen Bewegung" auch im bzw. durch das neue Strafrecht[262] und insoweit Bekenntnis zur eingangs genannten politischen Aufgabe der Strafrechtswissenschaft[263] –, sondern nur im Weg von den Kielern unterscheiden (was die o.g. positive Aufnahme des Werks unverständlich erscheinen lässt).[264] So sprechen auch Schwinge/Zimmerl von den „Fesseln des Positivismus", der jedoch

---

254 Vgl. insbes. *Schwinge/Zimmerl* (1934), S. 110 f., wo die „wissenschaftlichen Grundregeln" und die Bedeutung Bindings und Liszts betont werden, die aus ihrer Zeit heraus verstanden werden müssten, statt sie „verächtlich als 'Liberalisten' und 'Individualisten' abzutun".

255 *Schwinge/Zimmerl* (1934), S. 9 ff.

256 *Schwinge/Zimmerl* (1934), S. 9.

257 *Schwinge/Zimmerl* (1934), S. 11.

258 *Schwinge/Zimmerl* (1934), S. 13, 14.

259 *Schwinge/Zimmerl* (1934), S. 55.

260 *Schwinge/Zimmerl* (1934), S. 15. Ähnlich *Mittermaier*, SchwZStR 52 (1938), 217, 224(„reichlich gefühlsmäßige «Wesensschau»", „unklare[n] willkürliche[n] Gefühlsrechtsprechung").

261 *Schwinge/Zimmerl* (1934), S. 13.

262 *Schwinge/Zimmerl* (1934), S. 109 und die folgenden zit. Stellen. Eine antisemitische Tendenz findet sich überdies auf S. 51, wenn dort vom Verrat durch Juden gesprochen wird.

263 O. Kap. I 2. mit Fn. 24 ff. mit Haupttext.

264 Vgl. auch *Wolf*, DRWis 4 (1939), 168, 171 f. („ein Prozeß um das Prozedieren, ein Kampf um die Kampfesweise, ein Methodenstreit..." [171], bei gemeinsamer „nationalsozialistische[r] Grundhaltung und Zielrichtung" [172]). *Wolf* verneint

„schon vor 1933 zurückgedrängt und überwunden worden“ sei.[265] Sie kritisieren zwar heftig die von den Kielern in Anspruch genommene[266] Schmitt'sche Lehre vom „konkreten Ordnungs- und Gestaltungsdenken“[267] u.a. wegen Schmitts übertriebener „Neigung zu antithetischen Gegenüberstellungen“[268] und seines Angriffs auf abstrakte Begriffe (wie Tatbestand);[269] sie würdigen aber zugleich seinen Beitrag zur Entwicklung einer nationalsozialistischen Rechtswissenschaft ausdrück-

---

weiter einen „Schulenstreit, weil gar kein kriminalpolitischer Gegensatz zwischen den Streitenden vorhanden ist“ (173). Auch „läßt sich kein praktisches Programm einer neuen Gesetzgebungspolitik, einer neuen Strafmaßgestaltung, eines neuen Strafvollzugs in den Schriften der Kieler entdecken, das nicht auch nach den Grundsätzen der Marburger verwirklicht werden könnte.“ (ebd.). Ähnlich *Marxen* (1975), S. 240 ff. (244-46), 250 f., der Schwinge/Zimmerl die Verteidigung der Rechtssicherheit mittels traditioneller Dogmatik zwar hoch anrechnet, aber letztlich eine Zielidentität mit Blick auf die Durchsetzung der NS-Ideologie sieht. Im Ergebnis ebenso *Zaffaroni*, in Zaffaroni (2011), S. 9, 11 (wobei die Kieler die Marburger nicht für „ausreichend nationalsozialistisch“ gehalten hätten [S. 25]). Insoweit kann man auch durchaus mit *Garbe* (1989), S. 28 von einem „Scheingefecht“ zwischen den Kielern und Marburger sprechen (krit. aber *Ziemann* (2009), S. 132 mit Fn. 717). In diesem Sinne auch schon in den 1940er Jahren *Blasco y Fernández de Moreda*, Criminalia IX (4/1943), 241 („mismos resultados“); ihm folgend *Jiménez de Asúa* (1947), S. 106 ff. (108).

265 *Schwinge/Zimmerl* (1934), S. 23. Zum NS-Kampf gg. den Positivismus etwa o. Kap. II 2. mit Fn. 148 ff. und Haupttext.

266 U. Kap. V 4. mit Fn. 506 u. Haupttext sowie Kap. V 5. mit Fn. 542.

267 *Schmitt* (1934), S. 8, 13, 16 ff. (davon Regeln- und Gesetzesdenken sowie Entscheidungsdenken unterscheidend, S. 8). Beim konkreten Ordnungsdenken (kOD) ist „die Regel nur ein Bestandteil und ein Mittel der Ordnung. ... Die Norm oder Regel schafft nicht die Ordnung; sie hat vielmehr nur auf dem Boden und im Rahmen einer gegebenen Ordnung eine gewisse regulierende Funktion ...“ (ebd., S. 13). Demgegenüber „zerstört“ das dem Regel- und Gesetzesdenken entspringende Gesetz qua „Herrschaft des Gesetzes“ (*rule of law*) „die konkrete Königs- oder Führer-Ordnung; die Herren der Lex unterwerfen den Rex.“ (S. 15). Die „Rechtsordnung ist an konkrete Normalbegriffe gebunden“, die „Normen aus ihrer eigenen Ordnung heraus und für ihre eigene Ordnung hervorbringen“ (S. 23). In der Sache hat das bewusst unbestimmt gehaltene kOD als Transformator der NS-Ideologie in das geltende Recht mittels der „konkreten Ordnungen“ der Lebenswirklichkeit (Ehe, Arbeit, Militär etc.) gedient und so die permanente nationalsoz. Veränderung und Ergänzung des Rechts nach den Wünschen der Staatsführung ermöglicht; näher *Rüthers* (1989), S. 62 ff. (75 f.) m.w.N.

268 *Schwinge/Zimmerl* (1934), S. 21. *Schmitt* (1934), S. 11 lehnt eine solche Antithetik hinsichtlich seiner drei Denktypen allerdings ab u. betont vielmehr ihre „Verschiedenheit“.

269 *Schwinge/Zimmerl* (1934), S. 17 ff., 81 ff. (bzgl. Tatbestand).

lich,[270] und zwar vor allem mit Blick auf die Bedeutung der konkreten (nationalsozialistischen) Ordnung,[271] die die Auslegung allen Rechts beeinflusse,[272] und der Rolle des Richters, der „als Mitarbeiter des Gesetzgebers“ dazu berufen sei, den „Führerwillen zu konkretisieren“.[273] Schwinge und Zimmerl erkennen an, dass die Kieler „konkretes Ordnungsdenken“ – als „nationalsozialistischen Denktyp schlechthin“ – und Phänomenologie „in origineller Weise mit einander verbunden“,[274] andererseits jedoch den Kampf gegen Abstraktion und die Kritik am Trennungsdenken übertrieben hätten.[275] So sei zur Schaffung

270 *Schwinge/Zimmerl* (1934), S. 23 ff. („… so kann ihm die nationalsozialistische Rechtswissenschaft nicht dankbar genug … sein…“).

271 *Schmitt* (1934) ordnet seine Denktypen verschiedenen Völkern und Rassen zu (S. 9) und hielt schon das germanische Denken des Mittelalters für „durch und durch konkretes Ordnungsdenken“ (S. 10), wobei das „konkrete Ordnungs- und Gemeinschaftsdenken“ in Deutschland „niemals aufgehört“ habe (S. 42) und insbesondere in Hegels Rechts- und Staatsphilosophie „noch einmal lebendig“ geworden sei (S. 45), so dass der Staat bei ihm „die konkrete Ordnung der Ordnungen, die Institution der Institutionen“ geworden sei (S. 47). Mit dem NS sei „das konkrete Ordnungsdenken wieder lebendig geworden … das rechtliche Axiom, daß Treue, Disziplin und Ehre von der Führung nicht abgetrennt werden dürfen, besser verständlich …. Auch können wir heute, da die staatstragende Bewegung dem Führer unverbrüchliche Treue schwört, dem rechtlichen Wesen eines Treueides wieder unmittelbar gerecht werden“ (S. 52); der Staat „hat nicht mehr das Monopol des Politischen, sondern ist nur ein Organ des Führers der Bewegung“ (S. 66 f.). Dieses Denken habe sich auch in der Rechtswissenschaft durchgesetzt und verdränge den Positivismus durch Generalklauseln, die auf „das Interesse des Volksganzen bezogen werden“ (S. 58 f.). Im Strafrecht hätten sich „unbestimmte“ Tatbestände und „normative“ Tatbestandsmerkmal verbreitet, die abstrakten Begriffe des AT würden zugunsten konkreter Tatbestände verdrängt (S. 60). Institutionell werde es durch die ständische (nationalsozialistische) Organisation der (neuen) Juristen abgesichert (S. 65).

272 *Schwinge/Zimmerl* (1934), S. 23 (wonach „alle rechtswissenschaftlichen Begriffe in … konkreten „Ordnungen“ stehen, die auf ihre Auslegung zurückwirken und ihren Inhalt beeinflussen…“), 24 („… im Gefolge der nationalsozialistischen Umwälzung … Umgestaltung der tragenden Ideen der *Gesamtordnung* …“), 24 f. (Beachtung der „*Sonderordnungen* des völkischen Lebens“) [alle Herv .i.O.]. *Marxen* (1975), S. 238 f. sieht eher einen „Gleichklang“ mit Schmitts Lehre als eine „Abhängigkeit“ von ihr.

273 *Schwinge/Zimmerl* (1934), S. 27 (die Gleichrangigkeit von Gesetz und Richterspruch betonend); auch ebd., S. 75 f. (Richter als Vollstrecker des NS-Gesetzgebers iSd subjektiven Theorie, Abweichung nur bei vor-nationalsozialistischen Gesetzen).

274 *Schwinge/Zimmerl* (1934), S. 27.

275 *Schwinge/Zimmerl* (1934), S. 28 ff. („Übersteigerung und Vergröberung“ [28], „blinder Kampf gegen die ‘abstrakten Begriffe des AT‘“ [29]).

eines nationalsozialistischen Strafrechts weder die Unterscheidung zwischen Unrecht und Schuld[276] noch die Rechtsgutskonzeption[277] noch der Beling‘sche Tatbestandsbegriff[278] aufzuheben und auch nicht das Revisionsrecht zu ändern.[279] Vielmehr könnten all diese überkommenen Konzeptionen „rechtsinhaltlich“ modernisiert und mit nationalsozialistischem Inhalt gefüllt werden: Unrecht als (nationalsozialistisch inspirierte) „Gemeinschaftsschädlichkeit“,[280] die dem „sozialethischen Empfinden“ des – als „Blutsgemeinschaft“[281] konstituierten – Volkes widerspreche;[282] Schuld als dem Nationalsozialismus widersprechende Gesinnung,[283] Unrecht und Schuld zusammengenommen also als dem von einer bestimmten Täterpersönlichkeit verursachten Schaden an der Volksgemeinschaft;[284] teleologischer Rechtsgutsbegriff, der nicht nur am Zweck des Tatbestandes sondern – gegen überkommenes liberalistisches Verständnis[285] – am übergeordnete Zweck der nationalso-

---

276 *Schwinge/Zimmerl* (1934), S. 33 ff. (insbesondere gg. die Kieler Subjektivierung, die gerade nicht „dem Strafrecht im Dienste der Volksgemeinschaft“ diene [S. 40 ff., 41] und die auch über das Freisler‘sche Willensstrafrecht [schon o. Kap. II 3. mit Fn. 165 ff.] hinausgehe, der damit i.W. nur Konsequenzen für die Versuchsstrafbarkeit verbunden habe [43 ff.]). Ausdrücklich dagegen *Schaffstein*, ZStW 57 (1938), 300 f., der Schwinge/Zimmerl eine Missdeutung von Freisler vorwirft. Erstaunlich ist, wieviel Beachtung ein so fanatischer Nationalsozialist wie Freisler bei durchaus anerkannten Strafrechtswissenschaftlern gefunden hat. Dahm aber habe sich, so *Schaffstein*, JJZG 7 (2005), 187, „Freisler gegenüber immer auf Distanz gehalten und sich … oft recht abfällig über seine Eitelkeit und sein hohles Pathos geäußert.“

277 *Schwinge/Zimmerl* (1934), S. 60 ff.

278 *Schwinge/Zimmerl* (1934), S. 78 ff.

279 *Schwinge/Zimmerl* (1934), S. 95 ff. (vor allem gg. Siegert).

280 *Schwinge/Zimmerl* (1934), S. 33 f., 40 („gesellschaftsinteressen-verletzenden Charakter der Tat“ [40]), 57 f. (Weiterentwicklung der „materiellen Rechtswidrigkeit“ auf nationalsozialistischer Grundlage; Konkretisierung von „Recht und Unrecht“ durch die „nat.-soz. Weltanschauung, so wie sie … im Parteiprogramm und in den Reden und Schriften des Führers zum Ausdruck kommt …“).

281 *Schwinge/Zimmerl* (1934), S. 58.

282 *Schwinge/Zimmerl* (1934), S. 49 (nationalsozialistische Bekämpfung der noch verbreiteten „reine[n] Individualethik“ durch „sozialethisches Empfinden“).

283 *Schwinge/Zimmerl* (1934), S. 58 f.

284 *Schwinge/Zimmerl* (1934), S. 59.

285 Insoweit wird auch Binding vereinnahmt, weil seine Rechtsgutslehre am Sozialwert der Güter orientiert gewesen sei und deshalb „aus einem Lehrbuch des neuen nationalsoz. Strafrechts stammen“ könnte (*Schwinge/Zimmerl* (1934), S. 65).

zialistischen Gemeinschaft und ihres Rechts auszurichten sei;[286] (rechtsinhaltliche) Bildung bzw. Normativierung von Tatbeständen auf der Grundlage nationalsozialistischer Weltanschauung;[287] Schaffung von Rechtssicherheit und -einheit durch das Revisionsrecht im Gemeinschaftsinteresse.[288]

Schwinge knüpft an diese Überlegungen – die offensichtlich mehr als nur „Konzessionen an den Nationalsozialismus"[289] enthalten – in seiner späteren Schrift zum „Irrationalismus" insoweit an, als er auch hier die lebens- und institutionsphilosophisch beeinflusste[290] Ganzheitsbetrachtung und Wesensschau der Kieler Schule – die er im Gegensatz zur „analytisch verfahrende[n] Methodik des Neukantianismus" sieht[291] – als zu irrational verwirft.[292] Er stellt ihr zwar das „Postulat exakter Forschung" [293] und der

286 *Schwinge/Zimmerl* (1934), S. 62 ff. (methodologischer, am „Zweck der Vorschriften des StGB" und an Freislers (!) „teleologischer Gesetzesauslegung" ausgerichteter Rechtsgutsbegriff [62 f.], „Ausrichtung des Rechts am Gemeinschaftsgedanken und der Durchdringung der Rechtsprechung mit dem Geiste des Nationalsozialismus" [64], „Überlegenheit der völkischen Gemeinschaftswerte", „Geiste der nationalsoz. Rechtserneuerung" [65], „teleologische und rechtsinhaltliche" Methode entspricht „nationalsoz. Rechtsdenken", „nationalsoz. Rechtsgutsidee" als Ausdruck neuen Rechtsgutdenkens [72], Ersetzung des „individualistischen" durch den „sozialistischen" Rechtsgutsbegriff [73, erneut bezugnehmend auf Freisler]; „Gemeinschaftssschädlichkeit" aus „nationalsoz. Weltanschauung bestimmt" [74]). S. auch *Schwinge* (1930) (von Zaffaroni nicht zitiert); gg. die teleologische Methode hingegen *Schaffstein*, FS Schmidt (1936), S. 49, 59 ff.

287 *Schwinge/Zimmerl* (1934), S. 79 (Tatbestandsbildung auf nationalsoz. Grundlage), 88 f. (rechtsinhaltliche Orientierung am „Wohl des deutschen Reiches und des deutschen Volkes"), 92 (rechtsinhaltliche Bildung von Tatbeständen mit Blick auf „Blutsgemeinschaft des deutschen Volkes"), 94 (Verwendung normativer Merkmale, wo „Grundgedanke durch deskriptive Merkmale nicht klar zum Ausdruck gebracht werden kann", aber möglichst Vermeidung unklarer u. vieldeutiger Begriffe wie „Volksempfinden"(!)).

288 *Schwinge/Zimmerl* (1934), S. 98 („*kollektivistisches* Gepräge" der Revision, [Herv. im Original], „Berechenbarkeit des Rechts im Dritten Reich" wie in irgendeinem anderen „Kulturstaat"), 102 (Überprüfung des richterlichen Ermessens zur Sicherung der einheitlichen Ausrichtung an der „nationalsoz. Weltanschauung"), 105 (Überprüfung der richtigen Auslegung des „gesunden Volksempfindens" – allerdings widersprüchlich, wenn o. S. 94 vor dessen Verwendung gewarnt wird, s. vorherige Fn.).

289 So verharmlosend *Ziemann* (2009), S. 132 mit Fn. 717.

290 *Schwinge* (1938), S. 3 ff.

291 *Schwinge* (1938), S. 16.

292 *Schwinge* (1938), S. 16 ff., 43 ff.

293 *Schwinge* (1938), S. 31.

„logische[n] Durchdringung des Rechts“[294] entgegen,[295] das der Mentalität des Deutschen – der das „Allgemeingültige, Feste und eindeutig Begreifbare“ wolle – eher entspreche,[296] schlägt aber i.E. einen Kompromiss zwischen Intuition und Rationalität vor, wenn er die Rolle jener „für den Fortschritt der menschlichen Erkenntnis“ anerkennt und dieser lediglich eine Begrenzungsfunktion eines allzu großen Irrationalismus zuweist.[297] Ebenso erkennt er an, dass „Ganzheitsbetrachtung und exakte begriffliche Analyse Hand in Hand arbeiten und einander ergänzen müssen,“[298] wobei „die Ganzheiten“ „inhaltserfüllt und konkretisierbar“ sein müssten.[299] Damit sind wir wieder bei der rechtsinhaltlichen Ausfüllung durch NS-Gedankengut, was zeigt, worum es Schwinge wirklich gegangen zu sein scheint,[300] nämlich die Durchsetzung des NS-Rechtsdenkens durch – insoweit ganz Neukantianer – Formalisierung und Rationalisierung unter gleichzeitiger Akzeptanz des Führerprinzips.[301]

Auch Zimmerl hat seine Lehre insoweit in den Dienst des NS-Staates gestellt, als er der klassisch liberalen Lesart des Gesetzlichkeitsgrundsatzes – Schutz vor staatlicher Willkür – eine Absage erteilt hat, weil diese einen Gegensatz zwischen Staat und Individuum voraussetze, die im völkischen NS-Staat, in dem der einzelne „Volksgenosse“ „nur als Glied der Volksgemeinschaft Sinn und Daseinsberechtigung erhält“, per se nicht existieren

294 *Schwinge* (1938), S. 38.

295 Noch pointierter *Schwinge* (1938), S. 68: „Form gegen Ungeformtheit, Analyse gegen Schau, begrifflich-logische Bestimmtheit gegen das Dunkel der rational nicht zu fassenden Wesenshaftigkeit“.

296 *Schwinge* (1938), S. 33 f. („Rechtssicherheit“ als „Grundwert“, unter Bezugnahme auf Göring (!)), 68 (der „Deutsche fordert Klarheit, Festigkeit und logische Sauberkeit im Recht“, er sei „bereit, Strenge, ja selbst Härte hinzunehmen, aber er will das Gefühl haben, daß sein Verhalten vom Recht mit einem Maß gemessen wird, das gegen die Gefahr menschlichen Irrtums und menschlicher Willkür sichergestellt ist“, bezugnehmend auf das „völkische Rechtsempfinden“).

297 *Schwinge* (1938), S. 41 f.

298 *Schwinge* (1938), S. 57; auch S. 59 („Verhältnis durchgängiger wechselseitiger Abhängigkeit“) u. S. 60 ff. (wo er „gesunde[r] Beispiele einer solchen ganzheitlichen Betrachtungsweise“ in der dt. Rechtswissenschaft und sodann „Gegenbeispiele“ nennt).

299 *Schwinge* (1938), S. 64.

300 *Wolf*, DRWis 4 (1939), 168 sieht das Verdienst dieser Schrift Schwinges darin, „die grundsätzliche, geistesgeschichtliche Seite“ (170) des Streits mit den Kielern bzw. die „philosophisch, wissenschaftstheoretische“ Natur der „Angelegenheit“ (173) betont zu haben.

301 Insoweit zutr. *Zaffaroni* (2017), S. 188 („darle racionalidad al nazismo“), 193 (“irracionalismo en la base de la decisión politíca“, „conceptualización racional”).

könne.[302] Ferner hat Zimmerl zwar auch – als zweiter Funktion des Gesetzlichkeitsgrundsatzes – die Bindung des Richters an den Willen des NS-Gesetzgebers – und damit an den Willen des Führers – anerkannt,[303] wollte dies jedoch im Sinne einer gesetzgeberischen Beschränkung allzu punitiver Richter verstanden wissen;[304] er hat im Übrigen versucht, das von ihm als problematisch empfundene „gesunde Volksempfinden“[305] dadurch einzuschränken, dass es nur nachrangig gegenüber der Strafwürdigkeit nach dem “Grundgedanken eines Strafgesetzes“[306] herangezogen werden sollte.[307] Diese durchaus rechtsstaatlichen Eindämmungsversuche werden von Zaffaroni nicht erwähnt.

3. *Neukantianismus als Wegbereiter des NS-Strafrechts?*

Dem aufmerksamen Leser wird die implizite Kritik an der von Zaffaroni konstruierten Verbindung zwischen Neukantianismus und NS-Strafrecht nicht entgangen sein. Wenn Zaffaroni „die“ (!) Neukantianer an späterer Stelle im Rahmen seiner Behandlung der Kieler Schule als bloße regimetreue Technokraten (im Gegensatz zu den überzeugten Nazis der Kieler

---

302 *Zimmerl*, FS Gleispach (1936), S. 173 („Einen naturgegebenen Gegensatz zwischen der im Staat organisierten Volksgemeinschaft und dem einzelnen Volksgenossen … kann der Nationalsozialismus niemals anerkennen“). Dazu *Zaffaroni* (2017), S. 194 f.

303 *Zimmerl*, FS Gleispach (1936), S. 173 f. (Vorrang des Gesetzgebers wegen „Führergedanken“, Gesetzgeber als „Oberführer“).

304 *Zimmerl*, FS Gleispach (1936), S. 174 („Es kann … von größter Bedeutung sein, daß der Richter nicht willkürlich oder aus Übereifer eine Tat bestraft, die der Gesetzgeber … straflos lassen wollte.“).

305 *Zimmerl*, FS Gleispach (1936), S. 175 („Fiktion eines klar erkennbaren, auch die schwierigen Einzelfragen einheitlich beurteilenden gefundenen Volksempfindens…“).

306 Das war die (alternative) erste Vorrausetzung der Strafbarkeit nach dem geänderten § 2 StGB (RGBl. 1935 I S. 839): „Bestraft wird, wer eine Tat begeht, die das Gesetz für strafbar erklärt oder die nach dem Grundgedanken eines Strafgesetzes und nach gesundem Volksempfinden Bestrafung verdient. …“.

307 *Zimmerl*, FS Gleispach (1936), S. 175 f.: keine „Lösung der Bindung des Richters an das Gesetz“, weil Grundgedanken des Strafgesetzes erste und vorrangige Voraussetzung der Strafbarkeit; gesundes Volksempfinden keine „zweite Rechtsquelle“, denn „diese Meinung wäre nur haltbar, wenn das gesunde Rechtsempfinden des Volkes für sich allein imstande wäre, die Strafbarkeit … zu begründen“. Das widersprach der NS-Ansicht, vgl. o. Kap. II 1. mit Fn. 83.

Schule) abstempelt,[308] so zeigt dies eine nicht nachvollziehbare Gegnerschaft zur gesamten Strömung des Neukantianismus, die die „Mannigfaltigkeit“[309] dessen, was als Neukantianismus verstanden wird, souverän ignoriert (was möglicherweise auf seine selektive Rezeption in Lateinamerika zurückzuführen ist).[310] Zaffaroni ordnet bestimmte Denker dem (juristischen) Neukantianismus zu, ohne überhaupt zu definieren, was darunter zu verstehen ist.[311] Ohne diese konzeptionelle Klärung kann man aber die inhaltliche Nähe eines bestimmten Autors zum Neukantianismus nicht belegen; man kann allenfalls auf ein Lehrer-Schüler Verhältnis verweisen, aber die Kategorisierung eines Lehrers als Neukantianer hat ebenfalls die Begriffsbestimmung des Neukantianismus zur Voraussetzung.[312]

Beim Neukantianismus handelt es sich nun um „keine abgeschlossene Schule“,[313] sondern um eine seit Ende des 19. Jh. existierende „vielfältig verzweigte politische Bewegung“,[314] die höchst unterschiedliche (individualis-

---

308 *Zaffaroni* (2017), S. 232 (in Abgrenzung zum überzeugten Nazi Dahm feststellend: „ … los neokantianos la asumían solo como *tecnócratas al servicio del régimen que fuese.*“ [Herv. im Original]). Im Übrigen hält er die Kritik Dahms am Neukantianismus für grundsätzlich berechtigt (*Zaffaroni* (2017), S. 235 ff. [“críticas en general coherentes”, 237]), wirft diesem aber zugleich vor, dass er die neukantianische Verbrechenslehre nur vollständig zerstören wollte, um auf ihren Ruinen den NS-Einheitstäterbegriff aufzubauen und die schrecklichen Verbrechen des NS-Staates legitimieren zu können (ebd., S. 237). Dahm zeige sich zwar als „intelligenter Dogmatiker“, indem er die internen Widersprüche des neukantianischen Verbrechensmodells aufdeckte, doch nur um so die NS-Verbrechenslehre durchzusetzen (ebd., S. 238).

309 *Wiegand* (2014), S. 93.

310 Vgl. *Guzmán Dalbora*, RDPC VII (2017), 231, wonach in Hispanoamerika nur die „modalidad iliberal“ des strafrechtlichen Neukantianismus durch Übersetzungen bekannt geworden sei.

311 Zu diesem verbreiteten Fehler *Wapler* (2008), S. 41.

312 Zu den hier genannten Kriterien (Lehrer/Schüler Verhältnis und inhaltliche Nähe zum Neukantianismus) vgl. *Wapler* (2008), S. 148.

313 Vgl. etwa *Holzhey*, in: Ritter (1984), Sp. 749, F. Paulsens zierend („…keine abgeschlossene Schule, sondern das Bestreben, diejenigen Begriffe, mit welchen wir operieren, einer erkenntnistheoretischen Prüfung zu unterwerfen“); *Ziemann* (2009), S. 23 („keine geschlossene Gestalt“).

314 *Wapler* (2008), S. 29 („Sammelbezeichnung“).

tische und kollektivistische)[315] Strömungen in sich vereinte.[316] Gemeinsam war diesen Strömungen immerhin der Versuch einer Antwort auf das szientistisch-materialistische Weltbild des 19. Jh.,[317] wobei der Übergang vom Materialismus zum (neukantianischen) Idealismus durch vermittelnde Ansätze erfolgte, die das reduktionistisch-szientistische Weltbild (zunächst) nicht gänzlich verwerfen, sondern ergänzen wollten.[318] Um die Jahrhundertwende haben sich mit der Marburger (logizistischen) und der badisch-südwestdeutschen (werttheoretisch-kritizistischen) Richtung zwei Hauptrichtungen[319] herausgebildet,[320] wobei als deren wichtigste Repräsentanten einerseits Cohen, Natorp und – rechtsphilosophisch ausgerichtet – Stammler sowie andererseits Windelband, Rickert, Lask sowie – rechtsphiloso-

---

315 Dies betont *Wapler* (2008), S. 18 ff., 213 ff., für die das unterschiedliche individualistische oder kollektivistische Verständnis des Rechtswerts maßgeblich für die rechtsphilosophisch-methodische Ausrichtung – eher am Einzelnen oder an der Gemeinschaft orientiert – war, wobei auch sie die Vielseitigkeit der einzelnen Auffassungen hervorhebt.

316 Dazu m.w.N. *Holzhey*, in: Ritter/Gründer (1984), Sp. 747 ff. (Darstellung der seit ca. 1875 existierenden Strömungen, die sich sowohl inhaltlich wie geographisch unterschieden und nach L.W.Beck „little in common" hatten [zit. ebd., 750]); auch *Österreich* (1951), S. 416 ff. (sieben „Richtungen im Neukritizismus" unterscheidend [417]).

317 Dazu instruktiv *Wiegand* (2014), S. 41 ff.; auch *Lepsius* (1994), S. 304 (Kompensation der Defizite der naturwissenschaftlichen Methode); *Murmann* (2005), S 104 f. („Wendung gegen das naturwissenschaftliche Denken", „Selbständigkeit der Geisteswissenschaften gegenüber den Naturwissenschaften").

318 Vgl. *Wiegand* (2014), S. 47 ff. (insbesondere auf R.H. Lotze und F.A. Lange eingehend).

319 *Zaffaroni* (2017) nennt diese nur en passant auf S. 166.

320 *Holzhey*, in: Ritter/Gründer (1984), Sp. 750 f. (ausgehendes 19.Jh. und beginnendes 20. Jh); s. auch *Wapler* (2008), S. 29 ff., 38 ff.; *Lepsius* (1994), S. 305. Zur Marburger Richtung *Müller* (1994), S. 1 ff., der allerdings die Existenz einer einheitlichen Rechtsphilosophie der Marburger und damit einer „Schule" i.e.S. in Frage stellt (ebd., S. 8) und eher von einer „rechtsphilosophische[n] Arbeitsgemeinschaft" (S. 6) sprechen will, deren Existenz allerdings auch schon „spätestens 1913" (S. 6) wegen des unauflösbaren „Widerstreit[s] von Naturrechtsdoktrinen und rechtspositivistischen Auffassungen" (S. 3) „als gescheitert anzusehen war" (S. 6). Zur südwestdt. Richtung eingehend *Wapler* (2008), S. 16 f. („werttheoretische Traditionslinie"), 40 f. (ihre Vielfältigkeit betonend) u. passim, die zwischen dem philosophischen Wertbegriff (S. 29 ff.) und – darauf aufbauend – dem juristischen Wertbegriff (S. 147 ff.) unterscheidet sowie nachweist, dass sich nur bei Lask Übergänge zur Rechtsphilosophie (Kollektivismus, teleologische Begriffsbildung) finden (S. 144 ff., 151 f.); zwischen philosophischem und juristischem Neukantianismus auch unterscheidend *Lepsius* (1994), S. 304 ff., 318 ff.; zum strafrechtlichem Neukantianismus insbes. *Ziemann* (2009), S. 25 ff.

phisch ausgerichtet – Radbruch[321] und Kelsen[322] genannt werden können.[323] Für jeden dieser Autoren müsste jedoch gesondert untersucht werden, wie er sich persönlich zum Nationalsozialismus verhielt sowie ob und ggf. wie seine Lehre dem NS-Strafrecht Vorschub geleistet oder diesem gedient hat. Andere Autoren, etwa die von Zaffaroni genannten Mezger[324] und Schwinge/Zimmerl, mögen zwar neukantianisch beeinflusst gewesen sein – was freilich wegen der Bedeutung des Neukantianismus zu Beginn des 20 Jh. auf fast alle geisteswissenschaftlichen Autoren zutreffen dürfte und deshalb wenig aussagekräftig ist –; sie gehörten aber jedenfalls nicht zu den bedeutenden Repräsentanten des Neukantianismus (der als Strafrechtler bedeutende(re) Mezger noch weniger als Schwinge). Die Zuordnung fällt im Übrigen schon deshalb schwer, weil auch im strafrechtlichen Neukantianismus[325] – ebenso wie im juristischen Neukantianismus allgemein – kein geschlossenes Lehrgebäude existierte.[326]

Die *Kerninhalte* des (juristischen) Neukantianismus sind denn auch nicht einfach zu bestimmen.[327] Schon die Verbindung zur Philosophie Kants ist komplizierter als der Name „Neu*kantianismus*" vermuten lässt, ging es doch nicht einfach um eine „Rückkehr zu Kant",[328] sondern eher um eine neoidealistische Weiterentwicklung seiner Erkenntnistheorie mit

---

321 Zu Radbruch eingehend *Wiegand* (2014), S. 103 ff.; auch *Kaufmann/von der Pfordten*, in: Hassemer et al. (2016), S. 80 ff.; *Mahlmann* (2017), S. 179 ff.

322 Zur neukantianischen Beeinflussung der Reinen Rechtslehre Kelsens vgl. *Paulson*, in: Alexy et al. (2002), S. 13 ff.; zum rein rechtlichen Neukantianismus Kelsens *Lepsius* (1994), S. 324 ff.

323 *Wapler* (2008), S. 16 f., 29, 38, 39 f.; *Lepsius* (1994), S. 305; *Dreier/Paulson* (1999), S. 236 f.

324 Krit. insoweit selbst *Muñoz-Conde*, Prólogo, in Zaffaroni (2017), S. 20 („un tanto exageradamente"). *Ziemann* erwähnt Mezger insoweit nur beiläufig (z.B. S. 123 mit Fn. 661) und zählt ihn ausdrücklich nicht zu den neukantianischen Strafrechtlern (S. 126 mit Fn. 678).

325 *Ziemann* (2009), S. 119 ff. unterscheidet insoweit drei Hauptphasen: (i) Anfänge des neukantianischen Strafrechtsdenkens um 1900, (ii) Popularisierung in den 1920er Jahren und (iii) Niedergang im Methoden- und Richtungsstreit der 1930er Jahre.

326 *Ziemann* (2009), S. 103 f., 106 ff. nennt als strafrechtliche Hauptvertreter des Neukantianismus neben M.E. Mayer, E. Wolf und Grünhut immerhin Schwinge (näher Ziemann, a.a.O., S. 117 ff., Nachw. in Fn. 529), betont aber die Schwierigkeit der Zuordnung, weil der südwestdeutsche Neukantianismus kein „geschlossenes Strafrechtssystem" vorgelegt habe (ebd., S. 103).

327 *Wapler* (2008), S. 23 („außerordentlich unklar").

328 So noch der Begründer des Marburger Neukantianismus *Lange* (1915), S. 3 („auf Kant zurückgehen"). Nachweise auf frühere Neukantianer (Liebmanns etc.) bei *Österreich* (1951) IV, S. 418.

starkem hegelianischem Einschlag.[329] So entwerfen etwa Windelband und Rickert ein kollektivistisches Verständnis von Recht und Staat, das von Kants individualistischer und freiheitssichernder Intention wenig übrig und den Einfluss Fichtes und Hegels erkennen lässt.[330] Das Bemühen um die Erkenntnis der „apriorischen Grundbegriffe des Rechts“[331] mittels einer aktiven Rolle des Subjekts im Erkenntnisprozess[332] und apriorischer, „gegenstandserzeugender“[333] Begriffsbildung zeigt andererseits die Nähe zu Kants Erkenntnistheorie.[334] Aus methodischer Sicht handelt es sich beim Neukantianismus somit um eine *wissenschaftliche Erkenntnistheorie*,[335] die in ihrer juristischen Spielart zu einer *Erkenntnistheorie des Rechts* wird.[336] Eine weitere zentrale Gemeinsamkeit des neukantianischen Denkens besteht im *Methodendualismus*, d.h. der Differenzierung von Wirklich-

---

329 *Wapler* (2008), S. 31 f. (Anlehnung an die Kantische Erkenntnistheorie in den ersten neukantianischen Schriften Mitte des 19. Jh.), 33 ff. (neoidealistische Weiterentwicklung von Kants Erkenntnistheorie); zu den „erkenntnistheoretischen Divergenzen“ zwischen Kant und der sog. Marburger Schule vgl. *Müller* (1994), S. 11 mit Fn. 18. Vgl. auch *von der Pfordten*, JZ 2010, 1022 ff., der nicht nur „wenig“ Kantianismus im Neukantianismus sieht (zwar Weiterentwicklung und Veränderung des Kantianismus, mit dem er aber, „richtig verstanden, wenig ... zu tun hat.“ [1022]; Hinwendung zu Neuhegelianismus Anfang des 20 Jh. [1023]; Methodendualismus zwar „genuin südwestdeutsch neukantianisch“, aber „sehr unkantisch“ [1024]), sondern auch die Kernelemente der Radbruch‘schen Rechtsphilosophie – Recht müsse auf Rechtsidee, also Gerechtigkeit, gerichtet sein – weder bei Kant noch bei den Heidelberger Neukantianern ausmacht (1025); vgl. auch *von der Pfordten* (2004), S. 333-379, wo er die Radbruch‘sche Rechtsidee auf Hegel zurückführt und deshalb dessen Neukantianismus zum Neuhegelianismus erklärt.

330 *Wapler* (2008), S. 25.

331 *Braun* (2001), S. 6.

332 *Wapler* (2008), S. 44, 173.

333 *Lepsius* (1994), S. 333 („Wirklichkeitsverständnis, das durch die Methode erst erzeugt wird...“); diff. zum Gegenstandbegriff *Wapler* (2008), S. 45 f., 156 f.; zur nationalsozialistischen, gegenstandsaufhebenden Begriffsbildung s. folgender Abschnitt (4.) mit Fn. 395.

334 Explizite Rückführung auf Kant bei *Ziemann* (2009), S. 33 ff., insbesondere seine apriorische Form der Erkenntnis (S. 36 ff.); s. auch *Mittasch* (1939), S. 126 („Erkenntnis des theoretischen Richtigen“ als Ziel der Rechtswissenschaft); *Murmann* (2005), S. 104 („Rückbesinnung auf den erkenntnistheoretischen Ansatz Kants“).

335 *Österreich* (1951), S. 416 („Betonung der Bedeutung des Denkens für die Erkenntnis...“).

336 *Wiegand* (2014), S. 90 f. („Metatheorie der Erkenntnis“); *Lepsius* (1994), S. 335 mit Fn. 108; *Wapler* (2008), S. 148; *Ziemann* (2009), S. 32 ff. (Erkenntnistheorie als Methode); auch *Braun* (2001), S. 6.

keit (Materie, Sein) und Wert (Form, Sollen).[337] Damit wird der Wertbegriff im (werttheoretisch ausgerichteten) südwestdeutschen Neukantianismus zwar formal verstanden,[338] aber ansonsten – ganz im Sinne der o.g. individualistischen und kollektivistischen Strömungen[339] und der Differenz zwischen Wertabsolutismus und -relativismus – nicht einheitlich verwendet;[340] im juristischen südwestdeutschen Neukantianismus haben sich, vor allem mit Radbruch, wertrelativistische Haltungen durchgesetzt.[341] Aus der Wertung des aktiven Subjekts werden – davon unabhängige – Werte, woraus sich die Unterscheidung zwischen (individuell gesetzten) Wertungen und (der wissenschaftlichen Erkenntnis zugänglichen) Werten ergibt.[342] Der Wertphilosophie[343] kommt eine Legitimationsfunktion zu;[344] sie führt zur Widerlegung der naturwissenschaftlichen Faktizität des

---

337 *Wapler* (2008), S. 37 f., 42 f., 155 f.; *Lepsius* (1994), S. 333; *Dreier/Paulson* (1999), S. 13, 237; *von der Pfordten*, JZ 2010, 1024, 1026; instruktive Abb. bei *Kaufmann/von der Pfordten*, S. 82; diff. *Ziemann* (2009), S. 105 f.; zum Ursprung des Sein-Sollen Gegensatzes bei Kant *Loos* (1970), S. 36 ff. – Radbruch selbst hat daraus allerdings mit der weiteren Kategorie des Rechts als „Kulturerscheinung" einen Methodentrialismus und damit seine Rechtsphilosophie zu einer „Kulturphilosophie des Rechts" gemacht (vgl. *Dreier/Paulson* (1999), S. 6 mit Fn. 2, 25; S. 237 f.; *Wapler* (2008), 155, 194 f., 201 f.).

338 *Wapler* (2008), S. 43, 157.

339 O. Fn. 315.

340 *Wapler* (2008), S. 26 f. (z.B. str., ob der einzelne Mensch oder die Gemeinschaft als oberster Zweck des Rechts angesehen werden sollen), 31 (absolutistisches Wertverständnis bei Windelband, Rickert und Lask vs. relativistisches bei rechtsphilosophischen Neukantianern, insbes. Radbruch, s. folg. Fn.), 41 ff. (Wertlehre des südwestdt. Neukantianismus zwischen Metaphysik und Relativismus); auch *Ziemann* (2009), S. 71 ff. (objektiver u. absoluter Anspruch von eigentlich subjektiv u. relativ erscheinenden Wertungen); diff. zu Windelband und Rickert hinsichtlich des Sein-Sollen Gegensatzes *Loos* (1970), S. 39 ff.; allg. *Braun* (2001), S. 6 (Anerkennung eines Wertbezugs und der Gerechtigkeit als Ziel des Rechts).

341 *Wapler* (2008), S. 160 f. (Radbruch, Kelsen als Vertreter eines strikten Wertrelativismus gg. die überwiegende Zahl der von der absoluten Werttheorie Windelbands und Rickerts beeinflussten Rechtsphilosophen, etwa Stammler und auch M.E. Mayer); zu Radbruch insoweit auch *Ziemann* (2009), S. 86 m.w.N.; zu Jellineks Wertrelativismus *Wapler* (2008), S. 165 ff.

342 *Wapler* (2008), S. 47 f.; auch *Wiegand* (2014), S. 224.

343 Zur „Wertwissenschaft" des südwestdeutschen Neukantianismus *Ziemann* (2009), S. 82 ff.

344 Ausführlich *Ziemann* (2009), S. 70 ff.; zur wertbezogenen (und wirklichkeitsbezogenen) strafrechtlichen Begriffsbildung *Mittasch* (1939), S. 3 f.

Rechts.[345] Schließlich ist der Neukantianismus *Kulturphilosophie* insofern, als Kultur den (normativen) Gegenbegriff zur Natur bildet und die Wertbeziehung des Neukantianismus („wertbeziehende Kulturwissenschaft") herstellt.[346] Die Wertbeziehung war auch prägend für den strafrechtlichen Neukantianismus, denn ihm ging es um die Ersetzung des positivistisch-naturalistischen durch ein wert- und zweckorientiertes Strafrechtsdenken,[347] welches im Übrigen bis heute in Form des zweckrationalen bzw. funktionalen Strafrechtssystems eine dominierende Rolle spielt.[348]

Was den von Zaffaroni genauer rezipierten (schon oben behandelten)[349] *Schwinge* angeht, so war dieser zwar – als Schüler des neukantianisch geprägten Strafrechtlers Max Grünhut[350] (der, wie oben erwähnt, von den Nazis aus dem Amt entfernt wurde) – zunächst in seiner teleologischen Begriffsbildung neukantianisch (werttheoretisch) beeinflusst,[351] hat sich dann aber spätestens 1934 mit seiner, zusammen mit Zimmerl veröffentlichten, Schrift[352] dem konkreten Ordnungsdenken im Sinne Schmitts zu-

345 Vgl. *Wolf* (1933), S. 27 (Wiederentdeckung des Rechts „als einen Wert ... und ... nicht bloß als Faktum ..."); zum (Rickert'schen) Neukantianismus als Komplementärtheorie des Positivismus (Empirismus) *Welzel* (1962), S. 190 (Jaensch zitierend); *Loos* (1970), S. 4.

346 Vgl. *Mittasch* (1939), S. 3, 18 f., 22 f. (Wertbeziehung als Ausdruck des „spezifisch kulturwissenschaftliche[n] Charakter[s] der Rechtswissenschaft" [3]); *Ziemann* (2009), S. 56 ff. (Kultur als Vorgabe und Aufgabe). Die „wertbeziehende Kulturwissenschaft" wird von Lask auf das Recht übertragen (ebd., S. 63 ff.) und spielt auch bei Radbruch (Methodentrialismus, o. Fn. 337) eine wichtige Rolle (ebd., S. 65 ff., 101 f.). Zum wertbezogenen, kulturwissenschaftlichen Denken im Rahmen der Rechtsgutslehre *Amelung*, in: Alexy (2002), S. 363, 365 ff.

347 Und zwar seit Liszt, vgl. *Mittasch* (1939), S. 20 ff., 84 ff.; auch *Ziemann* (2009), S. 143.

348 Zusf. m.w.N. *Roxin* (2006) § 7 Rn. 26 ff.; *Jakobs* (1993), S. VII f. („(Re-)Normativierung der Begriffe"), 5 f. (inhaltliche Bestimmung der strafrechtlichen Begriffen von den Aufgaben des Strafrechts, insbes. der generalpräventiven Normbestätigung); auch *Schünemann*, in: ders. (1984), S. 45 ff. (Roxin'sche Zuordnung der Systemstufen im Verbrechensaufbau „zu einzelnen Leitwerten als „fruchtbare[r] Fortentwicklung des im Wertrelativismus versandeten Neukantianismus" [47], das „zweckrationale Systemdenken" als „Fortentwicklung des Neukantianismus" [51]; „frappierende Renaissance" der Begriffsbildungstheorie des Neukantianers Lask durch Jakobs [54]).

349 O. 2. mit Fn. 252 u. Haupttext.

350 Zu seiner neukantianischen Prägung *Ziemann* (2009), S. 115 ff.

351 Vgl. *Cohn* (1973), S. 2 (Einfluss von Windelband u. Rickert); *Wapler* (2008), S. 151 f., 211 (Einfluss von Lask); zu Schwinges teleologischen Rechtsgutsbegriff *Amelung* (1972), S. 133 f., 134 ff. (krit.).

352 O. 2. mit Fn. 253 ff. u. Haupttext.

gewendet,[353] seinen Rechtsgutsbegriff nationalsozialistisch aufgeladen[354] und den neukantianischen Methodendualismus verworfen.[355] Insoweit bestand eine Übereinstimmung mit der von ihm bekämpften Kieler Schule und zwar nicht nur hinsichtlich deren Gegnerschaft zum Neukantianismus,[356] sondern auch hinsichtlich der „unzweifelhaft klaren nationalsozialistischen Grundhaltung,"[357] weshalb man durchaus von einem (methodischen) „Scheingefecht" zwischen Schwinge und den Kielern sprechen kann.[358] Demgegenüber erklärt sich der Niedergang des Neukantianismus in den 1930er Jahren bei zunehmender Stärke der NS-Bewegung, ganz anders also von Zaffaroni insinuiert, aus seiner weltanschaulichen Neutralität,[359] für die es eben in Zeiten völkisch-rassistischer Präpotenz keinen Raum mehr gab.

Was die *teleologische Begriffsbildung* angeht, so wurde diese bekanntlich nicht nur von nationalsozialistisch orientierten Neukantianern, sondern schon vorher von den (jüdischen) Opfern (Grünhut,[360] Honig[361]) nationalsozialistischer Verfolgung vertreten.[362] Dies ist keineswegs überraschend, denn teleologische Begriffsbildung ist nichts anderes als die Konsequenz der neukantianischen, wertbezogenen Vor- und Umformung der strafrechtlichen Begriffe.[363] Als solche existiert sie bis heute im zweckrationalen Strafrechtssystem[364] und ist anerkannte Auslegungsmethode.[365] Was die

353 O. 2. mit Fn. 270 ff.

354 O. 2. mit Fn. 286 u. Haupttext. Krit. auch *Amelung* (1972), S. 139, 229.

355 *Schwinge/Zimmerl* (1934), S. 47 in fine, 58 (für Übereinstimmung von Recht u Ethik, „keine Gegensätze"); s. aber auch ebd., S. 50 (gg. völlige Übereinstimmung). Zu ihm auch *Wapler* (2008), S. 254.

356 Z.B. *Schaffstein*, ZStW 56 (1937), 105 („... neueste Entwicklung im Zeichen der Abkehr von" Wertphilosophie der südwestdeutschen Schule), 106 („vom Neukantianismus zu einer teils phänomenologisch, teil hegelianisch beeinflußten Begriffsbildungslehre ...", neukantianische Dogmatik mit teleologischer Begriffsbildung, abstrakter Tatbestandslehre, materieller Rechtswidrigkeit u. normativer Schuld als „bereits überwundenes Durchgangsstadium").

357 *Wolf*, DRWis 4 (1939), 172.

358 *Garbe* (1989), S. 28; s. schon o. 2. mit Fn. 264.

359 *Ziemann* (2009), S. 130 ff. (130).

360 Zu Grünhut insoweit m.w.N. *Ziemann* (2009), S. 116 f.

361 Vgl. *Honig* (1919). Zu ihm insoweit auch *Ziemann* (2009), S. 118 mit Fn. 625 („der eigentliche Begründer der ‚teleologischen Begriffsbildung'"); zu seinem Rechtsgutsbegriff *Amelung* (1972), S. 130 ff., 134 ff. (krit.).

362 Zu Stammlers teleologischer Betrachtungsweise *Ziemann* (2009), S. 101.

363 Zu dieser *Mittasch* (1939), S. 30 f.; *Ziemann* (2009), S. 135 ff.

364 O. Fn. 348.

365 Vgl. etwa *Zippelius* (2012), § 10 II.

von Zaffaroni ferner in Bezug genommen „Marburger Schule" angeht, so identifiziert er augenscheinlich Schwinge mit dieser. Von ihren o.g. Hauptrepräsentanten wurde aber nur Stammler von den Nationalsozialisten vereinnahmt,[366] Cohen hingegen schon wegen seiner jüdischen Abstammung bekämpft;[367] Stammlers Schulzugehörigkeit wiederum wird – nicht zuletzt wegen seines Gegensatzes zu Cohen – bestritten.[368] Die linksliberalen, rechtsphilosophisch orientierten Neukantianer[369] nennt Zaffaroni schließlich nur en passant und nicht vollständig.[370] Die meisten von ihnen waren die Verlierer und Opfer der NS-Machtübernahme,[371] während sich andere Neukantianer mit dem Regime arrangierten oder es aktiv unterstützten.[372] Zu diesen gehören Dahm (Schüler von Radbruch) und auch Erik Wolf (Schüler von Lask),[373] die Zaffaroni aber in anderem Zusammenhang nennt; auf sie werden wir in Kap. V und VI zurückkommen. Alles in allem ist damit Zaffaronis Vorwurf gegenüber dem Neukantianismus viel zu pauschal; die erforderliche gründliche Untersuchung der von ihm genannten (oder anderer „neukantianischer") Autoren mit Blick auf einen eventuellen Beitrag zum Nationalsozialismus unterbleibt.

---

366 Vgl. *Müller* (1994), S. 9 f. m.w.N.

367 Vgl. etwa *Riecke* (1935), S. 11 ff., der die Distanz des (Marburger) Neukantianismus zum NS-Rassismus schon darin begründet sieht, dass Cohen, als „Hauptvertreter dieser Richtung", Jude sei und „in seiner Systematik eine Philosophie" verfolge, „die aus der psychologischen Grundhaltung des Judentums stammt und von ihm selbst in seiner Ethik als Höhepunkt des geistigen Lebens proklamiert wird." (ebd., S. 11) In der Sache ist aber Cohens Erkenntnistheorie – Sein als „das Sein des Denkens" – mit dem NS-Rassismus schon deshalb unvereinbar, weil dieser das „Sein des Denkens" nicht als erschöpfend betrachten kann, sondern ihm Wert und echtes Leben hinzufügen muss (dazu ebd. S. 13 f.).

368 Vgl. *Müller* (1994), S. 3 („Schulzugehörigkeit ... verneint"), 8 ff. („vermeintliche Abkehr") m.w.N.

369 Die Nähe zum demokratischen Sozialismus, insbesondere der Marburger Richtung, betont *Lepsius* (1994), S. 305 f.

370 *Zaffaroni* (2017), S. 169, wo er Radbruch, M.E. Mayer, Grünhut, Freudenthal, Goldschmidt und H. von Weber, aber etwa nicht Kelsen, nennt.

371 *Ziemann* (2009), S. 131 nennt als strafrechtliche Neukantianer insoweit Grünhut, Radbruch und Honig.

372 *Ziemann* (2009), S. 132 nennt als strafrechtliche Neukantianer insoweit E. Wolf, Schwinge und Mezger (obwohl dieser von ihm selbst gar nicht zu den Neukantianern gezählt wird, o. Fn. 324).

373 Wolf war nach *Amelung*, in: Alexy (2002), S. 369 der „'shooting star' der neukantianischen Strafrechtswissenschaft".

4. Kollektivismus und materiale Wertlehren als Wegbereiter des NS-Strafrechts?

In der Sache liegen die Dinge viel komplizierter. Zwar lässt sich eine gewisse Nähe des absolutistischen Wertverständnisses und kollektivistischen Ansatzes der südwestdeutschen Schule zu totalitären Ideologien ausmachen,[374] zumal sich mit Rickert auch einer ihrer bedeutendsten Vertreter dem Nationalsozialismus zugewandt hat;[375] doch lässt sich daraus keine lineare Entwicklung vom Neukantianismus zum NS-Regime ableiten, und zwar mindestens aus zwei Gründen. Zum einen präjudiziert die Art des Wertverständnisses nicht den Inhalt der propagierten Werte wie auch Wertabsolutismus/Kollektivismus von zahlreichen Vertretern des juristischen Neukantianismus abgelehnt wurden. So hat insbesondere Radbruch einerseits einen Wertrelativismus bzw. -pluralismus vertreten[376] und andererseits die Gerechtigkeit als Ausdruck der Rechtsidee zum obersten Zweck des Rechts erklärt.[377] Zum anderen sind die (methodischen) Grundannahmen des Neukantianismus, insbesondere der Methodendualismus, nicht mit

---

374 Vgl. etwa zur völkischen „Staatsidee“ als Endpunkt des wertbezogenen Strafrechtsbegriffs *Mittasch* (1939), S. 4, 25 f., der i.Ü. fest auf dem Boden des NS-Rechts steht (s. etwa seinen Hinweis auf „Jude“ im Nürnberger Blutschutzgesetz als deskriptiver Begriff [S. 50] und seine Anerkennung nationalsozialistischer Reformbemühungen [S. 100]); *Riecke* (1935), S. 11 sieht sogar die südwestdeutsche Schule, im Gegensatz zum Marburger Neukantianismus, „ohne weiteres mit der Problematik des Rassegedankens“ vergleichbar, weil sie „durch irrationale Seinselemente“ bestimmt sei; krit. auch *Cattaneo* (2001), S. 222, 225 (neukantianisches Wertverständnis des Rechtsguts als Abkehr vom liberalen Rechtsgutsverständnis). Zur Nähe von Radbruchs Transpersonalismus (1932, S. 54 ff. [*Dreier/Paulson* (1999), S. 58 ff.]) zur NS-Ideologie s. *Wiegand* (2014), S. 187 ff.; krit. *Wapler* (2008), S. 229 f. Radbruchs Wertrelativismus/-pluralismus (u. Fn. 376) und sein Begriff der Rechtsidee (u. Fn. 377) sprechen jedenfalls gegen totalitäre Tendenzen.

375 *Wapler* (2008), S. 32, 140 ff.

376 In seiner Rechtsphilosophie betont *Radbruch* (1932) schon im Vorwort (S. VI [zit. nach *Dreier/Paulson*, 1999, S. 3 f.]), dass gegen den aufkommenden Irrationalismus an Rationalismus und Relativismus („als gedankliche Voraussetzung der Demokratie“) festgehalten werden müsse; näher zum Relativismus dann ebd., S. 10 ff. [17 ff.].

377 *Radbruch* (1932), S. 30 [zit. nach *Dreier/Paulson*, 1999, S. 34] („Die Idee des Rechts kann nun keine andere sein als die Gerechtigkeit.“), 32 [37] („Recht ist die Wirklichkeit, die den Sinn hat, der Gerechtigkeit zu dienen.“), wobei „Gerechtigkeit in solchem Sinne Gleichheit“ bedeute (S. 30 [35]) und im Übrigen die Rechtsidee als Trias von Gerechtigkeit, Zweckmäßigkeit und Rechtssicherheit zu verstehen sei (§§ 7-10); dazu auch *Dreier/Paulson* (1999), S. 239.

dem Nationalsozialismus vereinbar.[378] So stellte Radbruch schon 1933 fest, dass die Unterscheidung von Recht und Moral für den Nationalsozialismus „ein bloßes liberalistisches Vorurteil" sei.[379] Lepsius äußerte 1994, dass der Neukantianismus „für die Entstehung des Nationalsozialismus nicht verantwortlich gemacht werden kann",[380] denn wer „Kantianer war, konnte nicht Nationalsozialist werden."[381] Das ist zwar insofern ein *overstatement*, als die nationalsozialistische Hinwendung bedeutender Neukantianer (wie Rickert und Stammler) zeigt, dass es mehr als eines methodisches Bekenntnisses bedarf;[382] doch bleibt die Grundaussage der Unvereinbarkeit der Grundannahmen des Neukantianismus – Wertrelativismus und Methodendualismus – mit dem Nationalsozialismus richtig.[383] Aus NS-Sicht blieb die ursprüngliche (relativistische) neukantianische Normativierung im Positivismus der existierenden Werte stecken; deshalb war eine darüber hinausgehende (absolutistische) Orientierung an den neuen nationalsozialistischen Wertungen notwendig.[384] In der Tat, der nationalsozialistische *turn* Schwinges von einer ursprünglichen neukantianischen Position einerseits

378 Gegen den Methodendualismus bzw. das Trennungsdenken haben sich NS-Autoren explizit gewendet und stattdessen eine Ethisierung gefordert, vgl. schon o. Kap. II 2. mit Fn. 137 sowie u. Kap. V 3. mit Fn. 476. Allerdings bestand auch insoweit Kontinuität zu früheren Auffassungen, s. etwa schon *Liszt*, ZStW 27 (1907), 91 (für eine „Synthese zwischen dem Seienden und dem Seinsollenden" als dem Kern einer „normativen Wissenschaft" u.a. gegen so unterschiedliche Neukantianer wie Windelband, Rickert, Radbruch und Stammler).

379 *Radbruch* (1933/1957), S. 74.

380 *Lepsius* (1994), S. 304.

381 So *Lepsius* (1994), S. 341.

382 Zu Rickert insoweit *Wapler* (2008), 258, die u.a. daraus folgert, dass eine „bestimmte erkenntnistheoretische Auffassung … offenkundig noch keine Immunität gegen totalitäres Gedankengut" verleiht; zu weiteren Gegenbeispielen *von der Pfordten*, ARSP 82 (1996), 593.

383 Vgl. insoweit *Lepsius*' Untersuchung (1994, S. 335 ff. [341]) zu Launs Volksbegriff, der sich zwar in Inhalt und Funktion nicht vom NS-Volksbegriff unterschied, aber am Methodendualismus festhielt und damit nicht das nationalsozialistische seinshafte Wirklichkeitsverständnis mit der Konsequenz gegensatzaufhebender Begriffsbildung übernahm. Insoweit Lepsius grds. zust. *Wapler* (2008), S. 258; *von der Pfordten*, ARSP 82 (1996), 593. Vgl. auch zum Marburger Neukantianismus *Müller* (1994), S. 9, der darauf hinweist, dass wegen der NS-Aversion „gegen das Denken im kritischen Geiste Kants" die Marburger insgesamt „von den Nationalsozialisten geächtet wurden". Zur Gegnerschaft des antiliberalen Denkens zum südwestdt. Neukantianismus wegen dessen apolitischen Relativismus *Marxen* (1975), S. 170 f.

384 Vgl. grdl. *Schaffstein* (1934), S. 11 ff. (krit. zur wertbezogen-teleologischen Methode des südwestdeutschen Neukantianismus [11], der es mit ihrem „ethischen

und die durchgängige NS-Opposition Radbruchs andererseits bestätigen die Vermutung, dass eine wertrelativistische, weltanschaulich neutrale Position (wie sie immer Radbruch eingenommen hat)[385] demokratieaffiner bzw. diktaturfeindlicher ist als eine wertabsolutistisch-ethisierende Position (wie sie von Schwinge eingenommen wurde).[386]

So ist denn auch in der weiteren Entwicklung zwischen dem (ursprünglich) formalen, erkenntnistheoretisch ausgerichteten Neukantianismus und den daraus hervorgegangenen,[387] seit den 1930er Jahren herrschenden[388] materialen, phänomenologisch ausgerichteten *Wert- bzw. Seinslehren* im Sinne eines Max Scheler[389] und Nicolai Hartmann[390] zu unterscheiden.[391] Diese können durchaus als rechtsphilosophischer Ausgangspunkt

---

Relativismus" nicht gelingen könne, zu den „richtigen Werten" vorzustoßen [12] und die „eine echte und bewußte politische Wertung" unterlassen habe [13]; stattdessen Orientierung an den neuen völkisch-rassistischen Wertungen des totalitären NS-Staates samt Führerprinzip [18 ff., 23 ff.]).

385 Daran ändert auch die kritisch-differenzierte Würdigung („Relativierung") des sog. „Entwurf Radbruch" zu einem Allgemeinen deutschen StGB von 1922 durch *Goltsche* (2010), S. 367 ff. (396) nichts (s. krit. auch *Vormbaum* (2011), S. 17 ff.). Ihre durchaus zutreffende Kritik, insbesondere an der (Liszt'schen) täterstrafrechtlichen Subjektivierung des Entwurfs mit gesinnungsstrafrechtlicher Tendenz und der besonders strengen Behandlung der sog Gewohnheitsverbrecher (*Goltsche*, a.a.O., S. 370 ff., 385, 391, 395 f.) ist auf Radbruchs Beeinflussung durch seinen Lehrer Liszt, aber auch auf realpolitische Faktoren zurückzuführen (vgl. auch ebd., S. 7 f., 387 ff.), die an der wertrelativistischen, weltanschaulich neutralen und damit grundliberalen Position Radbruchs nichts ändern.

386 Welzel hat dies bekanntlich anders gesehen und den Radbruch'schen Relativismus gerade deshalb kritisiert, weil er „zwangsläufig" „zur Auslieferung des Rechts an die Macht" führe (*Welzel*, 1962, S. 188, 252).

387 *Amelung* (1972), S. 226 u. passim spricht insoweit von nach-neukantianischen Lehren bzw. Lehren, die „den Neukantianismus ablösten" (S. 224); *Wapler* (2008), S. 24, 27, 243 spricht von einer Hinwendung bzw. Übergängen zu materialen Seinslehren.

388 *Wapler* (2008), S. 162.

389 *Scheler* (1916); *Scheler* (1919).

390 *Hartmann* (1926).

391 Diese Unterscheidung betont auch *Schmitt*, FS Forsthoff, 1967, S. 37 (44, 49); ebenso *Wiegand* (2014), S. 79 f. (südwestdeutschen Neukantianismus „keine Wert*ethik*" [„unzulässige Ethisierung"], sondern „eine Philosophie der *theoretischen Geltung*" [Herv. im Original]); bzgl. der metaphysikkritischen Grundhaltung des (skandinavischen) Neukantianismus (allerdings nur Verweis auf Hageström) *Lindner* (2017), S. 29.

oder Grundlage des Nationalsozialismus betrachtet werden,[392] denn sie haben den neukantianischen Formalismus und seine weltanschauliche Neutralität gerade bekämpft[393] und stattdessen die (nationalsozialistische) Verschmelzung von Sein und Sollen – mit der Konsequenz der Durchdringung bzw. Orientierung des Sollens von bzw. an der Wirklichkeit (an den konkreten Volks- und Lebensordnungen)[394] und gegensatzaufhebender Begriffsbildung[395] – sowie die Ethisierung und metaphysische Vergeistigung des (Straf-)Rechts[396] propagiert. Gegen ihren Irrationalismus wiederum aber hat sich gerade – der von Zaffaroni als Hauptvertreter eines nationalsozialistischen Neukantianismus angeführte – Schwinge gewendet.[397] Gleichwohl wird man immerhin sagen können, dass der *absolutistisch-kol-*

---

392 Zur NS-Tendenz der Wertlehren etwa *Amelung* (1972), S. 141 („Hypostasierung des güterkonstituierenden Werturteils"), 224 (gefährlicher für Demokratie als „der neukantianische Relativismus"), 226 ff. (gemeinsamer „Kampf gegen das naturalistische und (formal-)liberale Dogma vom Verbrechen als kausaler Rechtsgutsverletzung" [226], Legitimation „an völkischen Kulturwerten..." [227]); *Wapler* (2008), S. 243 ff.; auch *Frommel*, JZ 2016, 913 (Begünstigung und Erleichterung des Nationalsozialismus, aber keine Nachweise); zum Irrationalismus der Lebensphilosophien (Bergson, Nietzsche, Dilthey) als Voraussetzung der antiliberalen Strafrechtswissenschaft *Marxen* (1975), S. 18, 47 ff. – S. auch den Streit zur phänomenologischen Grundlage der Kieler Lehren bei *Schwinge/Zimmerl* (1934), o. 2. mit Fn. 256 ff. u. Haupttext und dagegen *Dahm* ZStW 57 (1938) 225, 285, u. Kap. V 2. mit Fn. 468 ff. u. Haupttext.

393 Vgl. *Ziemann* (2009) S. 133 („Kritik am neukantianischen Formalismus und ... Hinwendung zu einem ontologisch vorgegebenen Material", auf Welzel bezugnehmend); auch *Marxen* (1975), S. 55, 170 f („schwächliche[r] Relativismus" des Neukantianismus).

394 *Wapler* (2008), S. 243; zur NS-Bekämpfung des Methodendualismus auch ebd., S. 32, 249 f., 258.

395 *Lepsius* (1994), S. 146 ff. u. passim (dialektische Aufhebung der natürlichen und geistigen Elemente eines Begriffs, von Sein und Sollen, Wirklichkeit und Wert auf einer höheren begrifflichen Ebene sowie von realen Gegensätzen wie zwischen Individuum und Volk auf einer höheren realen Ebene, etwa dem Führerwillen als Ausdruck des Volkswillens [E.R. Huber], so dass die Begriffe „als Verkörperung einer werthaften Wirklichkeit" erscheinen [149, 153], also die normative zur realen „Werthaftigkeit" als neuer Wirklichkeit wird [153 f.]).

396 Zur inhaltlichen Transformation des (ursprünglich formalen) Wertbegriffs insoweit *Ziemann* (2009), S. 138 ff. („Transformation des wertbeziehend-formalen ... zu einem wertverwirklichend-materialen Wertbegriff" [141]); auch *Vogel* (2004), S. 72 (sozialethische Aufladung von Kulturgütern im wertbeziehenden Denken). S. aber auch *Cattaneo* (2001), S. 237 f., der das Ethikverständnis Hartmanns in schroffem Gegensatz zum NS-Verständnis sieht.

397 O. 2. mit Fn. 253 ff., 290 ff. u. jeweils Haupttext. Krit. auch *Mittasch* (1939), S. 17 f.

lektivistische Wertbegriff des südwestdeutschen Neukantianismus den Keim der materialen Wertlehren in sich getragen hat[398] und der Kollektivismus als deren zentrale Grundlage totalitären Tendenzen wie denen des Nationalsozialismus Vorschub leistet, denn ein kollektivistischer Ansatz impliziert gerade die Lösung von Konflikten zwischen Individuum und Kollektiv auf der höheren Ebene der kollektiven Einheit zu Lasten des Individuums.[399] Andererseits ist zu berücksichtigen, dass der Übergang von dem neukantianischen Wertbegriff zu den materialen Wertlehren und von diesen zum Nationalsozialismus keineswegs zwingend oder linear war.[400] Das zeigen unzählige Beispiele, nicht zuletzt die wegen ihrer jüdischen Herkunft verfolgten Denker,[401] aber vor allem ergibt es sich aus der schon angesprochenen methodischen Differenz zwischen diesen Lehren und dem (juristischen) Neukantianismus, insbesondere in seiner wertrelativistisch-pluralistischen Variante (Radbruchs), die einer autoritären Verabsolutierung bestimmter Werte oder einer bestimmten Weltanschauung diametral entgegensteht.[402]

---

398 S. auch *Wapler* (2008), S. 245 („Übergang zu materialen Seinsphilosophien im südwestdeutschen Neukantianismus bereits vorbereitet"), die im Folgenden (S. 246 ff.) „markante Beispiele" für diesen Übergang vorstellt, nämlich die Wendung zum Neuhegelianismus bei Erich Kaufmann u. Binder sowie Sauers Theorie von den Wertmonaden. Weiter kann hier auch Erik Wolf genannt werden, der im Jahre 1933 die „Wert- und Wirklichkeitsbetrachtung" des neuen Strafrechtssystems u.a. südwestdeutsch-neukantianisch begründet hat und dabei übergangslos auf die Phänomenologie Husserls und Heideggers Bezug genommen hat, mittels derer sich die neukantianische „Einsicht [der Eigenständigkeit des Rechts ggü. der Naturwissenschaft] über das Methodologische hinaus" durchgesetzt habe (*Wolf* (1933), S. 27 f., 32; zu dieser Schrift näher u. Kap. VI 1. mit Fn. 618 ff. u. Haupttext).

399 Vgl. auch *Wapler* (2008), S. 259.

400 Vgl. auch *Wapler* (2008), S. 249 („nicht zwangsläufig", aber „Wendung zum Nationalsozialismus … aus der Sicht eines nationalkonservativen Kollektivismus … durchaus naheliegend …").

401 *Wapler* (2008), S. 249 nennt insoweit den Neuhegelianer Erich Kaufmann. Bei anderen, etwa Binder und Sauer, war die NS-Unterstützung nicht vorbehaltlos; Binder etwa hielt an der Achtung des Individuums fest, vgl. *Wapler* (2008), S. 250 ff.; krit. zu Sauer aber *Jiménez de Asúa* (1947), S. 92 ff. Andererseits wenden sich die Kieler, einschließlich Dahm (Schüler Radbruchs!), gegen den Neukantianismus im Allgemeinen und die teleologische Begriffsbildung im Besonderen, vgl. schon o. 3. mit Fn. 356 (zu Schaffstein) u. *Wapler* (2008), S. 253 f.

402 Die Kehrseite des Relativismus ist sein Mangel menschen-/grundrechtlicher Begrenzung „unrichtigen Rechts", was bekanntlich zu Radbruchs naturrechtlicher „Wende" geführt hat, dazu u. Fn. 419 ff. mit Haupttext.

Die klassische Kritik an der Wertbegründung des Rechts,[403] nämlich als Kritik gegen die rein intuitive, inter-subjektiv nicht nachvollziehbare Begründung von Werten, die letztlich zu einer irrationalen „Tyrannei der Werte"[404] über das Recht führe,[405] bzw. jüngst als Kritik an einer metaphysischen Rechtswissenschaft, die ideologisch aufgeladenen, substanzontologischen Wahrheiten bzw. Richtigkeitsurteilen das Wort rede,[406] richtet sich denn in der Sache auch und vor allem gegen die materialen Wertlehren. Dabei darf allerdings nicht übersehen werden, dass die Bedeutung von Werten und Wertungen für eine Rechtsordnung schlechterdings nicht bestritten werden kann und in der Tat unvermeidbar ist.[407] Im Kern geht es um eine methodische Kritik, der mit einer Offenlegung und Explikation der jeweiligen Bewertungsgrundlagen begegnet werden kann;[408] diese ergeben sich in einem demokratischen Rechtsstaat aus seiner liberalen, durch die Rspr. konkretisierten Verfassung (Strafverfassungsrecht!). Rationale, intersubjektiv und diskursiv vermittelte sowie verfassungsrechtlich verankerte Wertbegründung trifft damit die gegen die materialen Wertlehren gerichtete Kritik nicht.[409] Es entbehrt zudem nicht einer gewissen Iro-

---

403 *Bockenförde*, in: Dreier (1990), S. 33 ff.

404 Der Begriff stammt von *Hartmann* (1926), S. 524. Von ihren Kritikern wurde er allerdings gegen sie gewendet, vgl. etwa *Schmitt*, FS Forsthoff (1967), S. 59.

405 Vgl. *Bockenförde*, in: Dreier (1990), S. 41 ff. (Wertdenken fehle „eine rationale, auf diskursive Vermittlung angelegte Grundlage…", so dass es „die Schleuse für das Einströmen methodisch nicht kontrollierbarer subjektiver Meinungen und Anschauungen der Richter und Rechtslehrer sowie der vorherrschenden zeitigen Tageswerte und -wertungen der Gesellschaft" in das Recht führe [S. 41]); in diesem Sinne etwa *Mittasch* (1939), S. 32 f. („ … wertbeziehende Rechtswissenschaft nicht nur verstandesmäßig, sondern zugleich auch 'gefühlsmäßig-kasuistisch' …", weil „Werte und ihre relative Geltung … nicht bis ins letzte rational erfaßbar.").

406 *Lindner* (2017), S. 4 ff., 181 (metaphysische Versuchung als Durchsetzung außerrechtlicher Wert-, Moral- und Gerechtigkeitsvorstellungen durch organisierte Machtstrukturen, etwa in NS-Zeit, weshalb eine metaphysische Selbstbeschränkung vonnöten sei).

407 Zutreffend *Starck*, in: Dreier (1990), S. 47 ff.

408 Vgl. etwa *Starck*, in: Dreier (1990), S. 51 ff., der als Richtigkeitskriterien die intersubjektive Anerkennung in empirisch-historischer und rechtsvergleichender Sicht sowie anthropologische Grundannahmen vorschlägt.

409 Vgl. auch *Starck*, in: Dreier (1990), S. 49.

nie, wenn gerade Carl Schmitt[410] und Ernst Forsthoff[411] als Kritiker einer Wertbegründung des Rechts auftreten oder angeführt werden,[412] handelt es sich dabei doch um Autoren, die für die nationalsozialistische Tyrannei und Verabsolutierung der Werte durch ihre rechtstheoretische Absicherung mitverantwortlich waren.[413]

Es hieße aber das Kind mit dem Bade ausschütten, wenn man jegliche Wertbegründung des Rechts wegen der nationalsozialistischen „Tyrannei der Werte“[414] a limine verwerfen wollte.[415] Die angesprochenen (pluralistischen) Werte des liberalen Verfassungsstaates etwa, insbesondere Menschenwürde, Gerechtigkeit und materielle Gleichheit, können durchaus menschenrechtsfeindlichen und totalitären Tendenzen ein normatives Programm entgegensetzen.[416] Ein solches Programm stellt eine notwendige Ergänzung des Positivismus dar, denn wenn auch dieser allein die deutschen Juristen nicht gegen das NS-Unrecht wehrlos gemacht hat,[417] so bedarf es doch der normativ-menschenrechtlichen Begrenzung „unrichtigen

410 *Schmitt*, FS Forsthoff (1967), S. 37 ff. (49, 59 ff.). Zur eigenen Rolle schweigt Schmitt allerdings; zwar stellt er einen kritischen Bezug zur nationalsozialistisch-rassistischen Verabsolutierung des deutschen Volks als „Höchstwert“ (Hitler) her, aber eben so als ob ihn dies nichts anginge (S. 42).

411 *Forsthoff*, Festgabe Schmitt (1968), S. 185 (190, 209 f.), der vor der leichten „Auf-, Um- und Abwertung“ von Werten und damit von als solchen verstandenen Grundrechten warnt („Hätte der Nationalsozialismus 1933 die Grundrechte als Werte vorgefunden, dann hätte er sie nicht abzuschaffen brauchen“ [S. 190]) und die „materiale Aufladung des Rechts“ (S. 209) genau deshalb ablehnt (auf die „Ab- und Umwertungen“ des Jh. hinweisend [ebd.]); gg. ihn *Starck*, in: Dreier (1990), S. 50.

412 Bei *Bockenförde*, in: Dreier (1990), S. 34, 46.

413 Zutreffend insoweit *Robbers*, in: Dreier (1990), S. 162, 167 f. (auf Schmitts Verabsolutierung einzelner Werte und sein Freund-Feind-Denken hinweisend).

414 *Schmitt*, FS Forsthoff (1967), S. 37 ff.

415 Ebenso *Starck*, in: Dreier (1990), S. 50 („Weil sich die Wertungen, die Grundlagen des nationalsozialistischen Regimes waren, letztes Endes für jedermann erkennbar, als menschenverachtend herausgestellt haben, müssen wir nicht zur Fundamentalkritik aller Wertungen als Grundlagen des Rechts schreiten.“).

416 Zur entsprechenden menschenrechtlichen Wertorientierung der Rechtsvergleichung s. *Ambos*, RW 8 (2017), 247, 271 f.

417 Diese sog. **Positivismus- bzw. Wehrlosigkeitsthese** *Radbruchs* (SJZ 1 (1946), 105, 107) ist tatsächlich eine *Positivismus-Legende*, denn der Nationalsozialismus hat selbst den – ihn hemmenden – Positivismus bekämpft (vgl. schon o. Kap. II 2. mit Fn. 148 ff., 151 u. o. 2. mit Fn. 265 mit jeweiligem Haupttext) und sich zu seiner Überwindung vor allem auch die – in Teilen durchaus gesetzeskritische – Richterschaft durch Rückgriff auf ein rassisch-völkisch pervertiertes „Naturrechtsdenken“ dienstbar gemacht (o. Kap. II 1. mit Fn. 107 und o. 2. mit Fn.

Rechts". Dies gerade ist die Lehre aus Radbruchs Relativierung seiner auto-

---

273, 303, jeweils mit Haupttext); eine strikte Gesetzesbindung sollte nur bei NS-Gesetzgebung, insbesondere dem Führerbefehl, gelten (o. Kap. III mit Fn. 194 u. Haupttext). So ist heute auch anerkannt, dass sich die nationalsozialistische Willfährigkeit der deutschen Juristen der Kombination von „einem pervertierten Gesetzespositivismus ... und einem pervertierten 'Naturrechtsdenken'" verdankte (*Dreier/Paulson* (1999), S. 248; zust. *Braun*, JZ 2017, 454); vgl. auch *Marxen* (1975), S. 251 f. (Ablehnung strikter Legalität wegen materiellen Verbrechensbegriff und lediglich strikte Bindung an NS-Gesetzgebung/Führerbefehl); *Maus* (1989), S. 81 ff. (zwei falsche Voraussetzungen der Positivismusthese, nämlich Verkennung des Gesetzes- und hinreichend bestimmten Befehlscharakters der NS-Normen [S. 82 ff.] und Verkennung der antipositivistischen Tendenzen schon vor 1933 [S. 84 ff.], tatsächlich „Wertbindung" statt Gesetzesbindung [S. 92]); *Walther*, in: Dreier/Sellert (1989), S. 325 ff., 335 ff. (weder Gesetzes- noch Geltungspositivismus in Weimarer Republik, noch habe sich NS des geltungspositivistischen Arguments bedient); *Wapler* (2008), S. 255 ff. (kein Positivist wandte sich NS zu, NS Lehre war „radikal antipositivistisch" [S. 257]; nicht Positivismus, sondern Unfähigkeit bzw. Unwille der deutschen Juristen, das geschrieben Recht zu verteidigen, hat sie wehrlos gemacht [S. 257 f.]); *Foljanty* (2013), S. 19 ff. (antipositivistische „Richtung" seit 1. Weltkrieg in NS fortgesetzt); *Ott* (2016), S. 25 ff. (Wehrlosigkeitsthese „nachweislich falsch" [S. 27], denn Anti-Positivismus schon in Weimarer Zeit u. NS-Recht selbst antipositivistisch; Juristen mehrheitlich obrigkeitsstaatlich u. antiliberal); *Lindner* (2017), S. 181 (NS Ideologie habe Positivismus verabscheut u. NS-Recht war „metaphysisches Recht, aufgeladen durch außerrechtliche Substanzideologien, die sich mit Hilfe von Begriffen wie Blut, Volk, Rasse, Lebensunwert etc. ihren menschenverachtenden und -vernichtenden Weg gebahnt haben."); *Frommel*, JZ 2016, 913, 916, 919 f. (mit dem richtigen Hinweis auf den Positivismus als Feind des Nationalsozialismus). – Die Positivismus-Legende ist in der **Nachkriegszeit** einerseits von zahlreichen, dem NS-Regime nahestehenden Juristen kolportiert worden (zu Schwinge etwa s. *Garbe* (1989), S. 76 m.w.N.; s. auch *Welzel*, FS Niedermeyer (1953), S. 279 f., wonach „vor 20 Jahren [also 1933!] ... völlig unbestritten der Positivismus" „herrschte", das „Dritte Reich „den Rechtspositivismus beim Wort genommen", „mit der positivistischen Lehre ... wirklich Ernst gemacht" habe, weshalb „selbst ein Befehl zur Tötung aller blauäugigen Kinder gültig [gewesen] sei, wenn er nur vom Inhaber der höchsten Staatsgewalt ausgeht..."; *Dahm* (1956), S. 15, wonach „[A]uch" (!) im Völkerrecht „die Entwicklung ... vom Naturrecht zum Positivismus und vom Positivismus zum Naturrecht zurück" verlaufe; eingehend m.w.N. *Foljanty* (2013), S. 23 ff. (zwischen drei Strömungen unterscheidend); andererseits haben zahlreiche (ursprünglich nationalsozialistisch orientierte) Juristen ihren Kampf gg. den „Strohmann" Positivismus nachträglich zugleich zu einem Kampf gegen das NS-Rechtsdenken stilisiert und sich nach 1945 einer naturrechtlichen Erneuerung verschrieben, um damit ihre Verantwortung zu externalisieren bzw. ihre Schuld zu verschieben (*Walther*, in: Dreier/Sellert (1989), S. 350 mit Fn. 42 a.E.; eingehend zu dieser naturrechtlichen „Wendeliteratur", „Strohmann"-Positivismus und Externalisierung/Schuldverschiebung *Foljanty* (2013), S. 4 ff., 35 f., 37 ff.; krit. zum verbreiteritären, der Rechtssicherheit Vorrang einräumenden Geltungslehre des Rechts[418] durch seine berühmte Radbruch'sche Formel,[419] geht es doch dabei um die Begrenzung „unrichtigen Rechts" durch eine Hinwendung zum Individualismus[420] – der das wertrelativistisch-demokratische Element

---

ten Schweigen, „Netzwerken" und „Wendeliteraturen" *Frommel*, JZ 2016, 917 ff., 2017, 462 (insbesondere zu Welzel) sowie *Rüthers*, JZ 2017, 457 ff.; zur Entlastungfunktion der Positivismuslegende auch *Gross* (2010), Pos. 214). Die „Wehrlosigkeitsthese" wiederum machte Opfer der NS-Verfolgung wie Kelsen, Radbruch etc. zu Tätern (*Foljanty* (2013), S. 38 f.) und diente als Argument gegen die Bestrafung von Rechtsbeugung sowie zur Rehabilitierung der gesamten NS-Justiz (ebd., S. 76 ff. m.w.N.).

418 *Radbruch* (1932), S. 81 [*Dreier/Paulson*, 1999, S. 82] („Vermag niemand festzustellen, was gerecht ist, so muß jemand festsetzen, was Rechtens sein soll, und ... den Widerstreit entgegengesetzter Rechtanschauungen durch einen *autoritativen Machtspruch* ... beenden... Wer Recht durchzusetzen vermag, beweist damit, daß er Recht zu setzen berufen ist." [Herv. K.A.]) u. S. 83 [84] („Für den Richter ist es Berufspflicht, den Geltungswillen des Gesetzes zur Geltung zu bringen, das eigene Rechtsgefühl dem autoritativen Rechtsbefehl zu opfern, nur zu fragen, was Rechtens ist, und niemals, ob es auch gerecht sei."). Dazu *Dreier/Paulson* (1999), S. 245 f.; krit. (ausgerechnet!) *Welzel*, FS Niedermeyer (1953), S. 279 („in solchen Lehren ausgebildet" zogen „die deutschen Juristen ins »dritte Reich«") sowie *Bockenförde*, in Dreier (1990), 43 (wonach Radbruch „die deutschen Juristen" mit dieser „Orientierung" „in das NS-Regime entlassen" habe); krit. auch *Walther*, in: Dreier/Sellert (1989), S. 339 f. (weshalb die Positivismus-These Radbruch's zur „Selbstanklage" werde). Zu beachten ist aber, dass Radbruch an Rationalismus und Relativismus festhielt (o. Fn. 376) und schon vor 1933 mit seiner Orientierung an der Rechtsidee und Gerechtigkeit (o. Fn. 377) keinen rein positivistischen Rechtsbegriff vertreten hat (dazu *Wapler* (2008), S. 202 ff.; ebenso *Frommel* JZ 2017, 460, die die „relativistischen Grundlagen" Radbruchs betont).

419 *Radbruch*, SJZ 1 (1946), 105 (107) (Grenze des grundsätzlichen Vorrangs des positiven Rechts, wenn „der Widerspruch des positiven Gesetzes zur Gerechtigkeit ein so unerträgliches Maß erreicht, daß das Gesetz als ‚unrichtiges Recht' der Gerechtigkeit zu weichen hat."). Dazu m.w.N. *Dreier/Paulson* (1999), S. 247 ff.; *Wapler* (2008), S. 261 ff. (die im Übrigen von einer Kontinuität von Radbruchs Ansatz ausgehen); gg. eine naturrechtliche Wende Radbruchs ebenfalls *Frommel*, JZ 2016, 916 f.; dafür aber (auf Frommel replizierend) *Braun*, JZ 2017, 452 ff. (mit Gegenüberstellung von Radbruch Zitaten vor und nach 1945) und *Rüthers*, JZ 2017, 459; Duplik wiederum von *Frommel* JZ 2017, 460, 462, die lediglich eine „*persönliche* Wende" (Herv. im Original) bei Beibehaltung der früheren relativistischen (anti-positivistischen und anti-naturrechtlichen) Position anerkennen will. Interessanterweise hat auch der von Frommel für die naturrechtliche Auslegung verantwortlich gemachte Erik Wolf selbst eine „Ungebrochenheit" und „Kontinuität" im Werk Radbruchs ausgemacht (so *Hollerbach*, JZ 2017, 455, 456 f.).

der Radbruch'schen Lehre verstärkt – und durch die Anerkennung unveräußerlicher Menschenrechte.[421] So kann es auch nicht verwundern, dass sich das neukantianisch-wertbezogene Denken im Strafrecht der (Bonner und Berliner) Republik des Grundgesetzes gehalten hat.[422]

420 *Wapler* (2008), S. 264.; ebenso *Frommel* JZ 2017, 460 (Betonung der „Wichtigkeit einer individualistischen Position" nach 1945).

421 Vgl. *Wiegand* (2014), S. 194 ff. (Konkretisierung der Gleichheit durch Rückgriff auf Menschenrechte). – Der Rückgriff auf naturrechtlich begründete Menschenrechte war freilich in gewisser Weise die Kehrseite der o. Fn. 417 erwähnten Positivismus-Legende, weshalb es nicht verwunderlich ist, dass er sich auch bei eher NS-belasteten Autoren findet; vgl. insbes. *Dahm* (1956), S. 15, wo er für eine „erhöhte Bedeutung" der Menschenrechte im Rahmen eines „geschichtlich und kulturell relativierten Natur- und Kulturrechts mit wechselndem Inhalt" plädiert; auch *Welzel*, FS Niedermeyer (1953), S. 290 ff. (293 f.), wo er neben „sachlogischen Strukturen" (die allerdings den Gesetzgeber „nur relativ" binden [S. 293]) naturrechtlich-menschenrechtliche Maßstäbe (Kant'sche Objektformel, Menschenwürde) als „immanente Grenzen des positiven Rechts", „als immanente materiale Prinzipien, die kein staatlicher Befehl verletzen darf", anerkennt (bei seiner Kritik am Radbruch'schen Relativismus, o. Fn. 386, erwähnt Welzel aber Radbruchs Wende nicht); als unverdächtiger (nachgeborener) Autor *Amelung* (1972), S. 258 (Anerkennung der Kulturwertlehre als Schranke des NS-Terrorismus). Zur Verherrlichung nationalsozialistischer Aussagen durch eine „scheinbar heile[n] Naturrechtsphilosophie" *Eser*, in: Hilgendorf (2010), S. 77, 80 (auf den Öffentlichrechtler Günter Küchenhoff bezugnehmend).

422 Vgl. nur *Roxin* (2006), § 7 Rn. 27 (Ausarbeitung u. Weiterführung der „neukantianischen … Ansätze der Zwischenkriegszeit, die … in der Nazizeit verschüttet worden waren…"); dazu auch *Ziemann* (2009), S. 19; zu den bleibenden „Entdeckungen" *Vormbaum* (2015) S. 151 ff.

Kapitel V. Eigenständiges NS-Strafrecht durch die Kieler Schule

1. *Grundsätzliche Ausrichtung und Repräsentanten*

Die Kieler Schule wollte – in Überwindung jeglicher Relikte des aufgeklärten Liberalismus und in deutlicher Abgrenzung zum nationalsozialistisch aufgeladenen Neukantianismus der Marburger Schule – ein eigenständiges NS-Strafrecht entwickeln.[423] Sie wurde damit zur bedeutendsten strafrechtswissenschaftlichen Stütze des NS-Regimes.[424] Zaffaroni widmet ihr deshalb zu Recht drei Kapitel, in denen er i.W. die zentrale Lehre von der Pflichtverletzung[425] sowie den Weg zu einem einheitlichen Verbrechensbegriff („Deliktstypus") – über die Abschaffung der traditionellen (dreistufigen) Verbrechenslehre, insbesondere der Kategorien des Unrechts[426] und der Schuld[427] – darstellt.

Was zunächst die Kieler Schule selbst angeht, so beschreibt Zaffaroni sie – in Übereinstimmung mit der deutschen Forschung[428] – als Stoßtruppenfakultät.[429] Ihre strafrechtlichen Protagonisten waren Georg Dahm (1904-1963) und Friedrich Schaffstein (1905-2001). *Dahm*,[430] in Heidelberg 1927 bei Radbruch habilitiert, wurde schon 1933 NSDAP-Mitglied und machte eine beachtliche universitäre Karriere – wohl

---

423 Vgl. auch *Zaffaroni* (2017), S. 231.
424 *Zaffaroni* (2017), S. 171.
425 *Zaffaroni* (2017), S. 197 ff. (6. Kap.).
426 *Zaffaroni* (2017), S. 231 ff. (7. Kap.).
427 *Zaffaroni* (2017), S. 255 ff. (8. Kap.).
428 Vgl. nur *Eckert*, in: Säcker (1992), S. 37 ff. (37: „Experiment, eine ganze Fakultät … geschlossen in den Dienst der Ideologisierung und Politisierung der Wissenschaft zu stellen"). Die Kieler Schule bestand – wegen Wegberufungen – allerdings nur von 1933 bis 1937/38, ebd., S. 68.
429 *Zaffaroni* (2017), S. 198.
430 Vgl. *Lepsius*, FS Dilcher (2003), S. 389, 413 ff.; *Telp* (1992), S. 49 (wonach Dahm erst 1930 habilitiert hat); *Eckert*, in: Säcker (1992), S. 48 f., 55, 69; auch *Zaffaroni* (2017), S. 199 ff. aber teilweise ungenau.

nicht zuletzt wegen seiner nationalsozialistischen Gesinnung[431] –, zunächst als Professor in Kiel (1933-1939, davon Rektor 1935-37) und Leipzig (1939-1941), dann ab 1941 als Professor und Vizerektor der

431 *Lepsius*, FS Dilcher (2003), S. 413, 417 f. (wonach er seine Karriere „vor allem seinem nachhaltigen Einsatz für den Nationalsozialismus zu verdanken hatte", sie „ohne seine enge Anbindung" an ihre „politischen Vorstellungen ... nicht denkbar" gewesen wäre); ähnlich *Zaffaroni* (2017), S. 232 („Dahm asumía su condición de nazi..."). Dahm war auch als einziger Jurist in der Rubrik des „Führungsstabs" des NS-Dozentenbundes verzeichnet (*Lepsius*, a.a.O., S. 418) und schon mit 31 Jahren Rektor in Kiel. Nach *Telp* (1992), S. 49 war Dahm vor 1933 als Wissenschaftler „kaum bekannt". *Hattenhauer* (JJZG 7 (2005), 173) hält ihn aber für einen der „letzten bedeutenden Juristen der Kieler Fakultät" und auch *Zaffaroni* (2017), S. 238 sieht ihn als „intelligenten Dogmatiker" (zu Zaffaronis Ansicht schon o. Kap. IV 3. mit Fn. 308). – Schaffstein führt Dahms schnelle Karriere in der Universitätshierarchie auf seine „eindrucksvolle Persönlichkeit" und „Ausstrahlung" zurück, wobei er nicht „ein bedeutendes politisches Amt bekleidet oder ... angestrebt hat" (*Schaffstein*, JJZG 7 (2005), 182). Trotz seines Parteibeitritts habe er „der NSDAP und ihren führenden Personen mit weiterhin großer Distanz und einer gewissen Skepsis" gegenübergestanden, ohne dass er dies „freilich nach außen hin ... laut werden ließ." (ebd., 183). „Opportunismus" könne man ihm u. den anderen jungen Privatdozenten, die nun auf Lehrstühle berufen wurden, allenfalls insofern vorwerfen, „als sich durch die Machtergreifung ... ungeahnte Betätigungsfelder in der Gesetzgebung und an den Hochschulen eröffneten." (ebd.). Der apologetische Charakter dieses Aufsatzes wird an einigen Stellen deutlich, so etwa wenn Schaffstein Dahms fehlendes hohes Amt im NS-Staat damit erklärt, dass die „hohen Funktionäre seine innere Distanz zu ihnen ahnten oder gleichsam fühlten" (ebd., 184), auf seine mildernde Rolle („keine Todesurteile") als Beisitzer des Straßburger Sondergerichts (193 f.) und auf seine Beliebtheit bei den Studenten hinweist, die aber eben „ganz überwiegend begeisterte Parteigänger" waren (184). Ganz anders hört sich das bei dem 1933 in Kiel studierenden Juden Heinz Weil an, der an „das tosende Beifallsgetrampel der Kommilitonen in ihren SA-Stiefeln" anlässlich folgenden Ausruf Dahms in seiner Vorlesung erinnert: „Statt des verlogenen *Alles verstehen, alles verzeihen* gilt für uns *Alles verstehen, gar nichts verzeihen*." (*Weil* (1986), S. 31, Herv. im Original). Schaffstein weist aber auch den Vorwurf von Antisemitismus (und Rassismus) bei Dahm u. ihm selbst zurück (*Schaffstein*, JJZG 7 (2005), 188: „Vorwurf ... allenfalls insofern berechtigt, als wir damals und später [!] geschwiegen ... hätten"), wobei sich allerdings jedenfalls Dahm antisemitisch geäußert hat (u. 2. mit Fn. 469 u. Haupttext). Im Übrigen hat sich Dahm zu seiner Position während der NS-Zeit nur in einem – posthum in JJZG 7 (2005), 199 veröffentlichten – Brief an Eb. Schmidt vom 4.2.1948 verhalten. Dort nimmt er zu Behauptungen *Schmidts* (1947), S. 396-98, 413 f. Stellung, wobei allerdings Schmidt nur auf S. 397 f. explizite Vorwürfe gegen Dahm (und Schaffstein) erhebt, und zwar im Zusammenhang mit ihrem Auftreten bei der Sitzung der deutschen Landesgruppe der Internationalen Kriminalistischen Vereinigung (IKV) in Frankfurt/M im September 1932 (dazu *Marxen* (1975), S. 92 ff.) und

„Reichsuniversität" (!) Straßburg (nach nationalsozialistischer Auffassung „Frontuniversität" im besetzten Frankreich).[432] Nach Ende des Krieges gelang es Dahm, der zunächst in Deutschland im Zuge der Entnazifizierung kein universitäres Lehramt bekleiden durfte, eine Stelle in der Universität Dhaka (damals Pakistan, heute Bangladesch) anzutreten (1951), wo er sich u.a.[433] dem Völkerrecht in englischer Sprache widmete. Im Jahre 1955 konnte er dann nach Kiel auf einen Lehrstuhl für Völkerrecht zurückkehren,[434] wo er sich u.a. mit dem

---

ihrer sogleich zu behandelnden Kampfschrift gegen das liberale Strafrecht (u. 2. mit Fn. 440), womit sie sich insgesamt „der kommenden Macht" empfahlen und „vorsorglich die erforderlichen Trennungslinien" zogen (*Schmidts* (1947), S. 398). *Dahm* verwahrt sich zwar gegen diese Vorwürfe, sagt aber auch durchaus selbstkritisch: „Ich leugne nicht die Irrtümer und Fehler, denen wir mehr oder weniger alle zum Opfer gefallen sind. Auch ich habe die äussere und innere Entwicklung des nationalsozialistischen Staates nicht vorhergesehen und Hoffnungen gehegt, die bitter enttäuscht worden sind." (JJZG 7 (2005), 201). Schmidt hat im Übrigen in seinen Folgeauflagen zwar an der Kritik an Dahm u. Schaffsteins Schrift festgehalten, die oben zitierte Äußerung aber unterlassen (*Schmidt*, 1951, S. 420f. und 1965, S. 426f.); dies wohl auch deshalb, weil Dahm ihn durchaus zu Recht an seine Hamburger Rektoratsrede vom 7.11.1933 erinnert hat, wo Schmidt die Universität – durch die „Trias des Arbeitsdienstes, des SA.-Dienstes und des Wissenschaftsdienstes" – in den Dienst des NS-Regimes gestellt und sich selbst zum NS-Staat und Hitler bekannt hat (*Schmidt*, in: Hamburgerische Universität (1933), S. 27-49 [46]; näher dazu und zu **Schmidts NS-Verstrickung** M. *Vormbaum*, in: Jeßberger/Kotzur/Repgen (2019)) auch *Görtemaker/Safferling* (2016), S. 437.

432 Zum Gang Dahms nach Straßburg äußerte sich Schaffstein wie folgt: „Der Ruf nach Straßburg traf Dahm und mich zu einem Zeitpunkt, in dem man hoffen durfte, daß der Krieg gewonnen sei oder doch zumindest mit einem Patt enden würde und das Elsaß für Deutschland wiedergewonnen sei. Auch die elsässische Bevölkerung war ganz überwiegend dieser Auffassung und zunächst durchaus deutschfreundlich gesonnen, was übrigens namentlich auch für unsere elsässischen Studenten galt. Ich hatte deshalb keine Bedenken, den Ruf anzunehmen ..." (*Schaffstein*, JJZG 7 (2005), 191).

433 Lt. Professorenkatalog der Universität Leipzig war Dahm von 1951-55 Professor für indisches Straf- und Strafprozessrecht an der Universität Dhaka, <http://research.uni-leipzig.de/catalogus-professorum-lipsiensium/leipzig/Dahm_598/> (zuletzt besucht am 23.10.2018); zu dieser Zeit auch *Schaffstein*, JJZG 7 (2005), 195 ff.

434 Nach *Zaffaroni* (2017), S. 211 musste Dahm zunächst eine Art „Einführung in die Rechtswissenschaft" lehren („explicar *enciclopedia del derecho*", Herv. im Original). Diese Information stammt wohl von *Schaffstein*, JJZG 7 (2005), 196 („Professur für Rechtsenzyklopädie"), der diese Beschränkung auf den Strafrechtler Mayer und den Völkerrechtler Menzel zurückführt, die „die Konkur-

(Nürnberger) Völkerstrafrecht beschäftigte.[435] *Schaffstein*,[436] Schüler von Robert von Hippel und Privatdozent in Göttingen, erhielt 1933

---

renz eines so glänzenden Vortragenden und Lehrers ... nicht akzeptieren wollten." Ein weiteres Bsp. der schon o. Fn. 431 angesprochenen apologetischen Tendenz dieses Schaffstein-Artikels.

435 *Dahm* (1956). Zum Völkerstrafrecht im Übrigen auch *Siegert* (1953) (in der Reihe des Göttinger Instituts für Völkerrecht, krit. *Halfmann*, in: Becker (1998), S. 130) und *Henkel*, FG Kraft (1995), S. 122 f. (Erwartung hinsichtlich individueller Verantwortlichkeit für völkerrechtliche Verbrechen).

436 Allg. zu seinem Lebenslauf *Stefanopolou*, JoJZG 2010, 111, 112, 117. Überaus positive Würdigung von Schaffsteins Schüler *Beulke*, MSchrKrim 85 (2002), 81 (was sein Wirken während des NS-Regimes angeht, so „erscheint es" Beulke „rätselhaft[er]", dass er in dieser Zeit „so problematische Dinge gelehrt und niedergeschrieben hat"; andererseits sei er „vielleicht gerade in dieser epochalen Gespaltenheit seines Lebenswegs ein typischer Vertreter unserer Vätergeneration", der jedoch die „Fehler der Vergangenheit ... offen beim Namen genannt" habe); ähnlich positiv *Maiwald*, NJW 2002, 1250 (wonach Schaffsteins „Erfahrung" in der NS-Zeit „außerordentlich schmerzlich[en]" gewesen sei und er „in die Nähe des Gedankenguts der Machthaber jener Zeit geriet", was sich freilich allzu passiv anhört – ebenso wie *Beulkes*, a.a.O., 82, Feststellung, dass Schaffstein immer wieder betont habe, „als junger Mann nicht willensstark genug gewesen zu sein" –, wenn zugleich von Maiwald die außerordentliche Bedeutung seiner Habilitationsschrift betont wird, die „für einen jungen 24-jährigen Wissenschaftler ungewöhnlich" gewesen sei). **Schaffstein selbst** räumte erstmals 1965 „Irrtümer" ein, die er damit erklärte, dass „der Nationalsozialismus der Jugend von damals ... über sie selbst hinausweisende[n] Ziele zu bieten" schien (MSchrKrim 48 (1965), 67; s. auch seine Stellungnahme u. 3. mit Fn. 489 im Zusammenhang mit dem Gesetzlichkeitsgrundsatz). Später konzedierte er, dass er (und Dahm) sich durch ihnen von Hans von Dohnanyi (am Rande der Arbeit der amtlichen Strafrechtskommission) vorgetragene NS-Eingriffe in die Justiz („schlimme Fälle") nicht beeindrucken ließen, weil sie diese für „Kinderkrankheiten in der revolutionären Phase eines Neubeginns" hielten (*Schaffstein*, JJZG 7 (2005), 185 f.); im Übrigen seien sie „durch die unzweifelhaften Erfolge des nationalsozialistischen Regimes geblendet" worden (ebd., 187) und die „strafrechtsdogmatischen Auffassungen aus dieser Zeit erscheinen mir heute als überholt" (ebd., 189). In einer – autobiographisch gefärbten – Würdigung seiner Lehrer Robert von Hippel und Curty Bondy sprach Schaffstein von einem „Irrweg" (RJ 19 (2000), 647, 654), was auch deshalb erwähnenswert ist, weil, wie von Schaffstein selbst anerkannt, von Hippel und Bondy NS-Gegner waren (RJ 19 (2000), 649, 654), er sich aber davon offensichtlich *damals* nicht beeindrucken ließ (lt. *Schaffstein*, RJ 19 (2000), 651, hat von Hippel insofern „eine gewisse Anregung" zu seiner Schrift „Liberales oder autoritäres Strafrecht" geleistet, weil „auch er das Weimarer Strafrecht .... als zu 'weichlich' kritisierte..."). – Was werden wohl die **Opfer nationalsozialistischer Kriminalpolitik** denken, wenn sie solche Würdigungen lesen? Waren nicht vielleicht ihre Erfahrungen im Nationalsozialismus weit schmerzlicher als die seiner intellektuellen Protago-

einen Ruf nach Leipzig[437] und 1935 nach Kiel; 1941 wechselte er – wie Dahm – nach Straßburg, wo er bis 1944 blieb. Nach Kriegsende konnte Schaffstein – zunächst im Zuge der Entnazifizierung suspendiert – schon 1954 wieder an die Universität Göttingen (als Nachfolger Welzels) zurückkehren,[438] wo er bis zu seiner Emeritierung im Jahr 1969 lehrte.

2. *Kriminalpolitisches Programm: Autoritär-nationalsozialistisches Strafrecht*

Der vielleicht wichtigste Beitrag der Kieler Schule zum NS-Strafrecht war die von Dahm und Schaffstein gemeinsam verfasste – von Zaffaroni nur beiläufig erwähnte[439] – programmatische Schrift „Liberales oder autoritä-

---

nisten und mussten sie nicht eine viel größere Willensstärke zeigen? Kritischer denn auch, insbesondere zu Schaffsteins Göttinger Zeit, *Schumann* (2008), S. 84, 89, 108, 114 f. (die u.a. angibt, dass er im Jahre 1933 den Lehrstuhl des zwangsweise ausgeschiedenen Richard Honig vertreten, aber seine Nachfolge gegen den ausdrücklichen Wunsch Siegerts abgelehnt habe; dieser habe Schaffstein Welzel vorgezogen, weil es keine vergleichbare Persönlichkeit gegeben habe, die „politische Aktivität mit hinreichend wissenschaftlichen Leistungen" verbunden habe; ebd., S. 89 mit Fn. 94, 115); zur Rolle Schaffsteins in der jugendstrafrechtlichen „Rechtserneuerung" vgl. *Schumann*, ZJJ 28 (2017), 313, 315 ff.; zu seiner Aktivität als Mitglied des Ausschusses für Jugendrecht der Akademie für deutsches Recht *Schumann*, in Schumann/Wapler (2017), S. 73, 87 ff. (93 f.). Krit. auch *Halfmann*, in: Becker (1998), S. 119; *Görtemaker/Safferling* (2016), S. 393, die die „Distanzierung" Schaffsteins nicht als überzeugend ansehen, "... denn Schaffstein bezeugte damit eine Wertblindheit gegenüber den politisch-ideologischen Zielen des Nationalsozialismus, die selbst für damalige Verhältnisse erstaunlich anmutet". Vgl. auch *Zaffaroni* (2017), S. 199 ff. (aber teilweise ungenau) und vorher schon *Zaffaroni*, in Zaffaroni, 2011, S. 17 ff. (kritisch zu Schaffsteins o.g. Irrtumseingeständnis [„pero nada más", S. 19 f.], aber ihn für dogmatischer als Dahm haltend [S. 32]); krit. auch *Guzmán Dalbora*, RDPC VII (2017), 231 („Krokodilstränen").

437 Entgegen *Zaffaroni* (2017), S. 208 wurde Schaffstein nicht der Nachfolger Honigs, er hat dessen Lehrstuhl lediglich vertreten, s. *Schumann* (2008) in vorheriger Fn.

438 *Stefanopolou*, JoJZG 2010, 117 nennt die relativ frühe Rückkehr nach Göttingen – durchaus untertreibend – „bemerkenswert". Tatsächlich ist sie ein paradigmatisches Beispiel der existierenden (nationalsozialistischen) Netzwerke und bestätigt die Kontinutitätsthese mit Blick auf den Hochschulbereich; dazu schon *Halfmann*, in: Becker (1998), S. 129 ff.

439 *Zaffaroni* (2017), S. 203; vgl. aber *Zaffaroni*, Hrsg. (2011) mit ausführlicher Einführung, wo er der Schrift „facetas múltiples" bescheinigt und vier Aspekte hervorhebt: (1) „konservativ-autoritäres Pamphlet", (2) Zerstörung des objektiv-sub-

res Strafrecht".[440] Der Zeitpunkt ihrer Veröffentlichung – noch vor der nationalsozialistischen Machtergreifung[441] – und ihre richtungsweisende Beschreibung des neuen Strafrechts des zukünftigen „autoritären Staates"[442] machte sie schnell zur vielleicht wichtigsten – freilich durchaus auch kritisch aufgenommenen[443] – Schrift der „antiliberalen strafrechtlichen Erneuerungsbewegung".[444]

Mit der knapp 50 S. dünnen Schrift wollen Dahm und Schaffstein das „rationalistische-individualistische[s] Denken" auf strafrechtlichem Gebiet mittels des Nationalsozialismus überwinden (S. 4). Dieser sei „Ausdruck einer weit breiteren und tieferen geistigen Bewegung", die auch in der Kriminalpolitik eine gleiche „Grundstimmung" zum Ausdruck bringe, wobei – statt eines radikalen Bruchs mit der Vergangenheit – an große konservative Traditionen, wie sie durch Savigny und Hegel repräsentiert werden, angeknüpft werden soll (S. 4 f.). Nach Darlegung der Bedeutung des Individualismus[445] sowohl im Liberalismus als auch im Sozialismus, also im sozial-liberalen Staat (Kap. I, S. 7 ff.),

---

jektiven Verbrechensbegriffs von Liszt/Beling (3) Zerstörung des traditionellen Strafzweckverständnisses und (4) theoretische Orientierung am „unmoralischen Irrationalismus" von C. Schmitt (*Zaffaroni*, in Zaffaroni, 2011, S. 14).

440 *Dahm/Schaffstein* (1933). Von Zaffaroni in der spanischen Übersetzung zitiert.

441 Die Schrift wurde schon im Laufe des Jahres 1932 fertiggestellt und erschien im Herbst 1932 (*Schaffstein*, JJZG 7 (2005), 176 f., 178).

442 *Dahm/Schaffstein* (1933), S. 40 ff., s. sogleich oben im Haupttext.

443 Vgl. etwa *Riemer*, MSchrKrimPsych 24 (1933), 222 ff. („... fehlt es den Wertungen, die hier in Bausch und Bogen gesetzt werden, an einer Begründung, die irgendwie auf ‚Erkenntnissen' oder empirischen Einsichten ... gründen." [222]; „... Wissenschaft die einzige Autorität, die sie [Dahm/Schaffstein, K.A.] nicht anerkennen" [222 mit Fn. 1]; „Grundstimmung ... die bei aller Losgelöstheit von sachlichen Zielsetzungen, bei aller Weltfremdheit, mit der sie den konkreten sozialen Problemen gegenübersteht, zu ganz entscheidenden Auswirkungen ... führen kann." [223]; „Verlangen nach einer Autorität schlechthin und nach einem Aktivismus, dem es an jeder inhaltlichen Bestimmung gebricht." [223]; „... rein formale Bejahung des hypostasierten Autoritätsbegriffs" [224]). S. auch *Blasco y Fernández de Moreda*, Criminalia, IX (4/1943), 238 (Dahm/Schaffstein als „teorizantes del más agudo extremismo").

444 *Marxen* (1975), S. 103 („meistbeachtete[n] Veröffentlichung"), 105 („grundlegenden Beitrag für alle späteren autoritären Strafrechtsprogramme"); *Feldmüller-Bäuerle* (2010), S. 47. Auch *Mittermaier*, SchwZStR 52 (1938), 225 f. sah in ihr, obwohl grds. *Schwinge/Zimmerl* (1934), folgend (o. Kap IV 2. mit Fn. 251), einen gewissen Erkenntnisgewinn.

445 *Marxen* (1975), S. 118 sieht in der Schrift in der „Hauptsache" einen Angriff gegen den „Individualismus im Liberalismus".

wird die „bedenkliche Humanisierung und Abschwächung des Strafübels" (S. 18), die „Erweichung" (S. 22)[446] des Strafrechts und Strafvollzugs durch Erziehungsgedanke und „Überbetonung der Umwelteinflüsse gegenüber der vererbten Anlage" (S. 17) kritisiert.[447] Dies habe „ein Höchstmaß von Vorteilen für das Individuum zum Nachteil der Staatsinteressen" (S. 23) zur Folge, doch konnte der „tief im Rechtsgefühl des Volkes" verwurzelte Vergeltungsgedanken (S. 22)[448] nicht beseitigt werden, was die Notwendigkeit der „Rücksichtnahme auf die organische Rechtsentwicklung durch den still waltenden Volksgeist" (S. 23) zeige (Kap. II, S. 13 ff.). Sodann wird die Abwertung der geschützten (staatlichen, kollektiven) Interessen aufgrund „Individualismus, Rationalismus und die Tendenz der Loslösung des Rechts von der Ethik" (S. 25), etwa durch Straflosigkeit der Religionsdelikte und Privilegierung des Überzeugungstäters,[449] beklagt (Kap. III, S. 24 ff.). Endlich wird eine Zunahme der Richtermacht durch unbestimmte Tatbestände und weites Ermessen – bei faktischer Auflösung der Gewaltenteilung (!) und zunehmender „Politisierung der Justiz" (S. 33), unterstützt durch die „liberale und demokratische Presse" (S. 34), was wiederum die Richtermacht zurückdränge (S. 36) – angeprangert.[450] Auch dies wirke sich zugunsten des Individuums aus, so dass sich auch insoweit „die Verbindung liberalistischer und sozialistischer Gedankengänge mit dem Ergebnis einer besonderen und übertriebenen Her-

---

446 Ähnliches wurde allerdings schon früher im Rahmen der Diskussion um die Schuldlehre beklagt, vgl. *Grossmann* (1926), S. 8 („weichlich", „feminin") und *Schumacher* (1927), S. 64 mit Fn. 85 (offenlassend, ob „die Anschauungen der neuen Schuldlehre auf 'Feminismus' beruhen..."); später dann etwa auch *Gemmingen* (1933), S. 11 ff. (auf Franks Ausspruch bezugnehmend: „der Verbrecher soll wieder zittern..." [11]). Vgl. auch *Eb. Schmidt* (1965), S. 426 f. (Verteidigung der Autorität des Staates „gegen die vom Geiste der Strafrechtsreform angeblich bedingte Verweichlichung der Strafrechtspflege ...").

447 In diesem Sinne auch *Dahm*, MSchrKrimPsych 24 (1933), 171 f., 176 (Vordringen von Spezialprävention „auf Kosten von Vergeltungs- und Generalprävention" sowie von Erziehungsgedanken zu Lasten der Sicherheit, Bedeutung der Anlagefaktoren); *Schaffstein*, ZStW 55 (1936), 276, 277 ff. (Überbetonung des Erziehungsgedankens und der Spezial- ggü. der Generalprävention; Vernachlässigung der erbbiologisch nachgewiesenen Anlagefaktoren). Krit. zur „Erziehungsstrafe" auch *Gemmingen* (1933), S. 21 f.

448 Zur Vergeltung s. schon o. Kap. II 3. mit Fn. 161 u. Haupttext.

449 Gegen eine „Sonderbehandlung" insoweit auch *Dahm*, DR 4 (1934), 419 (weil Hochverrat nicht nur als Verbrechen gegen den Staat, sondern gegen das Volk selbst zu sehen ist, bilde dieses doch die Grundlage des NS-Staates).

450 Vgl. auch *Dahm*, MSchrKrimPsych 24 (1933), 169 ff.

vorhebung des gemeinsamen individualistischen Ausgangspunktes" zeige (S. 31) und das StGB eben zur „magna charta des Verbrechers" werde statt „Staatsinteressen" zu verteidigen (S. 32) (Kap. IV, S. 28 ff.). Nach dieser (einseitigen und simplifizierenden)[451] Analyse des Ist-Zustands – zusammenfassend beklagten die Verfasser im Ergebnis eine „Erweichung der Verbrechensbekämpfung, Schwächung der Strafrechtspflege und Minderung der Staatsautorität" (S. 37) – folgen die drei programmatischen Kapitel (S. 37 ff.), wobei insbesondere in Kap. VI (S. 40 ff.) der *Entwurf des zukünftigen Strafrechts* entwickelt wird, worunter die Verf. allerdings kein „Programm" verstanden wissen wollen (S. 40). Vorab machen sie in Kap. V zum „Übergang" (S. 37 ff.) „Anzeichen eines Wandels", eine „geistige Wende" aus (S. 37), im Rahmen derer der „Glauben an die Gültigkeit allgemeinverbindlicher Werte" zurückkehre (ebd.) und „ein neues Nationalgefühl, eine lebendige Staatsgesinnung" entstehe (S. 38), woraus sich auch ein neuer „Kurs der Strafrechtsentwicklung" ergebe, „der ohne reaktionär und antisozial zu sein (!), auf dem unbedingten Primat der Nation ... gegenüber den Interessen des Individuums beruht." (S. 38). Zugleich weisen sie jedoch auf „manche" durch Notverordnungen schon herbeigeführte „Neuerungen" hin, die „mit den Bedürfnissen eines geordneten Rechtsstaats auf die Dauer nicht vereinbar sind" (S. 39). Im abschließenden Kap. VII (S. 53 ff.) warnen die Verf. vor einer zu großen Hoffnung in eine umfassende Strafrechtsreform, denn zum einen stehe das geltende Gesetz dem – ohnehin schwierig zu bestimmenden – Volksempfinden durchaus noch nahe und zum anderen habe sich für eine solche Reform noch kein neues „einheitliches Rechtsgefühl" herausgebildet (S. 54),[452] weshalb es zunächst wichtiger sei, die geistigen Grundlagen – „die Durchdringung der Rechtspflege mit einem neuen

451 Vgl. schon *Riemer*, MSchrKrimPsych 24 (1933), 224 („Es erübrigt sich, im einzelnen auf das Bild einzugehen, das vom Wesen des liberalen und des sozialistischen Strafrechts gezeichnet wird."]; *Marxen* (1975), S. 111 ff. (auf die fehlende empirische Grundlage, insbes. hinsichtlich der Kriminalitätsentwicklung, und die „Unterschlagung" der Strafrechtsexpansion in Rechtsprechung und Gesetzgebung hinweisend); krit. auch *Vogel* (2004), S. 61.

452 Eine solche Gesamtreform (im Sinne eines neuen StGB) ist den NS-Machthabern nicht gelungen (zum letzten Versuch mit dem Entwurf eines RStGB 1944 *Werle*, 1989, S. 53, 661 ff.; s. auch *Hartl* (2000), S. 276 ff., 379), weshalb man sich auf Einzelgesetzgebung (vor allem exekutivischer Natur) verlegte; dazu *Schreiber*, in: Dreier/Sellert (1989), S. 151 ff. (153 ff., 167 ff.); *Hartl* (2000), S. 278 ff.; zur exekutivischen Natur der NS-„Gesetzgebung" *Maus* (1989), S. 84; *Werle* (1989), S. 59 ff., 203 ff.; *Vormbaum* (2011), S. 7; *Arnedo*, in Zaffaroni (2017), S. 55.

Geist und mit einer neuen Staats- und Strafrechtsgesinnung“ (S. 56) – zu schaffen.

Worin bestehen aber nun die **Grundlinien des neuen Strafrechts** „des autoritären Staates“? Dahm/Schaffstein gehen insoweit – nach den Vorüberlegungen wenig verwunderlich – von einer „nationalistischen und *totalen Staatsauffassung*“[453] aus, die es, wie das Beispiel des italienischen Faschismus zeige,[454] erlaube, „ein geschlossenes, alle kriminalpolitischen Bereiche umspannendes Strafrechtssystem zu entwickeln...“ (S. 40). Ein solches Strafrecht sei primär ein „Mittel zur Erhaltung und Bewährung der Staatsgewalt schlechthin“ (ebd.);[455] der Staat benutze die Strafe, „um seine Macht aller Welt sichtbar vor Augen zu führen“ (S. 41), in ihr offenbare sich „symbolische die Würde des Staates“ (S. 41), wobei die Todesstrafe, die zur Abschreckung unentbehrlich sei (S. 49), „eindringlich sichtbar“ mache, „daß der einzelne dem Staate preisgegeben werden darf.“ (S. 41) Dabei erkennen die Verf. zwar an, dass das Strafrecht „immer nur eines unter vielen Mitteln der Autoritätswahrung sein“ kann (S. 42), machen aber andererseits klar, dass mit Blick auf die spezialpräventive Anwendung des Strafrechts *generalpräventive Erfordernisse* vorgehen:[456] Die „Rücksicht auf den Verbrecher“ dürfe „nur so weit gehen, daß die Staatsautorität gewahrt bleibt, der Eindruck auf die Gesamtheit nicht verfehlt wird“, zugleich müsse sie „so nachhaltig sein, daß außer dem Täter auch andere für die Zukunft abgeschreckt werden.“ (ebd.). Die Verf. wollen am *Erziehungsgedanken* festhalten, ihn aber an der „Erziehung der Gesamtheit“ ausrichten (S. 41) und erheblich einschränken, indem unter Berücksichtigung der „Anlageeinflüsse“ die Erziehbarkeit „von Fall zu Fall zu prüfen“ sei (S. 45); jedenfalls habe der Erziehungsgedanke hinter „den Notwendigkeiten der autoritären Rechtspflege“, etwa der Bestrafung

---

453 Vgl. schon o. Kap. II 1. mit Fn. 147 u. Haupttext (Herv. K.A.).

454 Zur Abgrenzung zwischen NS- und faschistischem Strafrecht aber schon o. Kap. II 1. mit Fn. 86.

455 Zur Notwendigkeit eines verstärkten Staatsschutzes schon o. Kap. II. 2. mit Fn. 70 sowie auch *Dahm*, MSchrKrimPsych 24 (1933), 167 f. (wobei er den NS-Gesetzentwurf „zum Schutze der Nation“ v. 12.3.1930 aber für „untragbar“ hält). Nach *Dahm* (1935b), S. 21 war „das faschistische Strafrecht“ (Italien) insoweit „dem deutschen Strafrecht voraus“.

456 S. etwa auch die Betonung der General- ggü. der Spezialprävention bei *Schaffstein*, ZStW 55 (1936), 280, 286, 288; ebenso sekundär *Marxen* (1975), S. 147; s. aber auch *Dahm*, MSchrKrimPsych 24 (1933), 179, wo er eine „feste Rangfolge“ der Strafzwecke ablehnt.

schwerer Verbrechen „ohne jede Rücksicht auf die Besserungsfähigkeit des Täters“ (S. 44) sowie der „Vor-Befriedigung staatlicher Mindestbedürfnisse“ (S. 49), zurückzutreten (S. 44).[457] Im Übrigen müsse der „Erziehungsstrafvollzug im autoritären Staate wesentlich anders aussehen als im sozial-liberalen Staat“ (S. 46), gehe es doch um die weltanschauliche Beschränkung pädagogischer Autonomie, politische Erziehung zur Vermittlung der „traditionellen Werte der deutschen Kultur“ (S. 48) und die „Bedeutung militärischer Straffheit und Disziplin“ (S. 49).[458] Im Bereich der *Strafzumessung* befürworten die Verf. – in Widerspruch zu ihrer vorherigen Kritik an der Aufhebung der Gewaltenteilung – eine „Einschränkung des richterlichen Ermessens“, eine stärkere revisionsrechtliche Überprüfung[459] und „die Heraufsetzung der Strafminima“, „kurz ein Zwang für den Richter zum Durchgreifen“ (S. 50). Unter dem Schlagwort der Abwehr „schädliche[r] Einflüsse von außen“ (wobei insbesondere die liberale, nicht „anständige“ Presse gemeint ist) und „der Aushöhlung des Staatsgedankens von innen“ (S. 51) wird die *Gewaltenteilung* aufgeweicht; insbesondere sei sicherzustellen, dass „der Richter das Strafrecht im Sinne der autoritären Staatsführung auch wirklich anwendet“ (ebd.), sein Ermessen sei so einzuengen, dass er es nicht „einseitig zugunsten des Täters verwendet“ und dadurch „die Strafrechtspflege durch eine zu weitgehende Aufweichung des Gesetzes gefährdet wird.“ (S. 52). Was schließlich die *Rechtsgutslehre* angeht, so soll diese zunächst noch beibehalten,[460] aber stärker an den kollektivistischen Staatsinteressen – „Würde des Staates und Ehre der Nation“ – ausgerichtet werden (S. 50).[461] Hinsichtlich des *nul-*

---

457 Vgl. auch *Dahm*, MSchrKrimPsych 24 (1933), 176 (Erziehung nur von Erziehbaren).

458 Vgl. konkreter *Schaffstein*, ZStW 55 (1936), 288 (Hinweise auf Grenzen des Erziehungsstrafvollzugs).

459 Krit. *Vogel* (2004), S. 65.

460 Für eine Überwindung der Rechtsgutslehre aber schon *Dahm*, in: ders. et al. (1935), S. 62, 80 (von Zaffaroni ungenau, weil als Monographie, zitiert); auch *Schaffstein*, ZStW 56 (1937), 106 (Bestimmung Unrechtsgehalt nicht durch Rechtsgutsbegriff). Zum antiliberalen Kampf gegen das „Rechtsgutsverletzungsdogma“ *Marxen* (1975), S. 177 ff.; *Amelung* (1972), S. 228 ff.; krit. zur Argumentation Schaffsteins ebd., S. 231 ff., 236 ff.; krit. auch *Amelung*, in: Alexy (2002), S. 368 f.

461 Grdl. zur Vergeistigung bzw. Ethisierung des Rechtsgutsbegriffs unter dem Nationalsozialismus *Mittasch* (1939), S. 86 ff.; *Amelung* (1972), S. 216 ff. (217 f.: Treue ggü Volk).

> *la poena Grundsatzes* solle – Carl Schmitt folgend[462] – stärker seine staatsrechtliche Seite – Gesetzesbindung des Richters als Ausdruck „der autoritären Staatsauffassung" – betont werden (S. 52). Später hat sich Dahm explizit für die Abschaffung seiner liberalen Komponente ausgesprochen[463] – eine Ansicht, die er in der Nachkriegszeit im Rahmen seiner Auseinandersetzung mit den Nürnberger Prozessen souverän übergangen hat.[464]

Waren damit die kriminalpolitischen Grundlagen des neuen strafrechtlichen Denkens – kurz: die NS-Ideologie[465] des totalen rassistischen Volks- und Führerstaates samt gesetzesgleichem Führerbefehl[466] – ausgebreitet,[467] so konnten Dahm und Schaffstein nun in zahlreichen Einzelarbeiten ihr NS-Strafrechtssystem konkretisieren und weiterentwickeln. Dabei haben sie sich immer gegen eine *(rechts)philosophische Verortung* ihrer methodischen Grundlagen verwahrt. So hat Dahm die von Schwinge/Zimmerl vorgenommene Verortung der „Kieler Richtung" in der Husserl'schen Phäno-

---

462 O. Kap. II 1. mit Fn. 113.

463 *Dahm*, DStR 80 (1934), 87, 92 (dem Grundsatz sei die Grundlage entzogen, weil der Richter an den Willen der NS-Führung gebunden sei); *Dahm*, in: Dahm et al. (1935), S. 78.

464 Vgl. *Dahm* (1956), S. 55 ff., wo er den Grundsatz – auf der Grundlage einer durchaus gründlichen rechtsvergleichenden und völkerrechtlichen Untersuchung – insoweit relativiert, als er die Rechtswidrigkeit eines bestimmten Verhaltens zum Tatzeitpunkt zur Begründung völkerrechtlicher Strafbarkeit zwar für ausreichend hält (S. 64 f.), zugleich aber diesen flexiblen Ansatz des Nürnberger Rechts und der Rspr. kritisiert (S. 56 ff.) und nur en passant darauf hinweist, dass „die Lockerung des Grundsatzes ... im nationalsozialistischen Staat ... scharf kritisiert" wurde, wobei er seinen Beitrag zu dieser „Lockerung" souverän übergeht.

465 Mit Blick auf das Nürnberger Völkerstrafrecht sagte *Dahm* später ((1956), S. 65): „Bekenntnisse zu einer bestimmten Ideologie begründen kein Recht ...".

466 Vgl. schon o. Kap. III mit Fn. 194.

467 Es ist umstritten, ob die Schrift schon eine explizit nationalsozialistische Strafrechtskonzeption propagiert oder als antiliberales Plädoyer für Autoritarismus (gegen die allseits beklagte „Verweichlichung", o. Fn. 446) die totalitäre NS Lehre „nur" vorbereitet hat (in diesem Sinne wohl *Radbruch*, 1933/1957, S. 76, wenn er sie als deutschnational-autoritäre im Ggs. zur nationalsozialistisch, rassisch-völkischen Strafrechtsauffassung sieht; ebenso *Eb. Schmidt* (1965), S. 426 f.; ihm folgend *Cattaneo* (2001), S. 201 f.). Dieser Disput ist allerdings eher akademischer Natur, denn zum Zeitpunkt der Schrift gab es noch gar keine explizite kriminalpolitische Position der NSDAP (ähnlich *Schmidt*, 1965, S. 426 f.; ebenso *Marxen* (1975), S. 120); zu deren Herausbildung und Elaborierung haben jedenfalls Dahm/Schaffstein wesentlich beigetragen.

menologie[468] schon deshalb energisch abgelehnt, weil damit „eine Richtung der jüngeren deutschen Rechtswissenschaft auf die Lehren eines jüdischen (!) Philosophen zurückgeführt" würde.[469] Tatsächlich seien die Kieler „methodischen Grundanschauungen" überhaupt nicht philosophisch rückführbar, sondern sie entsprängen „einer bestimmten Grundanschauung von Recht und seinem Verhältnis zum völkischen Leben."[470] So sei „der Rechtsbegriff Teil der sich fortentwickelnden völkischen Lebensordnung und im Volksempfinden begründet, wie dieses ständig im Fluß und der Gestaltung bedürftig."[471] Allerdings kommt in der Bezugnahme auf völkisches Leben, konkrete völkische Ordnungen usw. eine – wenn auch vulgarisierende und simplifizierende – Nähe zu lebensphilosophischen Ansichten zum Ausdruck,[472] die in neuhegelianischer Manier durch Anerkennung des Führungsanspruchs der NS-Bewegung, des Führerstaats und Führerprinzips ergänzt wird.[473] Die *Aufgabe des (neukantianischen)*[474] *Methodendualismus* bzw. Trennungsdenkens[475] mit der daraus folgenden *Ethisierung* des Strafrechts[476] ist zudem durchaus eine rechtsphilosophische

468 O. Kap. IV 2. mit Fn. 256 und Haupttext.

469 *Dahm*, ZStW 57 (1938) 225, 285; insoweit Dahm zust. *Wolf*, DRWis 4 (1939), 173 f., wonach der Begriff „Wesensschau" „so abgegriffen und allgemein" sei und „auch von den Kielern Autoren in einem so populär-unbestimmten Sinne verwendet worden" sei, „daß hieraus eher auf Unbekanntschaft mit der Phänomenologie Husserls .... geschlossen werden könnte." (173).

470 *Dahm*, ZStW 57 (1938) 285.

471 *Dahm*, ZStW 57 (1938) 289. Dazu auch *Schröder* (2016), S. 5.

472 Vgl. *Mittermaier*, SchwZStR 52 (1938), 213 f., wonach Dahm/Schaffstein zwar Husserl nie zitiert hätten, „der Sache nach" aber „Anhänger einer etwas reichlich vereinfachten phänomenologisch gerichteten Anschauung" seien. Ähnlich sieht *Marxen* (1975), S. 236 ff. eine phänomenologische Nähe nur im Sinne einer lebensphilosophischen Vulgarisierung und Simplifizierung.

473 Vgl. *Wolf*, DRWis 4 (1939), 174 f., der die Kieler, u.a. auch auf Larenz bezugnehmend, in der Tradition einer neuhegelianischen, „völkischen Staatsmetaphysik" sieht; zum neuhegelianischen Einfluss auch *Marxen* (1975), S. 239 f.; allgemein zur Bedeutung der Hegelschen Straftheorie für den NS *Kiesewetter* (1974), S. 322 ("direkte Ableitung") u. passim.

474 Vgl. o. Kap. IV 3. mit Fn. 337 u. Haupttext.

475 Insoweit zust. *Zaffaroni* (2017), S. 235 („no le faltaba razón"), was nicht nachvollziehbar ist, wenn man bedenkt, dass die im Methodendualismus liegende Anti-Ethisierung des (Straf-)Rechts nach der o. Kap. IV 4. bei Fn. 383 ff. (Haupttext) vertretenen Auffassung ein möglicher Garant eines liberalen, demokratischen (Straf-)Rechts ist.

476 Vgl. schon o. Kap. II 2. mit Fn. 137 f. (NS-Leitsätze u. Literatur) sowie hier vor Fn. 449, jeweils mit Haupttext, sowie: *Dahm*, in: Dahm et al. (1935), S. 83, 89 u.

bzw. methodische Stellungnahme, wenn auch kein Proprium nationalsozialistischen Strafrechtsdenkens.[477]

3. Zur Rolle des Richters im NS-Führerstaat

Bevor wir einen näheren Blick auf einzelne Aspekte der „Kieler" Strafrechtslehre werfen wollen, verdient die Rolle des Richters im NS-Führerstaat eine gesonderte Betrachtung, denn ohne aktive richterliche Beteiligung wäre, wie wir schon oben gesehen haben,[478] das NS-Strafrechtsprojekt nicht umsetzbar gewesen. So ist es nicht überraschend, dass dieses Thema auch in den Schriften von Dahm/Schaffstein einen wichtigen Stellenwert besitzt, obwohl es in ihrer antiliberalen Kampfschrift nur beiläufig angesprochen wurde.

Schaffstein hat schon in seiner Leipziger Antrittsvorlesung im Jahr 1933 – also im gleichen Jahr des Erscheinens der Kampfschrift – die richterliche Rechtsauslegung zur nationalsozialistischen „Rechtsschöpfung" erklärt und die Unterwerfung unter den „im Gesetz verkörperten Führerwillen" verlangt.[479] Ein Jahr später hat er die Schmitt'sche Formel des „nullum crimen sine poena"[480] als treffliches Mittel gegen den Rechtssicherheitsformalismus begrüßt,[481] aber zugleich bei zu großer richterlicher Freiheit eine

passim; *Dahm* (1940), S. 37 („Übereinstimmung von Recht und Sittlichkeit"); *Schaffstein*, ZStW 53 (1934), 606 („Recht und Sittlichkeit enger als bisher zu verknüpfen ... gesetzliche Wertung möglichst auf die ethische zurückzuführen"); *Schaffstein*, in: Dahm et al.(1935), S. 110 („Einheit von Strafrecht und völkischer Sittenordnung"); *Schaffstein*, DStR 81 (1935), 101 („Trennungsdenken", nämlich die „Trennung vom[!] Recht und Sittlichkeit, von *strafrechtlicher* und ethischer Wertung" als „charakteristisch für den wissenschaftlichen Individualismus" und verantwortlich für die Zerstörung der „Einheit des politischen Seins mit ihren echten Gemeinschaften und den ihnen gemäßen konkreten Ordnungen..."); *Schaffstein*, FS Schmidt, 1936, S. 12 („... Spaltung zwischen ethischer und rechtlicher Wertung zu beseitigen ..."); *Schaffstein*, DRWis 1 (1936), 46 (gg. „Trennung von Strafrecht und völkischer Sittenordnung"); *Schaffstein*, ZStW 57 (1938), 301, 314 („ethische Grundlegung der Rechtswidrigkeitslehre"), 325 („ethische Gehalt des Strafrechts...").

477 Dagegen etwa auch schon *Liszt*, ZStW 27 (1907), 91; schon o. Kap. IV 4. mit Fn. 378 zitiert.

478 O. Kap. II 1. mit Fn. 106 ff. sowie Kap. IV 2. mit Fn. 273, 303, mit jeweiligem Haupttext.

479 Vgl. *Schaffstein* (1934), S. 20, 24.

480 O. Kap. II 1. mit Fn. 113.

481 *Schaffstein*, DR 4 (1934), 349, 352.

Lockerung der von ihm nachdrücklich befürworteten Bindung an das Führerprinzip befürchtet.[482] Deshalb müsse im „neuen Strafrecht" die „richterliche Rechtsanwendung formgebunden, aber nicht formalistisch sein",[483] womit nichts anderes als die Unterscheidung zwischen den abzulehnenden „politischen Formprinzipien des Liberalismus" und „den echten und notwendigen Formen des nationalsozialistischen Rechts" gemeint ist.[484] An diese sei der Richter gebunden, konkret an das „den Führerwillen repräsentierende Gesetz",[485] an den NS-Gesetzgeber als „Führer",[486] und zwar „umso stärker", „je wahrscheinlicher" es sei, dass „das Gesetz wirklich ... den Führerwillen repräsentiert", was gerade bei nationalsozialistisch inspirierten Gesetzen, wie etwa dem „Rasseverrat", der Fall sei.[487] Damit ist klar, dass die mit dem materiellen Unrechtsbegriff und der Wesensschau (dazu unten 5.) einhergehende Lockerung der Gesetzesbindung ihre Grenze an der NS-Gesetzgebung, insbesondere dem Führerbefehl, findet; gerade dieser ist – sofern eindeutig geäußert – strikt zu beachten,[488] es existiert keine völlig freie richterliche Rechtsfindung. Allerdings hat sich Schaffstein im Jahre 1974 von dieser Auffassung distanziert.[489]

---

482 *Schaffstein*, DR 4 (1934), 351 f.

483 *Schaffstein*, DR 4 (1934), 352.

484 *Schaffstein*, DR 4 (1934), 349.

485 *Schaffstein*, DR 4 (1934), 352.

486 *Schaffstein*, ZStW 53 (1934), 619 sowie 607 (Ausfüllung richterlichen Ermessens durch Rückgriff „auf das gesunde Rechtsempfinden des Volkes"), 618 f. (Erhebung der richterlichen Strafzumessungsentscheidung „aus dem Bereich der Willkür in den der bewußten Planung im Sinne der nationalsozialistischen Strafrechtsauffassung"), 628 (Stellung des Richters „wichtiger und verantwortungsvoller"); *ders.*, FS Schmidt, 1936, S. 50 („... wie der nationalsozialistische Gesetzgeber zu verfahren..."), 52 („Bindung an die rechtspolitischen Ziele und Wertungen der obersten Führung..."), 63 („... Bindung ... an den Führerwillen..."). Entgegen *Cattaneo* (2001), S. 213 f. liegt hier kein „Interpretationsproblem" hinsichtlich der in der vorherigen und dieser Fn. von Schaffstein zitierten Aufsätze vor. In beiden Fällen betont Schaffstein in der Sache die richterliche Bindung an den Willen des Führers; „letztlich" gibt es also, wie *Cattaneo* (2001), S. 214, selbst sagt, „keinen Unterschied", wobei man dabei aber nicht auf die Aufhebung der Gewaltenteilung abstellen muss. Damit wird aber auch Schaffsteins „Kontakt mit der Rechtssicherheit" (*Cattaneo*, 2001, S. 213) zur Makulatur, denn diese wird ja vom „Führerwillen" repräsentiert.

487 *Schaffstein*, DR 4 (1934), 352.

488 Vgl. schon o. Kap. III mit Fn. 194 u. Haupttext.

489 *Schaffstein*, in Ellscheid/Hassemer (1974), S. 417 („Als Irrweg erwies sich jene Auffassung nicht nur ... im eigentlich politischen Sinne. Darüber hinaus bewirkt sie auch eine unzulässige Verkürzung der behandelten methodologischen Fragestellungen. Der Glaube an eine totalitäre Ideologie schneidet eine der

Dahm hatte zunächst, zwei Jahre vor der NS-Machtergreifung (1931) in seiner Heidelberger Antrittsvorlesung, die „Zunahme der Richtermacht" relativ unverfänglich erklärt, nämlich als Folge der richterlichen Arbeit an einem mehr und mehr normativierten Rechtsstoff – durch „die neuzeitliche Neigung zur Erweichung der Rechtsformen" und die Lockerung der „Bestandteile des Verbrechensbegriffs" (normative Tatbestandsmerkmale, materielle Rechtswidrigkeit, normativer Schuldbegriff) –, die Raum für „Wertungen und Willensentscheidungen" nicht nur im Bereich der Strafzumessung gebe.[490] Der nationalsozialistische *turn* erfolgte erst 1934, denn nun wies Dahm dem Richter die Aufgabe zu, die Vorgaben des NS-Gesetzgebers – gleichsam mit diesem auf einer Stufe stehend – und der politischen Führung im Lichte des „völkischen Rechtsgedankens" und der „gesunden Volksanschauung" sowie mit Blick auf den „konkreten Lebenstatbestand" umzusetzen.[491] Die richterliche Machtzunahme sei, so folgert Dahm, im NS-Führerstaat letztlich mehr Schein als Sein (eine „Scheinzunahme"), sei doch der Richter „an den Willen der politischen Führung und die Rechtsanschauung der Volksgemeinschaft heute stärker gebunden als je ...".[492] Der darin liegende qualitative Sprung im Werk von Dahm – von einer rechtlichen Problemanalyse (1931) zu einer nationalsozialistisch inspirierten Beschreibung der Richterpersönlichkeit (1934), also von einem analytischen zu einem dezidiert ideologischen Ansatz – wird häufig

wichtigsten Fragen des Aufsatzthemas ab, nämlich wie die Maßstäbe und Kriterien zu gewinnen sind, nach denen der Richter bei der Auslegung und Lückenausfüllung den Ausgleich der widerstreitenden Interessen und Werte vorzunehmen hat..."). Diese Distanzierung wird von *Zaffaroni* (2017) übersehen.

490 *Dahm* (1931), S. 4 und passim (knapper Bezug auf südwestdeutsche Schule des Neukantianismus auf S. 5). *Zaffaroni* (2017), S. 245 mit Fn. 446 zitiert hier ungenau, nämlich als Zeitschrift („Recht und Staat"). Zum Strafzumessungssystem in diesem Zusammenhang *Hartl* (2000), S. 243 ff.

491 *Dahm*, DStR 80 (1934), 87 ff. (89: „Gesetz und Richterspruch ... auf gleicher Ebene", „bringen den völkischen Rechtsgedanken" und die „völkische Ordnung" zum Ausdruck, zugleich Unterwerfung des Richters unter die „im Gesetz zum Ausdruck kommende Entscheidung der politischen Führung"; 90: Richter habe die „Werturteile zu fällen, die der nationalsozialistischen Rechtsanschauung und dem Willen der politischen Führung entsprechen"; 91: „durch Gehorsam gegenüber dem Willen der politischen Führung findet der Richter die zutreffende Entscheidung"). Auch hier wird Dahm von *Zaffaroni* (2017), S. 245 mit Fn. 448 ungenau, nämlich mit Fundort Deutsches Recht (was eine andere Zeitschrift ist), zitiert.

492 *Dahm*, DStR 80 (1934), 96.

übersehen,[493] ist aber durchaus paradigmatisch für das (straf-)rechtswissenschaftliche Schrifttum dieser Zeit.

4. *Treue, Pflichtverletzung, Ehrenstrafe*

Von besonderer Bedeutung ist die von Schaffstein entwickelte *Pflichtverletzungslehre*.[494] Diese entwickelte er als Antwort auf die „individualistische Strafrechtszersetzung der vergangenen Jahrzehnte" – repräsentiert durch die liberale Rechts- bzw. Rechtsgutsverletzungslehre (dazu sogleich)[495] – und die „verbrecherischen Angriffe[n] gegen die völkische Gemeinschaft".[496] Damit propagierte Schaffstein die Überwindung des Gegensatzes zwischen Einzelnem und Gemeinschaft, kann jener doch überhaupt nur als Teil dieser existieren und zwar als „Volksgenosse" mit intrinsischen (auch sittlichen) Pflichten gegenüber der – immer vorgehenden – Volksgemeinschaft.[497] Die Nichterfüllung dieser Pflichten – also ein (sittlich miss-

---

493 So auch von *Zaffaroni* (2017), S. 245, der die frühere Arbeit (1931) nur en passant erwähnt und eine – von einer Textanalyse keineswegs gedeckte – Kontinuität zu der späteren Arbeit (1934) suggeriert.

494 *Schaffstein*, in: Dahm et al. (1935), S. 108 ff. (erneut von Zaffaroni ungenau, nämlich als Monographie, zitiert). Siehe auch *Schaffstein*, DRWis 1 (1936), 39 (42 ff.: Ersetzung der liberal-individualistischen Rechtsverletzungs-/Rechtsgutslehre durch die völkisch-kollektivistische Pflichtverletzungslehre); dazu auch *Marxen* (1975), S. 185 f.; *Hartl* (2000), S. 106 ff.; krit. *Cattaneo* (2001), S. 222 f.; zusf. zur zeitgenössischen Kritik *Stefanopolou*, JoJZG 2010, 113 f.

495 Krit. zur liberalen Rechtsgutslehre *Schaffstein*, in: Dahm et al. (1935), S. 112 f., 117; ebenso *Schaffstein*, DStR 81 (1935), 97 ff. (Rechtsgut als Begriff, dessen „aufklärerisch-individualistischen Gehalt es zu entlarven gilt" [97], dessen „Vergeistigung … als besonders gefährlich" erscheint, weil sie es „dem Gift der Aufklärungsideologie" ermögliche, „in viele Ritzen und Spalten des Strafrechts" einzudringen [101]).

496 *Schaffstein*, in: Dahm et al. (1935), S. 108 f.

497 *Schaffstein*, ZStW 53 (1934), 605 („Schutz der Volksgemeinschaft … geht dem Schutz des einzelnen Volksgenossen voraus"); *ders.*, in: Dahm et al. (1935), S. 109; *ders.*, DStR 81 (1935), 104 (Aufhebung des Gegensatzes von Kollektiv- und Individualverbrechen, „sobald aus dem isolierten Einzelnen das Gemeinschaftsmitglied, aus dem Individuum der Volksgenosse wird …"); *ders.*, DRWis 1 (1936), 46 f. („Gliedhaftigkeit des einzelnen im völkischen Gesamtorganismus bekundet sich … in den Pflichten gegenüber der Gemeinschaft … gliedmäßige Verbundenheit des Volksgenossen in der Gemeinschaft … Grund dafür, warum uns das Verbrechen gerade als Pflichtverletzung erscheint.").

billigtes)[498] Unterlassen[499] – kann strafrechtlich sanktioniert werden (schlimmstenfalls als Verrat, wie wir gleich sehen werden).

Die Begriffe *Pflicht*,[500] *Ehre* (des Volks- bzw. Rechtsgenossen)[501] und *Treue*[502] (gegenüber Führer, Volk und Staat)[503] bereiten – als verbindliche „Rechtsbegriffe" – den Boden für die – schon häufig erwähnte – radikale *Ethisierung* bzw. Moralisierung des Strafrechts;[504] konkrete „Pflichtenkrei-

---

498 Vgl. etwa *Preußischer Justizminister* (1933), S. 132 (sittliche Pflicht zum Handeln aufgrund gesunder Volksanschauung) sowie § 13 StGB-Entwurf 1936 (Bestrafung bei pflichtwidrigem Unterlassen „wie ein Handelnder ... nach gesundem Volksempfinden ..."; zit. nach *Hartl* (2000), S. 141); auch *Mezger*, DJZ 39 (1934), Sp. 104 (grundsätzlich „berechtigt"); *Schaffstein*, DJ 98 (1936), 767 („jede der völkischen Sittenordnung entspringende Pflicht als Rechtspflicht"). Dies entspricht der ethisierenden Aufhebung von Recht und Moral, dazu schon Kap. II 2. mit Fn. 138.

499 Zur entsprechenden Aufwertung der (unechten) Unterlassungsdelikte *Schaffstein*, in: Dahm et al. (1935), S. 140 ff. („Eigenart der jeweils verletzten Pflicht", nicht Rechtsgutsverletzung entscheidend; Unrechtsgehalt gründe in Pflichtverletzung, nicht kausaler Rechtsgutsverletzung); *ders.*, FS Gleispach (1936), S. 73 ff.; *ders.*, DJ 98 (1936), 767 ff. (Tätertypenproblem, Erweiterung der Unterlassungsdelikte als Konsequenz der Betonung der „Volksgemeinschaft" [767]); auch *Mezger*, DJZ 39 (1934), Sp. 102 („Vergleich des Tatbildes"); s. auch folgender Abschnitt (5.) bei Fn. 584 sowie *Hartl* (2000), S. 139 ff.; *Hoyer*, GS Eckert (2008), S. 358; *Stefanopolou*, JoJZG 2010, 114 f.

500 Zur Pflicht, insbesondere als Treuepflicht ggü. der Volksgemeinschaft, s. schon *Frank* (1935), S. 11 ff. (mit spezifischer Bezugnahme auf die [Treue-]Pflicht in Leitsätzen 3, 4, 5, 20 u. 38).

501 Zur Bedeutung des Ehrbegriffs schon o. Kap. II 2. mit Fn. 136 unter Bezugnahme auf die NS-Leitsätze (*Frank*, 1935), die sich in Nr. 5 und 27 nochmal spezifisch darauf beziehen und zwar als (Straf-)Rechtsfolge des Ehrverlusts bei Treuepflichtverletzung. Speziell zur Ehre im NS-Strafrecht *Dahm*, DR 4 (1934), 416 („wesentliche Voraussetzung für den Bestand und die Erhaltung einer wirklichen Gemeinschaft überhaupt und insofern unmittelbar ein völkisches Rechtsgut", „wertvoller als das Leben" [Bezugnahme auf die Denkschrift des *preußischen Justizministers* (1933)]); zur Ehrenstrafe u. Fn. 510 mit Haupttext.

502 Zur Bedeutung des Treuebegriffs schon o. Kap. II 2. mit Fn. 136 unter Bezugnahme auf die NS-Leitsätze (*Frank*, 1935), die sich in Nr. 3, 4, 5 und 38 nochmal spezifisch auf die (völkische) Treuepflicht beziehen; auch *Siegert*, DR 4 (1934), 528 ff. (blutgebundene Treue zur völkischen Gemeinschaft); *Schaffstein*, DStR 81 (1935), 104; aus historisch-politischer Sicht *Gross* (2010), Pos. 813 ff. (936), 1077 ff. u. passim; aus rechtshistorischer Sicht *Kroeschell* (1995), S. 158 ff. (162: Gefahr der Übersteigerung zu „einem germanischen Rechtsmysterium"); *Kroeschell*, in: Rückert/Willoweit (1995), 60 f., 66 ff.

503 *Thierack*, in Frank (1934), S. 27.

504 Nachweise schon o. 3. mit Fn. 476.

se" – an den „*konkreten Ordnungen*" Carl Schmitts[505] orientiert[506] – sollen „den alten Gegensatz von Tatstrafrecht und Täterstrafrecht" überwinden.[507] Die Verletzung der Treuepflicht gegenüber der Volksgemeinschaft ist „Verrat",[508] wobei dies allerdings nur für den Deutschen als Volksgenossen mit besonderen Treuepflichten gelte, während der Fremde nur sein Gastrecht verletze (was sich etwa beim „Landesverrat" zeige);[509] der Zusammenhang von Treue und Ehre erklärt die besondere Bedeutung von Ehrenstrafen,[510] nämlich als (sittlich-verwerflicher)[511] *Ehrverlust* aufgrund einer Treuepflichtverletzung.[512] Obwohl die Treuepflicht grundsätzlich auf „diejenigen Fälle" zu beschränken sei, „in denen die so gekennzeichnete Tat die Gemeinschaftszugehörigkeit des Täters wirklich in ihrem innersten Kern angreift und in Frage stellt",[513] überträgt Schaffstein den Treuegedanken auch auf Pflichtverletzungen im privaten (wirtschaftlichen) Verkehr,

505 O. Kap. IV 2. mit Fn. 268.

506 Explizit *Schaffstein*, DRWis 1 (1936), 45 („Wesen des Verbrechens" aus „Wesen der konkreten Gemeinschaft" abgeleitet), 47 (Pflicht ergebe sich „aus der konkreten Ordnung der völkischen Gemeinschaft"; Eingliederung des Einzelnen nicht nur in „Volksgemeinschaft in ihrer Gesamtheit, sondern darüber hinaus in eine Vielzahl ständischer und sonstiger Gemeinschaften 'niederer Ordnung'..."). Zum Einfluss Schmitts hat sich Schaffstein auch später selbst bekannt, *Schaffstein*, JJZG 7 (2005), 187 f. Zu diesem Zusammenhang auch *Schwinge/Zimmerl* (1934), S. 53.

507 *Schaffstein*, in: Dahm et al. (1935), S. 114; *ders.*, DRWis 1 (1936), 49 (Aufhebung der „Antithese von Täter und Tat").

508 *Schaffstein*, in: Dahm et al. (1935), S. 114. Krit. *Schwinge/Zimmerl* (1934), S. 50 f. Zu Verrat und Ehrverletzung *Dahm*, in: Dahm et al. (1935) S. 103 ff. Zum „Verbrechen als Verrat" auch *Marxen* (1975), S. 186 ff.; *Hartl* (2000), S. 111 ff.

509 Dazu *Dahm* (1935a), S. 13; *Dahm* (1935b), S. 29 f.; *Schaffstein*, DRWis 1936, 48; ebenso *Siegert*, DR 4 (1934), 530; auch *Freisler*, DJ 97 (1935), 1251 (Hochverrat als „schwerer Treubruch gegenüber dem Volke selbst").

510 *Schaffstein*, in: Dahm et al. (1935), S. 115; dazu auch schon *Schaffstein*, DStR 80 (1934), 273; *Schaffstein*, DJZ 39 (1934), Sp. 1179 (zivilrechtliches Konzept des „Strafanspruch" mit Ehrenstrafe unvereinbar); *Schaffstein*, ZStW 53 (1934), 625 f.; *Schaffstein*, ZStW 55 (1936), 286, 288 (Betonung der „Ehrenwirkung" der Strafe, „Ehrenminderung" auch im Strafvollzug); auch *Dahm* (1935a), S. 6 ff. (Strafe als Ehrenstrafe mit Ausschluss aus der Gemeinschaft); *Dahm*, DJZ 39 (1934), Sp. 821 (krit. zur Vernachlässigung der Ehrenstrafen [und der Todesstrafe] und für ihre Erneuerung).

511 Konsequent deshalb der Radbruch'sche Versuch der Entmoralisierung durch Abschaffung der Ehrenstrafen in seinem Entwurf von 1922, dazu *Goltsche* (2010), S. 304 f., 360, 376 f.

512 O. Fn. 501.

513 *Schaffstein*, in: Dahm et al. (1935), S. 115 f., 118.

etwa die Verletzung von Berufs-, Amts- und Gewerbepflichten, Familien- und Ehepflichten sowie die Untreue.[514]

> Im Fall der Untreue wirkt das bis heute in § 266 StGB nach, denn dessen Betonung der abstrakten Vermögensbetreuungspflicht geht auf die vom NS-Treuegedanken inspirierte Ersetzung der kasuistisch, auf bestimmte Täter bezogenen Fassung von 1871[515] durch das Gesetz zur Abänderung strafrechtlicher Vorschriften vom 26.5.1933[516] zurück.[517] Auch wenn man mit dem BVerfG die der heutigen Fassung des § 266 „zugrunde liegenden Wertungen nicht als nationalsozialistisches Gedankengut" ansehen mag[518] und den Rechtsgutsbezug (Vermögen) statt reiner Pflichtverletzung betont,[519] so ändert dies doch nichts an der Tatsache, dass der NS-Gesetzgeber mit der Orientierung am Treuegedanken eine „extensive Handhabung des Tatbestands im Sinne nationalsozialistischer Vorstellungen" ermöglichte,[520] weshalb die Untreue bis heute ein „Vermächtnis" nationalsozialistischer Gesetzgebungstechnik darstellt.[521] Der frühe Zeitpunkt der Gesetzesänderung – nur wenige Monate nach der (formalen) NS-Machtergreifung – bestätigt im Übrigen die (rückwärtsgewandte) Kontinuitätsthese.

In einem von Treue und Pflichten gegenüber der Volksgemeinschaft beherrschten Strafrecht kommt der (äußeren) *Rechts- oder Rechtsgutsverletzung* keine eigenständige Bedeutung mehr zu. Sie wird durch die innere Einstellung (*Gesinnung*) zu diesen Treuepflichten ersetzt, so dass die Straftat zur

---

514 *Schaffstein*, in: Dahm et al. (1935), S. 127 ff. (vier Gruppen von Pflichtverletzungsdelikten, allerdings nicht abschließend). Zu den Forderungen der antiliberalen Bewegung zum BT s. *Marxen* (1975), S. 124 ff.

515 RGBl 1871 I, S. 127 (§ 266 RStGB).

516 RGBl 1933 I, S. 295.

517 Vgl. explizit zum Zusammenhang mit dem NS-Treuebegriff *Siegert*, DR 4 (1934), 531; auch *Dahm* (1935a), S. 14.

518 BVerfG, Beschluss v. 23.6.2010 [Verfassungsmäßigkeit § 266 StGB] – 2 BvR 2559/08 u.a., Ziffer 88.

519 So allg. zu den aktuell existierenden Sonderdelikten *Hoyer*, GS Eckert (2008), S. 362; *Stefanopolou*, JoJZG 2010, 117.

520 BVerfG, 2 BvR 2559/08, Ziffer 16 (mit allerdings unkritischem Verweis auf die Schrift von *Bruns*, 1938, deren Qualität als Habilitationsschrift umstritten war, vgl. *Jeßberger*, in: Jeßberger/Kotzur/Repgen (2019), S. 6 mit Fn. 46; krit. zu Bruns *Wolf*, JuS 1996, 189.

521 *Wolf*, JuS 1996, 193; *Safferling*, NStZ 2011, 376, 377 li.Sp. In der Kommentarliteratur wird die Änderung von 1933 in der Regel nur unkritisch wiedergegeben, vgl. etwa *Dierlamm*, in: MüKoStGB (2014), § 266 Rn. 20; *Kindhäuser*, in: NK-StGB (2017), § 266 Rn. 17.

Pflichtverletzung wird, die eine vorwerfbare innere Einstellung im Hinblick auf die genannten Treuepflichten zum Ausdruck bringt.[522] Damit vollzieht Schaffstein den Schritt vom „Rechtsgutsverletzungsstrafrecht" zum *„Gesinnungs- oder Pflichtenstrafrecht"*,[523] wobei allerdings die völlige Aufgabe des Rechtsgutsbegriffs nicht unbedingt notwendig gewesen wäre (zur Bestrafung des bloßen bösen Willens sogleich), denn dieser war (und ist!) „geschmeidig" genug,[524] um mittels des von Schwinge/Zimmerl propagierten teleologischen Verständnisses[525] nationalsozialistisch aufgeladen zu werden.[526] Deshalb konnte die Kieler Schule letztlich mit dem „inhaltlichen und substanzerfüllten" Rechtsgutsbegriff gut leben[527] – ebenso wie andere NS-Juristen[528] – und ihren eigentlicher Angriff gegen die Feuerbach'sche (subjektive) Rechtsverletzungslehre richten.[529] Der Streit zwischen den „Kielern" und den „Marburgern" bestand damit im Kern doch nur darin, welcher Ansatz – Pflichtverletzungs- oder teleologische Rechts-

522 *Schaffstein*, DRWis 1 (1936), 45 (Verbrechen als „Ausdruck einer verwerflichen und volksfeindlichen Gesinnung"); dazu *Marxen* (1975), S. 188 f.

523 *Schaffstein*, in: Dahm et al. (1935), S. 110; näher zu Pflichtverletzung und Gesinnung ebd., S. 119 ff., 125; ansatzweise auch *Schaffstein*, DStR 81 (1935), 105 (Verständnis des Verbrechens als Pflichtverletzung als „Grundstein" des „Neubau[s] des nationalsozialistischen Strafrechtssystems"); *ders.*, DRWis 1 (1936), 45 ff.; zum Gesinnungsstrafrecht *Hartl* (2000), S. 126 ff.

524 *Amelung* (1972), S. 238.

525 O. Kap. IV 2. mit Fn. 277-286 u. Haupttext. – *Hartl* (2000), S. 102 f. übersieht den – wenn auch vordergründigen – Dissens zwischen den Kielern und Marburgern in der Rechtsgutsfrage, wenn er insoweit einen einheitlichen Kampf der antiliberalen Reformbewegung annimmt (immerhin zitiert er Schwinge/Zimmerl auf S. 109 mit Fn. 401).

526 In diesem Zusammenhang auch *Murmann* (2005), S. 138 (Rechtsgut „für jede inhaltliche Auffüllung offen"); *Hoyer*, GS Eckert (2008), S. 361 (Begründung der Strafbarkeit des untauglichen Versuchs mit rechtsgutsbezogenen Erwägungen). Zum geringen Einschränkungspotential des (traditionellen) Rechtsgutsbegriffs auch *Ambos*, FS Wolter (2013), 1285, 1288 ff. m.w.N; kritisch auch und stattdessen Betonung (des besonders in Italien vertretenen) Verletzungsprinzips (*principio de ofensividad*) *Zaffaroni* (2017), S. 228 f.

527 Vgl. *Dahm*, ZStW 57 (1938), 231; *ders.*, Tätertyp (1940), S. 31 mit Fn. 56 (grds. Einigung erreicht); *Schaffstein*, DRWis 1 (1936), 43 f. (wonach der richtige „Kern der Rechtsgüterlehre" in ihrem Schutz von bestimmten Werten der „Volksgemeinschaft" liege). Vgl. auch *Amelung* (1972), S. 249 (Anpassung an das NS-Denken als „Volksgutslehren"), 251 ff.

528 Vgl. etwa das Plädoyer für eine Erweiterung des Rechtsgüterschutzes im nationalsozialistischen Sinne von *Strauß*, in Frank (1934), S. 31 ff.

529 Zutreffend *Günther*, in: Institut für Kriminalwissenschaften (1995), S. 445, 452 ff.

gutslehre – zur Überwindung des verhassten liberalen Denkens besser geeignet war;[530] zumal auch die Marburger die Schuld in der dem Nationalsozialismus widersprechenden Gesinnung erblickten.[531] So gesehen handelt es sich also, wie schon oben gesagt,[532] um ein *Scheingefecht*.

Die subjektivierte Pflichtverletzungslehre hat unmittelbare Konsequenzen für den Verbrechensbegriff, indem sie zum einen die *Rechtswidrigkeit subjektiviert*[533] – subjektiver Widerspruch zur Pflicht (die allerdings gemessen an der „völkischen Sittenordnung" objektiv verstanden werden soll)[534] –, was zum anderen zu einer *Verschmelzung mit der Schuld* führt,[535] die ja auch nur im Vorwurf der in der Tat zum Ausdruck kommenden mangelhaften inneren Einstellung (Gesinnung) zur Pflicht besteht. Anders ausgedrückt macht die Pflichtverletzungslehre die Unterscheidung zwischen Rechtswidrigkeit und Schuld überflüssig, denn beide bestehen gleichermaßen in der (subjektiven) Verletzung (Nichterfüllung) der Pflicht gegenüber der Volksgemeinschaft[536] – ganz im Sinne des genannten „Gesinnungs- oder Pflichtenstrafrechts." Beispielhaft: Ein Zeuge, der glaubt die Unwahrheit zu sagen, aber tatsächlich die Wahrheit sagt, begeht eine vollendete Falschaussage, weil er ja die Unwahrheit sagen wollte und damit seine mangelhafte Einstellung zur Wahrheitspflicht zum Ausdruck gebracht,

530 Vgl. in diesem Sinne gegen Schaffstein auch *Schwinge/Zimmerl* (1934), S. 48 f., 67 (wo sie u.a. die Nähe der Pflichtverletzungslehre zum individualistischen Denken der Liberalismus nachzuweisen versuchen).

531 O. Kap. IV 2. mit Fn. 283 u. Haupttext.

532 O. Kap. IV 3. mit Fn. 358 u. Haupttext.

533 *Schaffstein*, in: Dahm et al. (1935), S. 123; auch *Schaffstein*, DRWis (1936), 49 (Subjektivierung der Rechtswidrigkeit).

534 *Schaffstein*, in: Dahm et al. (1935), S. 139 („Objektivierung der Pflichtwidrigkeit"); auch *Schaffstein*, DRWis 1 (1936), 49 („Objektivierung einer normativ verstandenen Schuld").

535 S. etwa *Schaffstein*, in: Dahm et al. (1935), S. 123; *Schaffstein*, DRWis 1 (1936), 49 (Zusammenfallen von Unrecht und Schuld); zur Aufhebung der Unterscheidung auch *Marxen* (1975), S. 222 ff.; zur Diskussion, insbesondere in der Gürtner-Kommission (Gürtner, 1934 u. 1935) näher *Hartl* (2000), S. 159 ff. (wonach sich die „Befürworter einer Vereinheitlichung von Rechtswidrigkeit und Schuld ... letztlich ... nicht durchsetzen" konnten [162]).

536 *Schaffstein*, in: Dahm et al. (1935), S. 132 ff. (134, 137); insbes. gegen eine Dreiteilung in Tatbestandsmäßigkeit, Rechtswidrigkeit und Schuld ebd. S. 123, 132; auch *Schaffstein*, DRWis 1 (1936), 46 ff. (Pflichtverletzung als Verletzung gegenüber völkischer Gemeinschaft mit konkreten Folgen für Verbrechensbegriff).

sich also jedenfalls einer Pflichtverletzung in diesem subjektivierten Sinne schuldig gemacht hat.[537]

Damit wird der *willensstrafrechtliche Einschlag* der Pflichtverletzungslehre vollends deutlich: Einerseits führt die Subjektivierung der Rechtswidrigkeit mittels der Pflichtverletzungslehre zu einem (gesinnungsorientierten) „Willensstrafrecht“;[538] andererseits gibt die Pflichtverletzungslehre dem „Begriff des Willensstrafrechts erst seinen eigentlichen Gehalt“;[539] denn entscheidend ist der durch die Pflichtverletzung zum Ausdruck gekommene (volksfeindliche) Wille (Gesinnung).[540] Schon vorher hat Schaffstein insoweit die Betonung des „bösen Willen[s]“ zur Grundlage der „ethisierenden Strafrechtsauffassung“ der Nationalsozialisten gemacht.[541] Wir werden darauf und auf die weitere Konsequenzen für den Verbrechensbegriff sogleich (5.) und danach (6.) noch einmal zurückkommen.

537 *Schaffstein*, in: Dahm et al. (1935), S. 128 f.; s. auch *Gallas*, FS Gleispach (1936), S. 52 (der allerdings nicht nur die Rechtsguts- sondern auch die Pflichtverletzungslehre wegen ihrer „Einseitigkeit“ – Erhebung des ethischen Standpunkts „zum wesensbestimmenden Prinzip“ – kritisiert [S. 67 f.]) [auch zit. von *Zaffaroni* (2017), S. 221 mit Fn. 420, allerdings ohne genaue Seitenangabe und auch deshalb ungenau, weil er sowohl Schaffstein als auch Gallas als Monographien zitiert]. Krit. *Schwinge/Zimmerl* (1934), S. 68, wonach auch der teleologische Rechtsgutsbegriff (o. Kap. IV 2. mit Fn. 286) eine subjektive „Sinndeutung eines Delikts“ erlaube (dazu auch *Schröder* (2016), S. 17 f.); gegen die teleologische Methode aber grds. *Schaffstein*, FS Schmidt (1936), S. 59 ff. Im Übrigen gelangt man auch über die Betonung des Akt(un)werts (Handlungs(un)werts) zum gleichen Ergebnis, vgl. *Welzel*, FS Kohlrausch (1944), S. 101, 107 f.

538 *Schaffstein*, in: Dahm et al. (1935), S. 123 (Subjektivierung u. Verschmelzung führt zu „Willensstrafrecht“), 137 (Zuordnung des Verbrechens als Pflichtverletzung zu Willensstrafrecht); *Schaffstein*, DRWis 1 (1936), 45 (Verbindung von Gesinnung und Pflichtverletzung im künftigen „Willensstrafrecht“). Dazu auch *Hartl* (2000), S. 160 f.

539 *Schaffstein*, in: Dahm et al. (1935), S. 114.

540 Vgl. etwa *Schaffstein*, DRWis 1 (1936), 49 („Eintritt der Pflichtverletzung“ vom „Eintritt des schädigenden Erfolgs unabhängig“).

541 *Schaffstein*, ZStW 53 (1934), 609 ff. (guter o. böser „Wille entscheidend“, Erfolg „gleichgültig“ für sittliche Bewertung; „Abstellen allein auf den bösen Willen“ entspreche einer „ethisierenden Strafrechtsauffassung …“; „Standpunkt eines ethisierenden Willensstrafrechts“).

5. Konkrete Wesensschau und Willens-/Täterstrafrecht

Die Ablehnung des Trennungsdenkens führt zu einer *wesensmäßigen Gesamtbetrachtung*, die an der Wirklichkeit der Volksgemeinschaft, am „völkische[n] Sein" – der Schmitt'schen konkreten Ordnung[542] –, zu orientieren ist: „Die 'Tötung' kann nicht für sich gesehen, sie kann nicht 'als solche' festgestellt und alsdann mit dem Stempel 'Mord' versehen werden. Sie ist von vorneherein Mord, wo sie die Gemeinschaft zerstört. Wer von der Gemeinschaft her denkt, sieht gar nicht die Tötung, sondern den Mord ..."[543] Denn das „abstrakte Denken trägt den Keim der Zerstörung in sich"[544] und der abstrakte Tatbestand alleine sei sinnlos;[545] er erhalte seinen Sinn nur in Bezug auf die Volksgemeinschaft, „aus ihrem Sein und Wirken in der Gemeinschaft, verstanden aus Volk und Rasse".[546] Man könne die menschliche Handlung nicht anders „sehen als in der Gemeinschaft, nicht als einzelnen, selbständigen und natürlichen Vorgang ..., sondern es trägt seinen Sinn oder Widersinn in sich, das heißt in seinem völkischen Sein";[547] es geht also um die der „völkischen Sittenordnung" entspringende

---

542 *Dahm*, in: Dahm et al. (1935), S. 86 („völkisches Sein" als „Ordnung", Recht als „konkrete Ordnung", Verbrechen als „konkrete Unordnung"), 101 (Gesetz als „Ausdruck einer wesenshaften Lebenswirklichkeit, der lebendigen Ordnung des deutschen Volkes und des Führerbefehls"); auch *Dahm* (1940), S. 35 (Gesetz strebe nach „lebensmäßiger Ordnung der Dinge"); *Schaffstein*, DRWis 1 (1936), 47 (Sittlichkeit „ergibt sich aus der konkreten Ordnung der völkischen Gemeinschaft", Bezug auf „niedere" ständische Ordnungen). Zu Schmitt insoweit schon o. Kap. IV 2. mit Fn. 267. Zu Wesensschau und Ordnungsdenken auch *Marxen* (1975), S. 221 f.; knapp *Vogel* (2004), S. 65 f. ; *Schröder* (2016), S. 43 ff.

543 *Dahm*, in: Dahm et al. (1935), S. 86.

544 *Dahm*, in: Dahm et al. (1935), S. 63 f. („... zersetzendes Denken, das hier am Werke ist."). Zum Kampf gg. abstrakte Begriffe und Trennungsdenken auch *Marxen* (1975), S. 214 ff. m.w.N.

545 Gegen die Beling'sche Tatbestandslehre, insbes. die These der Wertfreiheit, und die liberalen Implikationen (Gesetzlichkeitsgrds. etc.) auch *Dahm*, in: Dahm et al. (1935), S. 63 ff., 78 ff., 89 u. 107 (Abschaffung des Begriffs „Tatbestand", der „künstlich" und Beispiel für „gespensterhafte, ausgelaugte und tote Worte" sei); anders aber *Dahm* (1940), S. 37 (Tatbestand als einziger „Ausgangspunkt jeder Untersuchung über den ... Typus", „Typus" als „Schatten des Tatbestands"). Auch sonst bedient sich Dahm in diesem späteren Text des Begriffs des Tatbestands in einer Weise, als ob es die frühere Forderung nach seiner Abschaffung nie gegeben hätte. Zum Kampf gg. den wertfreien Tatbestand und die bewertende Rechtswidrigkeit auch *Marxen* (1975), S. 219 ff.

546 *Dahm*, in: Dahm et al. (1935), S. 86.

547 *Dahm*, in: Dahm et al. (1935), S. 86 f. Zur Bekämpfung des naturalistischen Handlungsbegriffs auch *Marxen* (1975), S. 217 ff.

Handlung.[548] Das deliktische Unrecht lasse sich nicht durch die bloß rational-logische Analyse des Tatbestands erfassen, sondern nur ihrem Wesen bzw. „wirklichen Sein" nach,[549] also – „materiell"[550] – unter Berücksichtigung der „Bedeutung für die völkische Ordnung".[551] So seien eben die Kriegsverbrechen deutscher Soldaten im Ersten Weltkrieg ebenso wenig – ihrem Wesen nach – Totschlag oder gar Mord[552] wie die Wegnahme einer Fahne einer katholischen Organisation durch die Hitlerjugend Diebstahl

---

548 *Dahm*, ZStW 57 (1938), 250 ff. („Wesen der Rechtsinstitute" bzw. „Begriff der Rechtswissenschaft" als „Nachbildung einer sinnerfüllten Wirklichkeit" [251 f.], „geschichtlich gewordene, im Volksbewußtsein lebendige, für das Gemeinschaftsleben in bestimmter Weise bedeutsame Vorstellungen ..." [252], „Zurückgehen auf tieferliegend, im Volke lebende Vorstellungen" [ebd.], „hinter dem Gesetz wirkende volkstümliche Anschauung ... ein Volksempfinden für Recht und Unrecht" [255], „Maßstab in der geschichtlich gewordenen Sittenordnung, in dem inneren Lebensgesetz und den Gemeinschaftsordnungen des Volkes" [ebd.]); auch *Dahm* (1940), S. 34 f. („Volksempfinden" stehe „hinter jedem Rechtsbegriff", Grundlage und „Rohstoff" der gesetzgeberischen u. richterlichen Arbeit).

549 *Dahm*, in: Dahm et al. (1935), S. 89 („Denn der Kern, das Wesen des Verbrechens ist eben 'logisch' gar nicht zu fassen..."); *Dahm* (1935b), S. 14 (NS-Kernbegriffe Ehre, Treue etc. entziehen „sich einer letzten rationalen Erfassung"). Vor Dahm hatte allerdings schon *Mittermaier* (ZStW 44 (1924), 8 f.) zur Bestimmung eines Verhaltens als Verbrechen auf sein „inneres Wesen" abgestellt („Es kann aber etwas vom Recht in einem Tatbestand ausgeprägt werden und ist seinem inneren Wesen nach doch kein Verbrechen." [8]). Dahm selbst wiederum erkannte später den grds. Wert einer logisch-rationalen Verbrechensstruktur an („Aufgabe der Wissenschaft, die einer rationalen Erfassung und Gestaltung im weitesten Umfange zugänglichen und bedürftigen Bestandteile des Verbrechensbegriffs zu ermitteln und das Ganze des Verbrechens sinnvoll zu gliedern"), hielt aber daran fest, dass die Ganzheitsbetrachtung („Verbrechen als eines Ganzen, als eines inneren Sinnzusammenhangs...") „von größerer Bedeutung" sei (*Dahm* (1940), S. 60 f.).

550 Etwa *Schaffstein*, ZStW 53 (1934), 612 („Prinzip des materiellen Unrechtsausschlusses im Sinn der nationalsozialistischen Rechtsidee").

551 *Dahm*, in: Dahm et al. (1935), S. 102; auch *Dahm* (1940), S. 21 (Bestimmung des völkischen Tätertyps über die „Volksanschauung", aus der sich „Täterbilde" ergebe), 34 („Volksempfinden" und „völkische Sittenordnung" als Grundlage des Gesetzes), 37 (Tätertyp als „Richtlinie" für „vernünftige" Gesetzesanwendung). Stärkere Anlehnung an das Schmitt'sche Ordnungsdenken bei *Dahm* (1935a), S. 16 („Denken aus der konkreten Gemeinschaft und aus der lebendigen Ordnung heraus...").

552 *Dahm*, in: Dahm et al. (1935), S. 71 ff. (krit. zu den Leipziger Kriegsverbrecherprozessen), 91 („Der Jurist muß heute tatsächlich wieder lernen, daß der Soldat im Kriege kein Mörder ist, daß er auch 'an sich' keine Tötung begeht ..."). *Welzel*, ZStW 58 (1939) 491, 516 ff. gelangt im Übrigen zum gleichen Ergebnis über

sei.[553] Aus der Wesensbetrachtung kann sich also eine „Einschränkung des Tatbestands", aber auch seine Ausdehnung ergeben.[554] Letztlich gehen Tatbestand und Rechtswidrigkeit (und auch Schuld) aber in einem nur vage wesensmäßig bestimmten, also tatsächlich unbestimmten, Deliktstypus (dazu sogleich u. 6.) auf, womit die Präzisierungs- und Begrenzungsfunktion des Tatbestands aufgehoben wird.[555] Auf die in dieser Untersuchung schon mehrfach erwähnte zeitgenössische Kritik am diffusen Begriff der „Wesensschau" kann insoweit verwiesen werden.[556]

---

seine **Sozialadäquanzlehre**, denn „in den kriegerischen Kampfsituationen" unterfallen „kriegsadäquate, kriegsnormale Handlungen von vorneherein nicht deliktischen Tatbeständen"; schließlich sei „der Gedanke, daß das Heer im Kampf um Leben und Tod lauter strafrechtliche Tatbestände – wenn auch rechtmäßig – verwirkliche, zu absurd, zu papieren konstruiert, als daß er richtig sein könnte" (ebd., 527). – Krit. zur Sozialadäquanzlehre wegen ihrer NS-Nähe *Llobet* (2018), S. 301 ff. m.w.N; im dt. Schrifttum beschränkt sich die Kritik idR auf die Unbestimmtheit des Konzepts (vgl. etwa *Loos*, in: Loos (1987), S. 502 ff. [503: „Vagheit des Begriffs"]; *Eser*, FS Roxin (2001), S. 199, 205 ff.), die aber gerade seine Auffüllung mit NS-Gedankengut erlaubt (insofern krit. nun *Kindhäuser*, in: Kindhäuser et al. (2018), S. 160 [„wenig konkretisierten Begriff des Völkischen"], 178 f. [Bestimmung des Unrechts durch einen „empirisch auch nicht halbwegs exakt einzufangenden 'Volkswillen[s]' ..."].

553 *Dahm*, in: Dahm et al. (1935), S. 102 („Das Wesen des Diebstahls erschöpft sich nicht in der Summe seiner Tatbestandsmerkmale"), 103 („Was Diebstahl ist, sagt ja im Grunde nicht das Gesetz, sondern das ergibt sich aus dem Wesen der Sache"). Ebensowenig sei die Wegnahme einer Sache der Frau durch ihren Mann (ebd. S. 92 f.) oder die Wegnahme von nach den Bestimmungen des Versailler Vertrags herauszugebenden französischen Fahnen Diebstahl, weil sie nicht seinem Wesen und dem zugrundeliegenden Tat- oder Tätertypus entspreche (*Dahm*, ZStW 57 (1938), 253 f.; dazu auch *Marxen* (1975), S. 207).

554 *Dahm*, in: Dahm et al. (1935), S. 102. *Dahm*, ZStW 57 (1938), 254 spricht allgemeiner von einer „Einschränkung des Deliktstypus", was widersprüchlich ist, wenn man, wie er (in: Dahm et al., 1935, S. 68), schon in der Tatbestandsmäßigkeit eine „Belastung" sieht. Vgl. auch *Dahm* (1940), S. 42 f. („Einschränkung" durch „Typisierung", „Tätertypus" und Bezugnahme auf „das typische Lebensverhältnis"), 49 („Ausdehnung" durch „entsprechende Anwendung" durch Bezugnahme auf den Tätertypus). Ebenso *Schaffstein*, FS Gleispach (1936), S. 104 (Einschränkung bei Abweichung des Tätertyps vom Tatbestand).

555 Krit. auch *Marxen* (1975), S. 203 ff („unbestimmte[n] Andeutungen und vage[n] Umschreibungen" [221]); *Hoyer*, GS Eckert (2008), S. 355 (bestimmter Delikts- bzw. Tätertyp lediglich angedeutet).

556 Vgl. insbesondere *Schwinge/Zimmerl* (1934) und *Schwinge* (1938), dazu Kap. IV 2.; sowie *Mittermaier*, SchwZStR 52 (1938), 213, 217 („reichlich gefühlsmäßige «Wesensschau»"); *Wolf*, DRWis 4 (1939), 173 (Begriff „Wesensschau" „abgegriffen und allgemein" und in „populär-unbestimmten Sinn verwendet ...").

Dahm erkennt damit zwar *Täter-/Gesinnungstyp* und *Willensstrafrecht* insofern an, als das ein Verbrechen mehr sei als nur die bloße Verletzung von Interessen oder Gütern, doch setzt er sich von einem *reinen* Willens- bzw. Gesinnungsstrafrecht (dazu sogleich) insofern ab,[557] als er die *Tatbezogenheit* des Täterstrafrechts betont[558] und deshalb auch an der Unterscheidung von Täterschaft und Teilnahme festhalten will.[559] Dahm kommt es auf die Rolle und Stellung des Täters in der Gemeinschaft – „die äußeren Bedingungen, unter denen er lebt, die Zugehörigkeit zu einem bestimmten Beruf oder Stand usw."[560] – und deren Bewertung an. Es geht – gegen eine „zu einseitig[e]" Betonung des „Wesen[s] des Täters"[561] – um eine Objektivierung am Maßstab des aus der völkischen Sittenordnung entspringenden Wesens der konkreten Tat[562] (*Verbindung zwischen Wesensschau und Willensstrafrecht*),[563] um „die Vertiefung und richtige Erfassung des 'Tat' -Strafrechts" durch den Tätertypus,[564] um einen – an der „im Volk lebende[n]

557 Zum Täterstrafrecht als konkurrierende Lehre zum Willensstrafrecht vgl. *Hartl* (2000), S. 116 ff. (wonach, u.a., dieses sich vornehmlich auf den AT auswirkte, während das Täterstrafrecht eher der Schaffung neuer Tatbestände diente und seinen Ursprung nicht nur im Willensstrafrecht, sondern auch in einem gemeinschaftsbezogen Strafrechtsdenken hatte [121]).

558 *Dahm* (1940), S. 55 (Täterstrafrecht durch „äußeren … Tatvorgang geprägt" sowie „Tatherrschaft" [Lange] als Charakteristikum der „Täterschaft"); in der Sache ebenso *Mezger*, DJZ 39 (1934), Sp. 100 (Tatbestandsbezogenheit auch im Willensstrafrecht unaufgebbar, dessen „Rückgrat" bilde das „Verwirklichenwollen eines bestimmten gesetzlichen Tatbestands …"), Sp. 103 („objektive Korrektur", „objektive Sicherung").

559 *Dahm* (1940), S. 54 ff. (willensstrafrechtliche „Gleichbehandlung aller Beteiligungsformen … schon im Ansatz verfehlt" [54]). Auch *Schaffstein*, ZStW 57 (1938), 319 ff. hält an dieser Unterscheidung fest, differenziert aber bezüglich der Akzessorietät der Teilnahme danach, ob die Strafbarkeitsvoraussetzungen der Haupttat wesensbegründend sind (dann Akzessorietät, sonst – bezüglich persönlichen Strafausschließungsgründen und Zurechnungsfähigkeit – Selbständigkeit der Teilnahme). Zum Willensstrafrecht insoweit schon o. Kap. II 3. mit Fn. 182 u. Haupttext.

560 *Dahm*, in: Dahm et al. (1935), S. 88 f.

561 *Dahm*, ZStW 57 (1938), 256.

562 *Dahm*, ZStW 57 (1938), 253 („Wesen des in dieser Vorschrift gemeinten Tätertypus", „Wesen der den gesetzlichen Umschreibungen zugrundeliegenden Tat- und Tätervorstellungen").

563 Vgl. *Dahm*, in: Dahm et al. (1935), S. 89 („Wo der Täter mit einem Hauptwort genannt werden kann – Verräter, Mörder, Dieb, Betrüger, Erpresser – dort liegt das Wesen in der Regel im 'Willen' …"); *Dahm* (1935a), S. 11 („Wesen des Verbrechens" als „Entartung des Willens…").

564 *Dahm* (1940), S. 25.

Vorstellung vom Mörder, vom Diebe" etc.[565] – ausgerichteten Tätertyp, eine „Persönlichkeitsvorstellung", ein „Menschenbild",[566] einen Verbrechenstypus,[567] um „Tat und Täter als Einheit",[568] also letztlich um „ein bestimmtes Sein in der Gemeinschaft",[569] das sich letztlich auch durch die gesetzliche Anerkennung bestimmter Tätertypen niederschlagen müssen.[570]

Ähnlich betont in diesem Zusammenhang – anders noch als bei der stärker subjektivierten Pflichtverletzungslehre[571] – Schaffstein die äußere Seite des Willensstrafrechts, soll doch „nicht der verbrecherische Wille als solcher" die Tat rechtswidrig machen, „sondern erst seine Verwirklichung in einem bestimmten äußeren Geschehen."[572] Ebenso erkennt er die „Ein-

---

565 *Dahm* (1940), S. 24 („... wie in der Sprache ja auch dem Mord der Mörder und der Hehlerei der Hehler entspricht").

566 *Dahm*, ZStW 57 (1938), 257.

567 Zutr. *Zaffaroni* (2017), S. 253.

568 *Dahm*, in: Dahm et al. (1935), S. 92; *Dahm* (1940), S. 24.

569 *Dahm*, in: Dahm et al. (1935), S. 88.

570 Insoweit hat *Dahm* in seinem späteren, schon mehrfach zitierten – von Zaffaroni nur beiläufig erwähnten – Beitrag zum „Tätertyp" (1940) – trotz Anerkennung eines „Gesetzessubjektivismus" und der Rolle der Rspr. „als Vorkämpferin des neuen 'Willensstrafrechts'" (S. 5) – beklagt, dass „auch heute noch das Strafrecht zunächst einmal Tatstrafrecht ist" (S. 7), weil es nicht gelungen sei, über den kriminologischen Tätertyp hinaus eine Lehre von der „Gesamtpersönlichkeit des Verbrechers" (S. 8, 9) zu entwickeln, die jenseits der Strafzumessung, also schon auf Unrechtsebene, Anwendung finden könne (S. 7 f.). Dem versucht er – mit Mezgers „Lebensführungsschuld" (o. Kap. IV 1. mit Fn. 235 u. Haupttext) sympathisierend (S. 11 ff.) und die vor allem von Freisler (o. Kap. II 3. mit Fn. 176 u. Haupttext) in Stellung gebrachte „Sühne" als „dritte Spur" reaktivierend (S. 11, 38, 40) – durch die Entwicklung des Tätertypus – im Sinne eines „schuldhafte[n] Tätersein[s]" (S. 9) – anhand einer detaillierten Analyse relevanter (nationalsozialistischer) Normen (u.a. GewohnheitsverbrecherG, Kriegssondergesetzgebung [„Volksschädling", S. 34]) abzuhelfen (S. 9 ff.; zu unterschiedlichen Tätertypen S. 27 ff.), wobei sein (abstrakter) Definitionsversuch blass bleibt: „Will doch der Gedanke des Tätertypus besagen, daß, wo das Tatbild in sich hinreichend anschaulich und geschlossen ist, mit der Tat auch die Vorstellung eines Täters gegeben sei ..." (S. 24). Das eigentlich Überraschende ist aber Dahms Distanzierung von der Schrift „Liberales oder autoritäres Strafrecht" (*Dahm/Schaffstein*, 1933), weil die „kriminalpolitische Lage heute [1940] eine andere als damals" [1933] sei, denn das „Ziel" der „kraftvolle[n] Verfolgung und Vernichtung des wirklichen Verbrechens ... heute im Wesentlichen erreicht." (S. 44).

571 Insoweit o. 4. mit Fn. 539 f. u. Haupttext.

572 *Schaffstein*, ZStW 57 (1938), 313. Vgl. auch ebd., S. 315, wonach „aus der Natur des Verbrechens als Willensverwirklichung zwangsläufig eine Unterscheidung

heit" von Tat und Täter[573] und ihre Bedeutung für „Tatbestandsbildung und Tatbestandsauslegung"[574] an, wobei er hinsichtlich der Art und Weise der Berücksichtigung des Tätertyps zur Unrechtsbestimmung auf die – unten (Kap. VI) zu behandelnde Lehre – Erik Wolfs verweist[575] (die allerdings Dahm für zu subjektivistisch hält).[576] Pflichtverletzungs- und Tätertypenlehre haben damit die Gesinnung als gemeinsamen Bezugspunkt und die Bestrafung des Gesinnungsunwerts als gemeinsame straftheoretische Grundlage:[577] Jene sieht den Grund der Bestrafung in der mangelnden Treue gegenüber der NS-Sittenordnung (und damit insoweit in defizitärer, falscher oder gar böser Gesinnung), diese in der defizitären Täterpersönlichkeit (Tätergesinnung), wobei die angesprochene stärkere Betonung der äußeren (Tat-)Seite strafrechtslimitierend wirkt. *Reines* Gesinnungs- oder Pflichtenstrafrecht im oben genannten, Schaffstein'schen Sinne[578] führt jedenfalls zu einer Strafrechtsexpansion auf subjektiv-vergeistigter Grundlage, zu einer Bestrafung des bloßen bösen Willens,[579] weshalb die Betonung der äußeren Seite (Tatbestandsbezogenheit, Manifestation des Willens) als bloßes Lippenbekenntnis[580] und die Abgrenzung von Willens- und Gesin-

---

zwischen dem Willen und seiner Verwirklichung, zwischen dem Vorsatz und dem äußeren Geschehen, in dem er sich in die Tat umsetzt, folgt." Auch *Schaffstein*, DRWis 1 (1936), 43 (externe Manifestation von „Wille und Gesinnung"). Ebenso *Mittermaier*, SchwZStR 52 (1938), 221 f. (Bestimmung des Objekts des Willens); *Mittasch* (1939), S. 133 f. (Willensstrafrecht ohne äußeren Erfolg nicht denkbar, bloße „soziale Minderwertigkeit" könne allenfalls „rassehygienische" Maßnahmen, aber keine Strafe zur Folge haben).

573 *Schaffstein*, ZStW 57 (1938), 332 („Täter ist wer die Tat begeht, und die Tat wiederum erhält durch den Täter ihr Gepräge. Die Tat kann nicht ohne einen Täter und der Täter nicht ohne eine Tat gedacht werden."); auch *Schaffstein*, DRWis 1 (1936), 49 (Aufhebung der „Antithese von Täter und Tat").

574 *Schaffstein*, ZStW 57 (1938), 336.

575 *Schaffstein*, ZStW 57 (1938), 334 f.; *Schaffstein*, FS Gleispach (1936), S. 70, 103; zu „Täter-" und „Gesinnungstypen" auch *Schaffstein*, DRWis 1 (1936), 46.

576 *Dahm* (1940), S. 25 f. Er bezieht sich aber auf das u. Kap. VI 1. mit Fn. 607 zit. Werk Wolfs, während Schaffstein sich auf den späteren Aufsatz aus 1936, u. Kap. VI 2. mit Fn. 664, bezieht.

577 Vgl. explizit zur Verbindung zwischen Pflichtverletzungslehre und Willensstrafrecht *Schaffstein*, in Dahm et al. (1935), S. 137 („Pflichtverletzung … Willensstrafrecht … zugeordnet…"); vgl. auch *Stefanopolou*, JoJZG 2010, 113.

578 O. 4. mit Fn. 523 u. Haupttext; zu Freislers Ansatz schon o. Kap. II 3. mit Fn. 165 ff. u. Haupttext.

579 Vgl. *Schaffstein*, DStR 81 (1935), 102 (Bestrafung des ungefährlichen untauglichen Versuchs nur als Ausdruck bösen Willens erklärbar).

580 Oder als bloße prozessuale Konzession wie bei *Freisler*, o. Kap. II 3. mit Fn. 173 f.

nungsstrafrecht undurchführbar erscheint.[581] Auch scheint insoweit die Strafbegründung mittels eines teleologisch-nationalsozialistischen Rechtsgutsbegriffs an ihre Grenzen zu stoßen, will man den Rechtsgutsbegriff nicht jedes, noch irgendwie fassbaren Inhalts – böser Wille als (abstrakt gefährlicher) Angriff auf die nationalsozialistische Sittlichkeitsordnung?[582] – berauben.

Auch auf dem Gebiet des *Unterlassens* – aufgewertet durch die Pflichtverletzungslehre[583] – sieht Schaffstein im „Tätertyp", in den das Wesen der Tat zum Ausdruck bringenden „tätertypifizierenden" Merkmalen, das entscheidende Kriterium zur Bestimmung des Unterlassungsunrechts.[584] Jenseits der subjektiven Nuancen kann man jedenfalls Willensstrafrecht und Täterypenlehre insoweit als „ideologische Einheit" betrachten, als beide einerseits eine logische Konsequenz der Orientierung einer vom gesunden Volksempfinden inspirierten Gesinnung sind[585] und andererseits auf eine Subjektivierung und Vorverlagerung zu Lasten anti-nationalsozialistischer Täter – bei gleichzeitiger Strafbarkeitseinschränkung zugunsten linientreu-

581 Krit. auch *Hartl* (2000), S. 93 ff. („ambivalente Abgrenzung").

582 *Hoyer*, GS Eckert (2008), S. 361 hält die Strafbarkeit des untauglichen Versuchs mit rechtsgutsbezogenen Erwägungen für begründbar („abstrakte Gefahr, dass die Realität tatsächlich so beschaffen sein könnte, wie sie sich der Täter vorstellt, und es deshalb zu einer Rechtsgutsverletzung kommen könnte"), doch trägt das nicht für den von Schaffstein ausdrücklich in Bezug genommenen *ungefährlichen* untauglichen Versuch.

583 Vgl. schon in diesem Kap. o. 4. mit Fn. 499 u. Haupttext.

584 *Schaffstein*, FS Gleispach (1936), S. 102 ff. (Tätertyp als „neues Kriterium ..., das in sinvoller Weise die strafrechtliche Haftung für den Erfolg beschränkt" [102], „Wesen des Täters" „vor allem durch die Art der Ausführung, durch die konkrete Pflichtenstellung des Täters, durch die Gesinnung ... und durch die Motive der Tat bestimmt" [105]; „konkrete Art und Stärke der vom Unterlassenden verletzten Pflicht, die Gesinnung ... die Intensität des verbrecherischen Willens" als für „das Maß des Unrechts" bedeutsame, tätertypifizierende Kriterien [107]); ihm folgend *Dahm* (1940), S. 46 f.; vorher schon *Preußischer Justizminister* (1933), S. 132 (auch Berücksichtigung der „persönlichen Verhältnisse des Täters"). Dazu auch *Marxen* (1975), S. 229 ff. (allgemeine Handlungspflicht ggü. Volksgemeinschaft unter Rückgriff auf Pflichtverletzungslehre und Aufhebung der Unterscheidung von Tun/Unterlassen durch Tätertypenlehre), 260 (krit. zum heutigen § 13 StGB als – in der Kontinuität des NS-Wesensdenken stehende – „ganzheitliche, wesenhafte und damit verschwommene Bestimmung der Handlungspflichten und des Täterkreises"); *Zaffaroni* (2017), S. 256 ff.

585 In diesem Sinne zum Tätertyp *Cattaneo* (2001), S. 238 ff.

er Täter – abzielten.[586] Dies hat nicht nur konkrete Folgen für die Verbrechenslehre, etwa die schon erwähnte[587] Aufhebung des Unterschieds von Versuch und Vollendung,[588] sondern begründet auf kriminalpolitischer Ebene – schon 1933 von Radbruch als Gefahr ausgemacht – eine *„doppelte[n] Rechtsmoral"*, ein „zweifache[s] Recht[s], eines Rechts für die eigenen Parteigänger, eines anderen für die politischen Gegner."[589]

6. *Gesamtunwerttatbestand („Deliktstypus") statt gestufte Verbrechenslehre*

Die Pflichtverletzungslehre führt also zu einer Verschmelzung von Unrecht und Schuld in Form des diffusen „Gesinnungs- oder Pflichtenstrafrechts" (o. 4.) und die mysteriöse Wesensschau (o. 5.) fügt alles zu einem einheitlichen Gesamtunwerttatbestand zusammen.[590] Die aus einer solchen Gesamtbetrachtung folgende Aufhebung des Unterschieds zwischen Rechtswidrigkeit und Schuld hat Schaffstein schon 1936[591] näher begründet.[592] Dem „alten System" wirft er seine „Unzulänglichkeit" bezüglich der unklaren Abgrenzungskriterien und der antithetischen „unnatürlichen Zerreißung der Systemzusammenhänge und der … ganzheitlich zu verstehenden Strafrechtsbegriffe" vor.[593]

---

586 Ähnlich *Frommel*, in: Reifner/Sonnen (1984), S. 86, 88; *Marxen*, in ebd., S. 81 (Tatbestandseinschränkung allenfalls zugunsten von NS-Tätern); näher zur Tätertypenlehre als (versuchte) Strafbarkeitseinschränkung in ideologisch neutralen Gebieten (nicht etwa im Kriegsstrafrecht) *Marxen* (1975), S. 208 ff.; *Schröder* (2016), S. 49 f.

587 O. Kap. II 3. mit Fn. 180 u. Haupttext.

588 S. etwa *Schaffstein*, in Dahm et al. (1935), S. 137; *Schaffstein*, DRWis 1 (1936), 48 f.; dazu auch *Stefanopolou*, JoJZG 2010, 115 f.

589 *Radbruch* (1933/1957), S. 75 (Herv. K.A.).

590 Vgl. früher schon *Zaffaroni*, in Zaffaroni, 2011, S. 36 (Tatbestand als „eine Art Fenster", das durch den Richter durch Tat und Täter vervollständigt werde [„ventana que le permitía al juez completarlo con un tipo de delito y de autor…"]).

591 *Zaffaroni* (2017), S. 266 ff. geht von 1938 aus.

592 S. schon o. 4. mit Fn. 535 u. Haupttext, auf *Schaffstein*, DRWis 1 (1936), 49 verweisend; ansatzweise schon *Schaffstein*, FS Schmidt (1936), S. 77 (Unterscheidung sehr zweifelhaft im Lichte des Gesinnungs- und Willensstrafrechts); danach *Schaffstein*, ZStW 57 (1938), 295. Dazu auch *Marxen* (1975), S. 222 ff.; *Stefanopolou*, JoJZG 2010, 114.

593 *Schaffstein*, ZStW 57 (1938), 327. Zugleich erkennt er zwar Logik und Rationalität eines strukturierten Verbrechensbegriffs an, hält ihn aber für systematisch „unbrauchbar" (ebd., 330).

Schaffstein erkennt den überkommenen strukturierten Verbrechensbegriff nur begrifflich mittels der Kategorien der Strafandrohungstatbestände[594] (Unrechts- und Schuldmerkmale) und der Strafausschließungsgründe (Rechtfertigungs- und Schuldausschließungsgründe als negative Strafbarkeitstatbestände/-typen)[595] an,[596] lässt diese jedoch in der Sache in dem besagten Gesamtunwerttatbestand – als *„Deliktstypus"*[597] – aufgehen. Dieser nimmt alles – außer die persönlichen Strafausschließungsgründe und die Zurechnungsfähigkeit – in sich auf.[598] Seinen Inhalt erhält dieser Deliktstypus aus der Pflichtverletzungslehre sowie der (neuen) NS-Strafrechtsethik, gespeist aus völkischer Sittenordnung, völkischem Rechtsgefühl und ganzheitlicher Wesensschau.[599] Es geht um die Perfektionierung des materiellen Verbrechensbegriffs durch extreme Ethisierung, sogar unter Aufgabe des – ebenfalls durchaus ethisierten – normativen Schuldbegriffs.[600]

Die schon vorher (1933) begründete[601] Ablehnung der *Unzumutbarkeit* als übergesetzlichem Schuldausschließungsgrund[602] ist nur eine weitere Konsequenz des neuen autoritär-generalpräventiven Strafrechts, denn (zusätzliche) Strafausschließungsgründe sind „Ausdruck individualistischer Strafrechtsgestaltung"[603] und schwächen nur die Strafdrohung des totalen NS-Staates, der schließlich mit aller (strafrechtlichen) Härte gegen die Dissidenten (Volksschädlinge) vorgehen müsse. Nicht nur die Kriminalpolitik, sondern auch die Strafrechtsdogmatik müsse sich den zersetzenden Tendenzen des überkommenen liberalen Strafrechts entgegenstellen: „... je stärker der Individualismus von dem Rechtsbewusstsein des Volkes Be-

---

594 Bei *Zaffaroni* (2017), S. 267 unzutreffend „Strafdrohungstatbestände".

595 *Schaffstein*, ZStW 57 (1938), 311 („alle Strafausschließungsgründe ... Einschränkungen der Strafandrohungstatbestände in Form negativer Tatbestandsmerkmale").

596 *Schaffstein*, ZStW 57 (1938), 302, 305, 307 f., 311. Missverständlich *Zaffaroni* (2017), S. 267, der einen strukturierten Verbrechensbegriff auch in der Sache annimmt.

597 *Schaffstein*, ZStW 57 (1938), 315 f. („Deliktstypus"). *Zaffaroni* (2017), S. 269 sieht eine begriffliche Anleihe bei Beling.

598 *Schaffstein*, ZStW 57 (1938), 305 („Gesamtunwert" mit Strafandrohungstatbeständen und Strafausschließungsgründen). Krit. *Marxen* (1975), S. 226 f.; vgl. auch *Zaffaroni* (2017), S. 271 ff. (Tat- und Tätertyp umfasse alles).

599 *Schaffstein*, ZStW 57 (1938), 301, 322, 327.

600 Vgl. auch *Zaffaroni* (2017), S. 273.

601 *Schaffstein* (1933).

602 Dazu auch *Stefanopolou*, JoJZG 2010, 115; *Zaffaroni* (2017), S. 258 ff.

603 *Schaffstein* (1933), S. 60 ff. („Zumutbarkeitslehre als Ausdruck individualistischer Strafrechtsgestaltung").

sitz ergriffen hat, desto verhängnisvoller wäre es, ihm auch noch durch die Relativierung des Schuldbegriffs entgegenzukommen".[604]

604 *Schaffstein* (1933), S. 82; dazu auch *Zaffaroni* (2017), S. 265.

Kapitel VI. Erik Wolf: Von Tätertypen zur normativen Täterlehre mit Gesinnungstypus

1. Autoritär-soziales Strafrecht und Täterlehre

Erik Wolf (1902-1977) gehörte zwar formal nicht zur Kieler Schule, hat sich ihr aber mit seiner normativen Täterlehre, wie wir sogleich sehen werden, maximal angenähert. Zaffaronis Würdigung – als Annex im Rahmen des Unrechtskapitels zur Kieler Schule[605] – wird dem nicht gerecht, zumal er die relevanten Schriften Wolfs nur lückenhaft erfasst. Er erwähnt nur beiläufig[606] Wolfs grundlegende Freiburger Antrittsvorlesung von 1932 zum „Wesen des Täters"[607] und übersieht völlig seine Heidelberger und Freiburger Vorträge von 1933 („Krisis und Neubau der Strafrechtsreform"[608] sowie „Richtiges Recht im nationalsozialistischen Staat"[609]), um sich stattdessen praktisch ausschließlich auf einen erst 1935 in der ZStW erschienenen Aufsatz zu stützen.[610] Das ist deshalb problematisch, weil einerseits die (veröffentlichten) Texte aus 1932/1933 („Wesen" und „Krisis") noch nicht *eindeutig* nationalsozialistisch waren, andererseits aber der nationalsozialistische turn Wolfs dann spätestens schon Ende 1933 mit dem 1934 veröffentlichten Text „Richtiges Recht" (also nicht erst mit dem ZStW-Aufsatz aus 1935) erfolgte.[611]

---

605 *Zaffaroni* (2017), S. 246 ff.
606 *Zaffaroni* (2017), S. 247.
607 *Wolf* (1932). Zum phänomenologischen Einfluss („personalistisch-existentialistisch ausgerichtete neue Lehre") s. *Wolf* selbst ebd., S. 12 (Verdrängung des Individualismus durch einen „phänomenologischen Personalismus") sowie in Brief an K. Barth (*Wolf*, 2009, S. 305); s. auch *Hollerbach*, in: Heidegger-Jahrbuch 4 (2009), S. 284, 326 ff.
608 *Wolf* (1933).
609 *Wolf* (1934).
610 *Wolf*, ZStW 54 (1935), 544. Dazu *Zaffaroni* (2017), S. 247 ff.
611 Zu apodiktisch auch *Guzmán Dalbora*, RDPC VII (2017), 231 („otro jurista nazi").

Im „Wesen des Täters" (1932) proklamiert Wolf – in kritischer Auseinandersetzung mit Liszts Täterbegriff und -typen[612] – einen normativen (anthropologisch-kulturellen) Tätertyp mit „Rechtspersonalität" und „Gesinnung",[613] womit er – wie auch immer man zu seiner (oder Liszts) Lehre stehen mag[614] – kein nationalsozialistisches Gedankengut verbreitet,[615] sondern aus dem geltenden Recht (in Form der strafrechtlichen Tatbestände) fünf Täterschaftstypen ableitet,[616] damit also letztlich nur offenlegt, was dieses geltende Recht ohnehin schon enthält.[617] In „Krisis und Neubau" (1933) fordert Wolf – nach einer Kritik des geltenden Rechts und der bisherigen Reformbewegung[618] – „eine Kriminalpolitik des autoritären Strafrechts" mit dem Ziel eines „natio-

612 Vgl. schon o. Kap. III mit Fn. 201 sowie *Wolf* (1932), S. 7 ff. (ohne genauen Nachweis, wobei er Liszts Täterbegriff ohnehin als zu kausalistisch und naturalistisch und damit als „verhängnisvolle[n] Irrtum" verwirft, S. 9 ff., 32).

613 *Wolf* (1932), S. 12, 14 ff. (16: Täter „seinem Wesen nach ein personales Glied der Rechtsgemeinschaft mit verfallender Rechtsgesinnung"; 18: „im Raum der Kultur" als „jetzige[r], einmaliger[r] Täter"; 19: als „juristische[r] Begriff … abhängig von bestimmten Voraussetzungen des deutschen Rechtssystems"; 32: „Mensch, wie er in der Welt des Rechts steht"; 36: „Seinsweise des Menschen im Recht"); zur Unterscheidung zwischen Rechtsperson und -subjekt ebd., S. 16; zu Stufen des „Gesinnungsverfalls" ebd., S. 17 ff.

614 Aus heutiger Sicht gibt die täterstrafrechtliche Tendenz natürlich Anlass zu Kritik, ebenso die Ablehnung einer Humanisierung des Strafvollzugs zur Sicherung effektiver Abschreckung: es bedürfe einer „Unerschrockenheit, scheinbar geheiligte Garantien des Rechtsstaatsgedankens im Interesse eines sozialen Gliedstaatsgedankens auf personaler Grundlage aufzulockern." (*Wolf* (1932) S. 35 f.). Andererseits ist Wolf auch später noch gegen die Prügelstrafe, *Wolf*, ZStW 54 (1935), 560 f.

615 *Marxen* (1975), S. 84, 190 sieht in der Schrift aber „bereits wegweisende Motive der antiliberalen Kritik" und die Grundlage der neuen Täterlehre.

616 „Typen der Täterschaftsmäßigkeit", vgl. *Wolf* (1932), S. 26 ff. (gemeingefährlicher, -widriger, -feindlicher, -lässiger und -schädlicher Täter). Diese sollen „Arten des personalen Gesinnungsverfalls" typisieren, ebd. S. 27.

617 Durchaus überzeugend sagt *Wolf* (1932), S. 31: „Es muß ein offener Katalog von Täterschaftstypen werden, an Stelle eines heimlichen, der sich, wie es heute der Fall ist, in einem Katalog von Tatbestandstypen verbirgt."

618 *Wolf* (1933), S. 6 ff. Dabei sieht er im geltenden Recht einen „Kompromiß widerstreitender Weltanschauungen und politisch-sozialer Ideale" (S. 9), die sich auf praktischer Ebene zu einem „zweispurig[en] liberal-autoritäre[n] Strafrecht" (S. 11) verschmolzen und im Ergebnis zu einem „Versagen des Strafrechts" (S. 13) führten. Als Hauptmerkmale der Reformbewegung macht er den kriminalbiologischen Naturalismus italienischer Prägung (S. 13 ff.), den Soziologismus (S. 15 f.) und „die Idee des Sozialen" (S. 16 f.) aus; letztere zeige sich auf kriminalpolitischem Gebiet im Einfluss der Sozialdemokratie auf dem Gebiet der

nal-soziale[n] Neubau[s] des Strafrechts".[619] Die Zeit dafür sei mit der „Wendung vom liberal-autoritären Obrigkeitsstaat zum liberal-sozialen Volksstaat"[620] gekommen und zwar im Sinne einer „Wendung zum nationalen Strafrecht im nationalen Rechtsstaat",[621] zu „autoritärsozial[er]" statt „sozialliberale[r]" bzw. „sozial-autoritärer" statt „autoritär-liberaler" „Strafrechtsgesinnung", wobei damit das Begriffspaar „nationalsozialistisch"-„deutschnational" ersetzt werden soll.[622] Wolf betont also das – schon in der bisherigen Reformbewegung vorkommende (aber eben auch im National*sozialismus* enthaltene!) – „soziale Element" des neuen Strafrechts, will diesem aber zu Lasten des liberalen Elements eine größere Bedeutung beimessen, indem es, „mit den Gedanken der autoritär-konservativen Staatsführung verschmolzen, einen neuen Sinn von Gemeinschaft des Volkes repräsentieren" soll.[623] Diese „Verschmelzung des sozialen und des autoritären Elements im Strafrecht"[624] offenbare sich in drei grundlegend andersartigen Auffassungen gegenüber den bisherigen Reformbestrebungen (weshalb nur deren Abbruch, nicht ein bloßer Umbau in Frage komme): in der phänomenologischen statt idealistisch-philosophischen Ausrichtung, in der ständischen statt formal-liberalen Gesellschaftsauffassung, und vor allem in der Staatskonzeption eines nationalen Sozial- statt formalen Rechts- oder Wohlfahrtsstaats.[625] Im Mittelpunkt des neuen Strafrechts stünden „Staat" und „Person" statt Gesellschaft und Individuum.[626] Der Staat verwirkliche sich immer neu „als realer Willensverband der Nation" und werde „zur sinngebenden Grundidee des gesamten Rechtsgütersystems", weshalb „*jeder* Angriff auf die Rechtsordnung ...

Kriminalpolitik und „mächtigsten sozialistischen Einflüssen auf die Gestaltung des deutschen Strafrechts" (S. 17 f.). Das Menschenbild der Reformbewegung sieht *Wolf* (S. 18 ff.) als naturwissenschaftlich-deterministisch, ökonomisch-liberal und (politisch) liberal-autoritär, wobei der einzelne Normadressat in dreifacher Weise in Erscheinung trete (S. 20 ff.): als berechtigter Bürger, Untertan („Objekt wohlfahrtspflegerischer Maßnahmen", S. 20) und „normale[r] Gelegenheits- oder Zufallsverbrecher[s]" (S. 22).

619 *Wolf* (1933), S. 6.

620 *Wolf* (1933), S. 13.

621 *Wolf* (1933), S. 25.

622 *Wolf* (1933), S. 30, 31.

623 *Wolf* (1933), S. 30.

624 *Wolf* (1933), S. 31 f.

625 *Wolf* (1933), S. 32.

626 *Wolf* (1933), S. 33.

als Angriff auf das Ganze gelten" müsse.[627] Die „Person" werde nicht mehr „als egoistisches Individuum verstanden", sondern als Teil des Staates und mit Pflichten (u.a. der Verbrechensverhütung) gegenüber diesem;[628] der Täter sei nicht nur „Objekt der Wohlfahrtspflege, sondern ein verantwortliches Glied der Rechtsgemeinschaft",[629] womit zugleich die Grundlage der später ausführlich entwickelten (und sogleich unten behandelten) Tätertypenlehre gelegt ist.[630] Schließlich führt dieses neue Strafrechtsverständnis auch zu einer kollektivistisch-normativen Umgestaltung der Verbrechenslehre i.e.S.,[631] einer sozialpräventiven Strafauffassung[632] und der verstärkten Schaffung von Staatsschutzdelikten.[633]

Trotz der nationalsozialistischen Nähe des autoritär-sozialen Strafrechtsmodells Wolfs und seiner expliziten Bezugnahme auf den Nationalsozialismus[634] und die „Kieler",[635] wird man die Schrift „Krisis und Neubau" nicht als eindeutig nationalsozialistisch qualifizieren können, und zwar aus vier Gründen. Erstens sind die Bezüge zum Nationalsozialismus eher deskriptiv; begrifflich kann man in der Wahl von „sozial-autoritär" bzw. „autoritärsozial" sogar eine Distanzierung erkennen. Zweitens wollte Wolf am

---

627 *Wolf* (1933), S. 33 (Herv. im Original).

628 *Wolf* (1933), S. 34.

629 *Wolf* (1933), S. 35.

630 *Wolf* (1933), S. 35 f. („Ablehnung einer bloß kausalen Lehre von der Täterschaft" und stattdessen Anerkennung von Tätertypen und „Gesinnungstypus mit entsprechendem Handlungstypus").

631 *Wolf* (1933), S. 36 ff. (Normativierung des Handlungsbegriffs [„Gesinnungsausdruck"] im Rahmen der *Tatbestandsmäßigkeit*; *Unrecht* als „Staatswidrigkeit", Subjektivierung der Unrechtsbegründung und Betonung des kollektiv-sozialen Elements bei Rechtfertigungsgründen [„Sozialwehr"]; normativ-sozialethischer *Schuld*begriff, „Staatspflichtwidrigkeit").

632 *Wolf* (1933), S. 40 ff. („Anpassung des Verbrechers an die Volksgemeinschaft oder Ausschluß von ihr", Dekapitierung bzw. Diskreditierung des Täters „in seiner sozialen Existenz", in „seinem spezifisch-ständischen Dasein", „Einengung seiner rechtspersonalen Handlungsmöglichkeiten", sozialpräventive Erziehungsmittel).

633 *Wolf* (1933), S. 43 (z.B. Schutz von Nationalehre, Volkstum, Arbeitskraft, Standesehre). Vgl. schon o. Kap. V 2. mit Fn. 455.

634 *Wolf* (1933), S. 30 („aktive Hineinnahme sozialer Wertvorstellungen in die Idee eines nationalsozialistischen Strafgesetzbuchs"), 31 („junge Menschen" als „Element der nationalsozialistischen Erneuerungsbewegung"). Wolf insoweit auch „in einem weiteren Sinne" als „nationalsozialistisch" bezeichnend *Gemmingen* (1933), S. 7 f.

635 *Wolf* (1933), S. 24 f mit Fn. 1 (die „Programmschrift" von Dahm/Schaffstein, 1933, zust. zitierend).

rechtsstaatlichen Liberalismus und den entsprechenden „Persönlichkeitsrechten" festhalten[636] sowie die „Freiheit *im* Staat" aufrechterhalten;[637] allerdings ist insoweit darauf hinzuweisen, dass er die „sogenannten Grundrechte" nicht absolut verstehen, also bei entgegenstehenden Staatsinteressen gegebenenfalls relativieren wollte,[638] und die „Freiheit *vom* Staat" „verschwinden" sollte[639] (was die von Wolf nicht gelöste Frage aufwirft, wie es „Freiheit *im* Staat" ohne „Freiheit *vom* Staat" geben kann). Drittens stellt Wolf als kollektives Element nicht die Volksgemeinschaft, sondern den Staat in den Mittelpunkt seiner Überlegungen, was eher eine faschistische als eine nationalsozialistische Tendenz erkennen lässt.[640] Schließlich stellte Wolf sein Strafrechtsmodell unter einen hier sog. Religions- bzw. Gottesvorbehalt und nahm ihm damit jeglichen absoluten Charakter.[641]

2. *Nationalsozialistische Hinwendung und Abwendung*

Der eigentliche nationalsozialistische *turn*[642] Wolfs erfolgte dann um die Jahreswende 1933/1934 mit einem – von Zaffaroni ignorierten – Bekenntnis zum NS-Staat (vor dem Bund Nationalsozialistischer deutscher Juristen, Ortsgruppe Freiburg)[643] und zu dessem „richtige[n] Recht",[644] welches

636 *Wolf* (1933), S. 29 (für „sozial-nationalen" statt „sozial-liberalen" Rechtsstaat, „aber es bleibt beim Rechtsstaat").

637 *Wolf* (1933), S. 32 (Herv im Original).

638 *Wolf* (1933), S. 29 (Grundrechte „keine absoluten Werte"; es müsse „verhindert werden, daß sie in übertriebener Weise oder gar schädigender Ausschließlichkeit geschützt sind.").

639 *Wolf* (1933), S. 32 (Herv im Original).

640 Zu diesem Unterschied zwischen (italienischem) Faschismus und NS schon o. Kap. II 1. mit Fn. 86.

641 *Wolf* (1933), S. 43 f. (Strafrechtsreform verlange „religiösen Gesinnungseinsatz" und „dauernd festgehaltenen Willen zum Recht", Staat zwar der „höchste Wert des Rechts", aber „kein Absolutes").

642 Von *Ziemann* (2009), S. 113 ff. ignoriert.

643 *Wolf*, ARSP 28 (1934), 348 („Volkstum" u. „Führertum" als Rechtsquellen u. „Kennzeichen der Echtheit der nationalsoz. Revolution" [348], „Gedanke ständisch gestufter Ehre der völkischen Rechtsgenossen" und damit Ehre als Rechtsideal des Nationalsozialismus (348 f.]).

644 *Wolf* (1934), S. 10 („Richtiges Recht ... unser wirkliches Recht kann deshalb nur das Recht des Nationalsozialismus im Dritten Reich sein."). Dort bekennt sich Wolf auch zum Führer, freilich ohne Hitler zu nennen (ebd., S. 28 f.).

sich freilich erst noch herausbilden müsse,[645] ausgehend vom nationalsozialistischen Volks- und Rassebegriff und verwirklicht „im totalen Staat".[646] Für das Strafrecht bedeute dies aus grundsätzlicher Sicht eine radikale Veränderung seiner „geistigen Grundlagen" hin zu einem *Feindstrafrecht* zur „staatlichen Autoritätsbewährung"[647] und konkret einen besseren Schutz „gegen volksschädliche Ausbeutung"[648] durch „Auschliessung von Schädlingen".[649]

In dem erwähnten ZStW-Aufsatz knüpft Wolf an diese und seine früheren Schriften an, indem er – auf der Grundlage eines Berichts der amtlichen Strafrechtskommission und der Denkschrift des Zentralausschusses der Strafrechtsabteilung der Akademie für deutsches Recht[650] – das NS-Strafensystem wohlwollend kommentiert und weiterentwickelt. Zum einen betont Wolf die „Minderung der Rechtspersönlichkeit des Täter in der Gemeinschaft"[651] als Konsequenz der Strafe, also die Zerstörung seiner „sozialen" und nicht nur „privaten" Existenz, die sich wiederum aus seinem Verständnis des Wesens der Strafe „als Werturteil der Volksgemein-

645 *Wolf* (1934), S. 10 ff. (noch keine „vollkommen sichtbare abgeschlossene Gestalt", nur „Vorstufe zum künftigen Volksrecht", wie u.a. in Hitlers „Mein Kampf" entwickelt).

646 *Wolf* (1934), S. 13 ff. („Volk und Rasse" als „Tatsachen des natürlich-geschichtlichen Lebens", aus denen sich „Gemeinnützigkeit und Opfersinn" als „Forderungen" an jeden Einzelnen ergeben, die wiederum durch die „Einheit der Nation und soziale Gemeinschaft" im „totale[n] Staat" verwirklicht werden [13]); insoweit auch ebd., S. 28 zu den „Kennzeichen" des „nationalsozialistische[n] Leben[s] überhaupt" („Zugehörigkeit zu Volk und Rasse, Betätigung von Gemeinnützigkeit und Opfersinn, Hingabe an Nationalgemeinschaft und Sozialgemeinschaft"). Hinsichtlich des totalen Staats betont *Wolf* (ebd., S. 23 ff.) den hierarchischen und berufsständischen Charakter dieses Staats und bezieht sich insbesondere auf das „schöne[n] Wort" (!) *Forsthoffs* (1933, S. 42) von der „totale[n] Inpflichtnahme jedes einzelnen für die Nation" (Wolf, a.a.O., S. 25). Im Übrigen bedürfe „die Totalität des Staates … der Rechtfertigung durch die höchste Autorität Gottes" (ebd., S. 27).

647 *Wolf* (1934), S. 23 („Verbrechen … als Ungehorsam und Auflehnung", „Verbrecher" als „Feind des Staates"). Ebenso *Thierack*, in Frank (1934), S. 29 („Autoritätswahrung" als „Ziel der Strafe").

648 *Wolf* (1934), S. 22.

649 *Wolf* (1934), S. 23. Als Maßnahmen nennt *Wolf*, ebd., insoweit: „Zwangsunfruchtbarmachung und Entmannung erbkranker Triebtäter, Entziehung des Staatsbürgerrechts, Sicherungsverwahrung der Berufsverbrecher und Gemeingefährlichen".

650 *Frank*, Hrsg. (1934); dazu *Wolf*, ZStW 54 (1935), 544 mit Fn. 1.

651 *Wolf*, ZStW 54 (1935), 545; vorher *Wolf* (1932), S. 33 (Vergeltung als „Verminderung der Rechtspersonalität") sowie in diesem Kap. o. 1. mit Fn. 632.

schaft" über den Täter als Teil der Volksgemeinschaft und ihrer ausschließlichen Funktion zum Schutz der Volksgemeinschaft erklärt.[652] Zum anderen entwickelt er seinen normativen Tätertyp zum *völkischen „Gesinnungstypus"* und *„Typus des Volksfeinds"* weiter.[653] Im Übrigen rechtfertigt Wolf die Todesstrafe durch *Enthauptung* (!) mit der nationalsozialistischen Weltanschauung – als „Ausdruck der absoluten Herrschaft des Ganzen über den Einzelnen"[654] – unter expliziter Ablehnung rationaler Bedenken (Irreparabilität eines Fehlurteils),[655] lehnt jegliche Privilegierung politischer Überzeugungstäter ab,[656] versteht die Ehrenstrafe als „Gesinnungsstrafe" zur „Decapitierung" der berufsständischen Existenz[657] und befürwortet die Ächtung bei erhöhtem „völkischen Gesinnungsverfall".[658] Auf dem Gebiet der Strafzumessung fordert Wolf – um den Schutz der Volksgemeinschaft als „Grundgedanken des nationalsozialistischen Strafrechts" und den „fruchtbaren Gedanken des Willensstrafrechts" deutlich zu machen[659] – eine allgemeine Strafzumessungsregel, die das „Maß der Strafe" vom „Schutz der völkischen Lebensbedingungen im Hinblick auf den Grad der Volksschädlichkeit der Handlung und auf die Volksfeindlichkeit der Gesinnung des Täters" abhängig macht.[660] Eine Strafschärfung befürwortet er bei Gewohnheitsverbrechern[661] und bei einem „besonders verwerfliche[n]

---

652 *Wolf*, ZStW 54 (1935), 545 f.

653 *Wolf*, ZStW 54 (1935), 550 f. (bezugnehmend auf die „gesunde Volksanschauung"). Zur Bedeutung der richtigen Gesinnung schon vorher *Wolf* (1934), S. 25 ff. (mit Bezug auf die „wesensnotwendige [!] Verbindung von Nationalsozialismus und Christentum" [S. 26]).

654 *Wolf*, ZStW 54 (1935), 547 (unter Hinweis auf den Kommissionsbericht in Fn. 8).

655 *Wolf*, ZStW 54 (1935), 546 ff. (547: „weltanschaulich im Wesen des nationalsozialistischen Staates verwurzelt ...").

656 *Wolf*, ZStW 54 (1935), 548 f. (548: „Der totale Staat kennt keine «anständigen Verbrecher»", bezugnehmend auf Kommissionsbericht in Fn. 18); s. schon o. Kap. V 2. mit Fn. 449.

657 *Wolf*, ZStW 54 (1935), 561 f.

658 *Wolf*, ZStW 54 (1935), 562 f.

659 *Wolf*, ZStW 54 (1935), 569.

660 *Wolf*, ZStW 54 (1935), 569. Er geht damit über den amtlichen Vorschlag – „Grad des Verstoßes gegen die Lebensbedingungen des Volkes" (ebd., 568) – hinaus.

661 Im Übrigen äußert er sich schon zu Beginn zustimmend zum GewohnheitsverbrecherG (*Wolf*, ZStW 54 (1935), 544) und will gefährliche Gewohnheitsverbrecher in die Sicherungsverwahrung überweisen (ebd., 571).

Wille[n] des Täters";[662] mit Strafmilderungsgründen will er „sparsam" umgehen, um das Rechtsgefühl des Volkes nicht zu erschüttern.[663]

Ein Jahr später schlägt Wolf – von Zaffaroni nicht berücksichtigt – eine Ersetzung des dreigliedrigen Verbrechensbegriffs durch einen zweigliedrigen, an Tat- und Tätertypus orientierten Verbrechensbegriff vor.[664] Wolf hält insoweit an seinem *völkisch-gemeinschaftlichen Personen- und Täterbegriff* fest – Angriff auf das Opfer als Angriff auf „die Substanz der Volksgemeinschaft selbst"[665] und zugleich deren Schwächung durch den „Gesinnungsverfall" des Täters als „intellektuelle[m] Verbrechensschaden"[666] – und will Tat-/Tätertypus durch Bezug auf die Volksanschauung und letztlich den Führerwillen material bestimmen,[667] nimmt aber seine frühere Subjektivierung dadurch etwas zurück, dass er Tat- und Tätertypus als gleichberechtigt betrachtet.[668] Auf dieser Linie einer dialektischen Synthese liegt auch die wiederum drei Jahre später erschienene Stellungnahme zur Auseinandersetzung zwischen den „Kielern" (Dahm/Schaffstein) und „Marburgern" (Schwinge/Zimmerl),[669] die Wolf letztlich für einen bloßen Methodenstreit auf einer gleichen kriminalpolitischen (nämlich nationalsozialistischen) Grundlage hält.[670] Er plädiert deshalb für seine Überwindung mittels „synthetischer Verbindung der beiden extremen Ausgangspunkte strafrechtswissenschaftlicher Begriffsbildung";[671] mittels Findung einer, von

662 *Wolf*, ZStW 54 (1935), 570 f.

663 *Wolf*, ZStW 54 (1935), 571 f.

664 *Wolf*, ZAkdR 3 (1936), 358.

665 *Wolf*, ZAkdR 3 (1936), 361 (wobei dadurch deren „Kraft ... als politisches Ganzes ... in Frage gestellt" werde).

666 *Wolf*, ZAkdR 3 (1936), 362.

667 *Wolf*, ZAkdR 3 (1936), 360 ff. (Ausfüllung durch gesetzliche Merkmale, richterliche Rechtsfortbildung und „ungeschriebenes Recht", das sich aus der „Volksanschauung" speist, aber auch durch eine „etwaige oberste Führerentscheidung" [361] bzw. „eine konkrete Weisung des obersten Führers" [362] bestimmt werden könne).

668 Insoweit wird die zust. Bezugnahme *Schaffsteins*, o. Kap. V 5. mit Fn. 575, verständlich.

669 *Wolf*, DRWis 4 (1939), 168 (zugleich Besprechung von Schwinges Schrift zum Irrationalismus, näher Kap. IV 2. mit Fn. 290 ff. u. Haupttext).

670 Vgl. schon o. Kap. IV 2. mit Fn. 264, 300.

671 *Wolf*, DRWis 4 (1939), 176. Konkret ebd., 178 f. („Verbrechen nicht nur Pflichtverletzung, sondern auch Rechtsgüterschaden ... nicht nur die Gesinnung des Täters, sondern auch der Erfolg seines Tuns den Verbrechensgehalt bestimmt ..., das Recht sowohl konkrete als auch abstrakte Ordnungselemente aufweist...") und 179 („... Täter als 'Täter einer Tat' und die Tat als 'Tat eines Täters' zu begreifen", als „Synthese").

Hegel und Heidegger inspirierten, „höheren Synthetis“[672] – ganz i.S.d. oben genannten gegensatzaufhebenden Begriffsbildung[673] – und zwar auf materieller, nationalsozialistischer Grundlage.[674]

Bei Wolf ist also eine *Wandlung* von zunächst von der klassischen Lehre her entwickelten Tätertypen (1932) und der Forderung nach einem „Neubau“ des Strafrechts (1933) zu einem Bekenntnis zum NS-Staat und Recht (1933/34), einem nationalsozialistisch inspirierten Gesinnungstypus (1935), einer Gleichstellung von Tat- und Tätertypus (1936) und einer höheren (nationalsozialistisch) inspirierten Synthese (1939) zu konstatieren, womit er sich der Kieler Schule – auch und gerade in seiner Orientierung an Hegel[675] – maximal angenähert hat. Diese Entwicklung macht deutlich, wie der Gesinnungstypus den zunächst tatorientierten Tätertypus mehr und mehr subjektiviert hat.[676] Tat- und Tätertypus kommen dabei – entgegen Zaffaroni[677] – nicht nur eine Strafschärfungs-, sondern durchaus auch eine Strafbegründungsfunktion zu. Wolf geht aber nicht so weit wie die „Kieler“, die bei einer dem völkisch inspirierten Wesen des Delikts nicht widersprechenden Handlung – erinnern wir uns an das o.g. Beispiel der Wegnahme einer Fahne durch die Hitlerjugend[678] – eine Unrechteinschränkung annehmen wollen.[679]

Allerdings endete Wolfs (literarische) Unterstützung des Nationalsozialismus nicht schon 1936/1937[680] mit seiner Hinwendung zur bekennenden

---

672 *Wolf*, DRWis 4 (1939), 181.

673 O. Kap. IV 4. mit Fn. 395.

674 *Wolf*, DRWis 4 (1939), 177 („denn die materiellen Inhalte der Gerechtigkeit im Raum des deutschen Rechts der Gegenwart sind durch den Nationalsozialismus gegeben.“). Ähnlich *Mittasch* (1939), S. 99 ff., wenn er für Ethisierung und Pflichtverletzungslehre bei Beibehaltung des Rechtsgutsbegriffs plädiert.

675 *Wolf*, DRWis 4 (1939), 181 sowie seine Identifizierung der Kieler Richtung mit einer neuhegelianischen, „völkischen Staatsmetaphysik“ (ebd., 174 f.).

676 Vgl. auch *Vogel* (2004), S. 81f., 84 (Willensstrafrecht als Willensschuld und Gefährdung ergänzt um Gesinnung; Täterorientierung als zweiter Radikalisierungsschritt).

677 *Zaffaroni* (2017), S. 248.

678 O. Kap. V 5. mit Fn. 553 u. Haupttext.

679 Vgl. schon o. Kap. V 5. mit Fn. 586 u. Haupttext.

680 So *Wapler* (2008), S. 252 f., 259 f. (die die o. Fn. 664 zitierte Schrift für die letzte nationalsozialistische hält und im Übrigen eine „frühe und deutliche“ Distanzierung annimmt); *Foljanty* (2013), S. 140 ff. m.w.N. (die aber selbst beide Jahre – 1936 und 1937 – angibt, S. 140 mit Fn. 24); auch *Vogel* (2004), S. 32.

Kirche und der ab dann vertretenen Forderung der Trennung von Religion und Staat.[681] Dies zeigen die schon zitierte Schrift aus 1939[682] und ein – (wohl) nur auf Spanisch veröffentlichter – Vortrag zum NS-Jugendstrafrecht an der Universität Valladolid (Spanien) im Jahre 1942.[683] Vor diesem (literarischen) Hintergrund ist die Ansicht des Wolf-Schülers Hollerbach, dass es in seinen Schriften „nirgendwo Totalaffirmation" gebe und sie „im

---

681 Wolf selbst hat zu seinem Weg in und sein Verhältnis zum NS ausführlich in einem (nicht abgeschickten) Brief an Karl Barth v. 15.10.1945 u. 11.11.1968 Stellung genommen (*Wolf*, 2009, S. 288 ff.). Dort äußert er ein Gefühl der Schuld und konzediert „Irrtümer und Fehlwege ab 1933" (S. 290), wirbt aber zugleich um Verständnis, indem er auf den historischen Kontext und die mit der NS-Bewegung verbundenen Erwartungen verweist (291 ff.). Er selbst habe bei der Stichwahl zwischen Hindenburg und Hitler im Jahre 1932 jenem seine Stimme gegeben (307), begann jedoch nach und nach „den 'sozialen' Gedanken dieser Leute politisch ernster zu nehmen" (309) und trat im Sommer 1933 dem NS-Juristenbund bei, „um guten Willen zur Selbstkritik an den Fehlern des bürokratischen Beamtenstaats der Nachkriegszeit zu beweisen" (317). Doch habe er auch schon 1933 NS-Übergriffe innerhalb und außerhalb der Universität Freiburg (wo er das Amt des Dekans der jur. Fakultät, ernannt von Rektor Heidegger, bekleidete) wahrgenommen und missbilligt (312 f., 315, 319 f.), sei selbst Opfer von „Bespitzelung" (317) und zunehmend isoliert gewesen (317 f.), weshalb er im März 1934 (zeitgleich mit Heidegger) vom Dekanat zurückgetreten (318) und es zur „eigentlichen Wende" (anlässlich der gutachterlichen Vertretung des Pfarrers Niemöller) im Jahre 1937 gekommen sei (321 f.): „Ich sah, daß der gute revolutionäre Elan der ns Bewegung endgültig erloschen war und einer Machtpolitik ohne ethische Legitimation gewichen war, der man widerstehen müsse..." (322). Dazu passt der Hinweis des Wolf Schülers *Hollerbach*, dass Wolf sich auf der IKV-Tagung in Frankfurt a.M. im Herbst 1932 gegen die Vereinnahmung der gesamten jungnationalen und -konservativen Bewegung durch den NS verwahrte (in: Heidegger-Jahrbuch 4, 2009, S. 306 mit Fn. 78 bezugnehmend auf Wolfs Tagebuchnotizen; ebenso – unter Bezugnahme auf die Sitzungsprotokolle – *Marxen* (1975), S. 97 f.).

682 O. Fn. 669.

683 *Wolf*, REP II (1944/45), 7 ff. Es handelt sich um eine Übersetzung von Juan del Rosal, die ich nicht im deutschen Original finden konnte. Dort (12 ff.) beschreibt Wolf das neue NS-Jugendstrafrecht befürwortend (sein Ziel sei die Wiedereingliederung des Jugendlichen in „la vida comunitaria popular", 23) und distanziert sich auch sonst in keiner Weise vom NS-Strafrecht. Krit. *Torino y Roldan*, RDP 1 (1945), 507-514 (zur Denunzierung und Zerstörung dieses sog. Neuen Strafrechts auffordernd "para que no vuelva más a erguirse enhiesto en ningún país de la tierra, ni hoy ni nunca, ni en la teoría ni en la práctica, ni en la doctrina ni en las leyes, ni en los maestros ni en los discípulos, ni en los legisladores ni en los jueces y ejecutores, ni en nada, ni en nadie.").

zeitgenössischen Diskurs Episode geblieben" seien,[684] nur bedingt nachvollziehbar. Auch der jüngst ausgetragene Streit über die Rolle Wolfs bei der (angeblichen) naturrechtlichen Wende Radbruchs[685] erscheint vor diesem Hintergrund in einem anderen, für Wolf weniger günstigen Licht.[686]

---

684 *Hollerbach*, in: Heidegger-Jahrbuch 4 (2009), S. 330 (insbesondere gg. Emanuel Fayes „völliges Zerrbild" von Wolf als „prominenten NS-Rechtsphilosophen"); auch ebd., S. 346 f. (könne „keine Rede" davon sein, dass Wolf dem NS „ein rechtsphilosophisches Fundament" geben wollte).

685 Vgl. schon o. Kap. IV 4. mit Fn. 419 u. Haupttext.

686 *Hollerbach*, JZ 2017, 455 ff. widerlegt *Frommels* These (JZ 2016, 913 ff.) der Durchsetzung einer naturrechtlichen Wende Radbruchs nach 1945 durch Wolf plausibel, schweigt aber zu Wolfs eigenem literarischen Beitrag zum Nationalsozialismus (den allerdings auch Frommel übergeht).

Kapitel VII. Folgerungen

1. Selektive Rezeption des deutschen (nationalsozialistisch inspirierten) Strafrechts in Lateinamerika

In seinem – für die Rezeptionsgeschichte des deutschen Strafrechts in Lateinamerika und das aktuelle Verhältnis dieser beiden Strafrechtsordnungen wichtigen – Schlusskapitel[687] widmet sich Zaffaroni zunächst dem Verhältnis von Strafrechtsdogmatik und politischem System. Er plädiert hier zunächst für ein menschliches Strafrecht – auf der Linie seiner schon eingangs genannten parallelen Veröffentlichung[688] – und warnt vor inhumanen Tendenzen des modernen Strafrechts, die auch Anleihen bei der nationalsozialistischen Strafrechtsdogmatik nehmen könnten.[689] Zaffaroni wiederholt seine Überzeugung, dass die Rechtswissenschaft durch den kulturellen und soziopolitischen Kontext konditioniert sei, weshalb er auch hinsichtlich der strafrechtswissenschaftlichen Rezeption, hier der deutschen Strafrechtsdogmatik, vor einer blinden Übernahme warnt:[690] Bei einer solchen Übernahme seien immer zwei Aspekte zu beachten, nämlich zum einen ein methodischer mit Blick auf die Übernahme der eigentlichen Dogmatik zur Perfektionierung und Vertiefung des eigenen Rechts; zum anderen aber eben auch ein – häufig vernachlässigter – politischer Aspekt mit Blick auf den Inhalt dieser Dogmatik.

Schon vorher hat Zaffaroni die Rezeption des deutschen Strafrechts in Lateinamerika in der Mitte des 20. Jahrhunderts – kenntnisreich und selbstkritisch – als einseitig gebrandmarkt, nämlich als Rezeption des nationalsozialistisch inspirierten Strafrechts, sei es in der Form neukantianischer Autoren, insbesondere Mezger, oder der Autoren der Kieler Schule, wobei, so Zaffaroni, nur letztere als Nazis angesehen wurden.[691] Letztlich war also diese (erste) Rezeption des deutschen Strafrechts in Lateinamerika eine solche der „Reste eines dogmatischen Kriegs zwischen Nationalsozia-

687 *Zaffaroni* (2017), S. 277 ff.
688 O. Kap. I 1. mit Fn. 10.
689 *Zaffaroni* (2017), S. 277 f.
690 *Zaffaroni* (2017), S. 279 f. Zust. *Guzmán Dalbora*, RDPC VII (2017), 230, 232.
691 *Zaffaroni* (2017), S. 172.

listen",[692] nämlich den neukantianisch inspirierten NS-Strafrechtlern und der Kieler Schule. Die vorgebliche Wissenschaftlichkeit bzw. wissenschaftliche Neutralität dieser Strafrechtslehren trug, so Zaffaroni, zur Desorientierung der lateinamerikanischen Strafrechtswissenschaft bei, denn es schien in Vergessenheit geraten zu sein, dass es „niemals *ideologische Reinheit* geben kann, wenn Machtentscheidungen in Rede stehen, denn dies verbietet die *Natur der Sache* selbst."[693]

Dabei hält Zaffaroni das strafrechtsdogmatische Instrumentarium für durchaus geeignet, zur Entwicklung eines menschlichen Strafrechts beizutragen, doch zeige die nationalsozialistische Erfahrung, dass es auch pervertiert werden und somit der menschliche Zweck allen Strafrechts verloren gehen könne.[694] Zaffaroni wirft dem Neukantianismus insoweit ein rein wissenschaftliches, apolitisches Verständnis der Strafrechtsdogmatik vor,[695] welches seine nationalsozialistische Indienstnahme erst möglich gemacht habe. Dass dies der Komplexität und Differenziertheit der neukantianischen Strömungen nicht gerecht wird, ist schon oben (Kap. IV 3.) ausgeführt worden. Zustimmen wird man Zaffaroni allerdings darin können, dass in Zeiten politischer Regimewechsel, von der Demokratie zum Totalitarismus, die Gefahr besteht, dass das methodische Instrumentarium ebenso für die Durchführung eines Genozids wie die Etablierung eines demokratischen Rechtsstaats genutzt wird.[696] In diesem Zusammenhang wiederholt er seine – nachvollziehbare – These, dass die Kieler Schule insoweit konsequenter gewesen sei, habe sie es doch von vornherein darauf angelegt, ein neues, eigenständiges NS-Strafrecht – auf den Trümmern des liberal-individualistischen Strafrechts der Aufklärung – zu schaffen.[697]

---

692 *Zaffaroni* (2017), S. 172 („… arribaron los restos de una *guerra dogmática* entre nazistas" [Herv. im Original, Übers. K.A.]).

693 *Zaffaroni* (2017), S. 172 („… nunca puede haber *asepsia ideológica* cuando se proyectan decisiones de poder, porque lo impide la propia *naturaleza de las cosas*." [Herv. im Original., Übers. K.A.]); zust. *Guzmán Dalbora*, RDPC VII (2017), 230. Krit. hinsichtlich der unkritischen Rezeption des deutschen (auch nationalsozialistisch inspirierten) Strafrechts auch *Matus*, ZIS 2014, 622 f., 627 f., der allerdings generell die Demokratietauglichkeit bzw. Diktaturresistenz der (lateinamerikanischen) Strafrechtsdogmatik anzweifelt.

694 *Zaffaroni* (2017), S. 281.

695 *Zaffaroni* (2017), S. 282 („mito de la *ciencia pura*" [Herv. im Original]). Vgl. auch schon seinen Technokratievorwurf, o. Kap. IV 3. mit Fn. 308.

696 *Zaffaroni* (2017), S. 282.

697 *Zaffaroni* (2017) betont an mehreren Stellen die insoweit größere Konsequenz und Konsistenz der Kieler Schule, vgl. etwa S. 284 („darle la razón a los autores de Kiel…"), 290 („consecuencias más coherentes"); vorher schon *Zaffaroni*, in

2. *Hans Welzel als Überwinder des (neukantianischen) NS-Strafrechts?*

Die Überschrift fasst die – nicht haltbare – These Zaffaronis in Form einer rhetorischen Frage zusammen. Die These besteht aus zwei Prämissen: „Der“ Neukantianismus hat dem NS-Strafrecht den Boden bereitet und die finalistische Ontologie Welzel'scher Prägung hat das NS-Strafrecht endgültig überwunden. Dem kann schon nicht gefolgt werden, weil einerseits, wie wir oben gesehen haben (Kap. IV 3. u. 4.), das NS-Strafrecht gerade nicht neukantianisch war und insbesondere den Methodendualismus radikal (ethisierend) abgelehnt hat. Andererseits stand auch Welzel dem Neukantianismus (und zwar insbesondere dem Methodendualismus) immer kritisch gegenüber – schon in der Habilitationsschrift,[698] aber auch in der Nachkriegszeit[699] (obwohl er die Trennungsthese in seinem Spätwerk als „Grunddifferenz“ anerkannt hat[700]) – und gerade die ontologischen Ansätze seiner Habilitationsschrift zeigten eine erstaunliche Nähe zum ethisierenden NS-Einheitsdenken.[701]

Dessen ungeachtet hebt Zaffaroni gerade Welzel lobend hervor und sieht ihn im Übrigen – trotz Kritik an seiner grundkonservativen Auffassung, insbesondere seiner Ansicht des Strafrechts als ethischem Minimum

---

Zaffaroni (2011), S. 13 ff., 51 (Zerstörung und Neuaufbau). Ähnlich schon *Mittermaier*, SchwZStR 52 (1938), 210 („fortschrittliche, ja fast revolutionäre Richtung“).

698 *Welzel* (1935), S. 41 ff. („wenn die Werte tief im Ontischen wurzeln“, „das Ontische ... selbst [ist] ... 'wertig' oder 'wert' ...“, „das ontische Sein gehört zur Materie jedes Wertes...“ [55], „Überwindung des naturalistischen Positivismus“, zur Wirklichkeit gehöre „das ganze höhere geistige Leben mit seinen konkreten Wertbeziehungen“ [74], juristische Begriffe „beziehen sich ... nicht lediglich auf wertfreie Seinsmerkmale, sondern auf in konkreten Wertbeziehungen stehendes ontisches Sein“ [75]); dazu auch *Loos*, in: Loos (1987), S. 505; *Loos*, JZ 2004, 1118 mit Fn. 47; jüngst *Stopp* (2018), S. 20 ff.

699 *Welzel* (1962), S. 190 („ ... im Beibehalten und Verfestigen des positivistischen Rechtsbegriffs liegt der tiefere Grund für das Versagen der neukantianischen Rechtsphilosophie.“).

700 Vgl. *Welzel* (1966), S. 22 ff. (wo er die Unterscheidung zwischen „Sein“ und „Sollen“ allerdings nicht „lediglich“ für „einen Ausfluss der neukantianischen Erkenntnistheorie“, sondern für davon „völlig unabhängig“ relevant hält; im Übrigen sei sie insoweit richtig, als der Inhalt des Sollens nicht aus diesem selbst, sondern nur aus dem Sein bestimmt werden könne [S. 22]); diff. *Loos*, in: Loos (1987), S. 505 ff. („Position der Trennung von Sein und Sollen“, aber „Hauptanliegen, normative Grenzen möglicher Rechtssetzung aufzuzeigen ... Gegenbild zum relativistischen Positivismus à la Kelsen oder Radbruch ...“); s. auch *Loos*, JZ 2004, 1118 mit Fn. 50.

701 O. Fn. 698.

(im Sinne eines notwendigen Minimalstrafrechts) – nicht als „offiziellen Strafrechtler“ (*penalista oficial*) des NS-Regimes, also insoweit nur von „sekundärer Bedeutung“, an.[702] Für entscheidend hält Zaffaroni, dass Welzel – hier kommt erneut Zaffaronis fast schon fanatischer Anti-Neukantianismus zum Vorschein – der „Architekt der konstruktiven Überwindung des zerstörten neukantianischen Systems“ in der Nachkriegszeit[703] und insbesondere seine Theorie der sachlogischen Strukturen für die Entwicklung einer eigenständigen lateinamerikanischen Strafrechtswissenschaft sehr hilfreich gewesen sei.[704] Der Disput zwischen Kausalismus und Finalismus sei in Lateinamerika nur verzerrt wahrgenommen worden, was auch daran gelegen habe, dass man den politischen Kontext zu wenig beachtet habe und, so sind Zaffaronis folgende Ausführungen wohl zu verstehen, nicht erkannt wurde, dass Welzels Nachkriegsschriften, insbesondere „das neue Bild des Strafrechtssystems“,[705] vor allem (auch) als Antworten auf die Kieler Schule zu verstehen waren.[706] Insbesondere habe Welzel deren einheitlichen Verbrechensbegriff zurückgewiesen und gezeigt, dass die Elemente des Verbrechensaufbaus nicht nur eine Summe unverbundener Teile seien, sondern ein logisches, in sich geschlossenes System darstellten.[707] Irrtümlicherweise sei der Welzel'sche Finalismus in Lateinamerika jedoch, im Zuge der Doktrin der nationalen Sicherheit, mit dem Marxismus in Verbindung gebracht worden.[708]

Zaffaroni bleibt sich hier als orthodoxer Finalist treu und hält das – gerade auch im spanischsprachigen Rechtskreis – verbreitete Narrativ aufrecht, dass Welzel den Nationalsozialismus stillschweigend abgelehnt habe und seine sachlogischen Strukturen sich als Bollwerk gegen jegliches autoritäre

702 *Zaffaroni* (2017), S. 287. Als krit. Stimme gibt Zaffaroni insoweit nur den Aufsatz von *Matus*, ZIS 2014, 622 (mit anderer Quelle) an.

703 *Zaffaroni* (2017), S. 287.

704 *Zaffaroni* (2017), S. 287 f.

705 *Welzel* (1961).

706 Ähnlich apologetisch betont der argentinisch-spanische Strafrechtswissenschaftler Enrique Bacigalupo, der andere sehr bedeutende Schüler von Jiménez de Asúa und Anhänger Welzels, dessen Gegensatz zur Kieler Schule, vgl. *Bacigalupo*, FS Eser (2005), S. 61, 69 ff. (wobei er sich i.W. auf Welzels Beitrag in der FS Kohlrausch (1944) bezieht und damit diesen sehr selektiv rezipiert); gg. Bacigalupo *Llobet* (2018), S. 343 (Bacigalupo überbetone den Rechtsgüterschutz im Denken Welzels).

707 *Zaffaroni* (2017), S. 289.

708 *Zaffaroni* (2017), S. 289.

Strafrecht, einschließlich seiner NS-Variante, erwiesen hätten.[709] Diese völlig unkritische Darstellung Welzels hält freilich einer nüchternen Analyse seiner Schriften zwischen 1933 und 1945[710] – ungeachtet der persönlichen Beweggründe Welzels[711] – nicht stand. Schon eingangs haben wir auf Welzels durchaus politisches Verständnis der Strafrechtswissenschaft hingewiesen,[712] das sich letztlich am NS-Staat als Endzweck – im Sinne der ebenfalls eingangs genannten finalistischen Grundhaltung aller Straftatlehren im Dritten Reich[713] – ausgerichtet hat.[714] Welzels – gerade schon erwähnte – Habilitationsschrift (1935) wird man zumindest als rechtsphilosophische Legitimierung und wegen der pathetisch-ethisierenden Sprache auch als Überhöhung der NS-Rechtserneuerung charakterisieren dürfen,[715] denn

---

709 Vgl. schon *Bacigalupo*, FS Eser (2005), S. 61, 69 ff. und – als eine für den unkritischen (blinden) Finalismus typische Position – *Donna*, in: Moreno et al. (2005), S. 45, 51 f., 56 f. (der Welzels Lehre u.a. als Antwort auf den nationalsozialistischen Irrationalismus deutet, ohne allerdings auch nur eine seiner nationalsozialistisch inspirierten Schriften zu zitieren); jüngst ähnlich apologetisch *Aller* (2009), S. 45 ff. ("lucha de Welzel por sobrevivir al oprobioso sistema nazi" [45], „… abordó topicos penales ajenos al interés del extremismo nacionalsocialista… Los adelantos y ensayos sobre la acción penal … no agradaron a los penalistas de esa época…" [48]); weitere Nachweise bei *Llobet* (2018), S. 321 ff. (mit umfassender Analyse der – nicht nur spanischsprachigen – Welzel-Rezeption).

710 Frühere Schriften *Welzels*, insbesondere Kausalität und Handlung (ZStW 51 (1931), 703), sind zwar für die Begründung des finalen Handlungs- und personalen Unrechtsbegriffs sowie der Lehre von den sachlogischen Strukturen grundlegend, im hier interessierende Zusammenhang (nationalsozialistische Nähe der Lehre Welzels) aber nicht von Bedeutung.

711 Vgl. insoweit *Kubiciel*, in: Frisch et al. (2015) S. 135, 150 f. (eher karrierebezogenen Opportunismus als politische Überzeugung vermutend) u. S. 155 (Welzel großes taktisches u. strategisches „Geschick" attestierend); ähnlich *Stopp* (2018), S. 15 (insbes. bzgl. NSDAP-Mitgliedschaft).

712 O. Kap. I 2. mit Fn. 24 u. Haupttext.

713 O. Kap. I 2. mit Fn. 30 u. Haupttext.

714 Vgl. auch *Marxen*, in: Rottleuthner (1983), S. 59, 63.

715 *Frommel*, in: Reifner/Sonnen (1984), S. 90 f.; krit. auch *Sticht* (2000), S. 19 („zuweilen ideologielastige[r] Ton"), der zugleich überzeugend die im Rahmen des Entnazifizierungsverfahrens von Welzels Habilitationsvater *Bohne* verfasste Stellungnahme zurückweist, mit der dieser – u.a. auf eine Rezension von *Adami*, JW 64 (1935), 2348 bezugnehmend – der Habilitationsschrift einen ideologiekritischen Impetus attestierte (*Sticht* (2000), S. 25 f.); krit. ebenfalls *Politoff* (2001), S. 64 f. (Wertphilosophie als Unterstützung des herrschenden NS-Systems, einschließlich des Führerprinzips, Frommel folgend); s. auch *Radbruch* (1936) in Radbruch (1990), S. 29, wonach Welzel sich „merkwürdig dunkler und unausgereifter Wendungen" zur Bezeichnung des aktuellen „Umbruchs" bediene (S. 30)

entgegen Kubiciel[716] geht es in ihr nicht nur um die – möglicherweise im Trend der Zeit liegende – (Über-)Betonung des Gemeinschaftsgedankens,[717] sondern es finden sich darin auch (weitere) Spuren nationalsozialistischen Denkens.[718] Die finale Handlungslehre liegt im Trend der Hinwendung zu einem subjektiven Unrechtsverständnis.[719] Jedenfalls aber bekennt sich Welzel in seinen späteren Schriften – und schon vorher durch

---

und, wie „seine Gesinnungsgenossen", „überall die begriffliche Unauflösbarkeit von Lebenseinheiten" betone, obwohl doch „in der möglichsten Durchdringung der Rechtserscheinungen mit dem 'zersetzenden' Verstand eine Garantie der Rechtssicherheit" zu sehen sei (S. 31); jüngst, jedenfalls implizit krit. *Kindhäuser*, in: Kindhäuser (2018), S. 160, 180, 181, 187 (Welzels Bezug zum völkischen Denken und zur Volksgemeinschaft betonend) sowie S. 164 u. passim (auf die mitunter ungenaue Wiedergabe der Radbruch'schen Position durch Welzel hinweisend); zur NS-Nähe der Schriften Welzels und seinem Einfluss, insbesondere auf die Kieler Schule, nun auch *Stopp* (2018), S. 17 ff. u. passim.

716 *Kubiciel*, in: Frisch et al. (2015), S. 146 ff. („Bekenntnis zu den Werten einer völkisch-staatlichen Gemeinschaft … in einen weiten Erzählbogen eingebettet und mit philosophischen Positionen begründet, kurz: vergleichsweise stark codiert." [S. 147]), u.a. bezugnehmend auf Radbruch (S. 148).

717 Vgl. die Zitate bei o. Kap. I 2. mit Fn. 24, die schon für sich genommen eine antiliberale Überhöhung des Gemeinschaftsgedankens darstellen; auch *Welzel* (1935), S. 36 (Idee der Volksgemeinschaft als „das gewaltige Programm des Nationalsozialismus … mit der unser künftiges staatliches und nationales Eigenleben steht und fällt."), 76 („Volksgemeinschaft" konkretisiert auf „Führerwillen").

718 Vgl. etwa *Welzel* (1935), S. vii („das ungeheure politische Geschehen der nationalsoz. Revolution" zwinge „uns allen die Frage nach unserem geschichtlichen Standort …" auf), 49 („Bedeutung der Rassenmischung für den Verfall des alten Rom"), 72 („Staatsidee" als „die im Metaphysischen wurzelnde politische 'Haltung' eines konkreten Volkstums", „Rasse und Volkstum" als das „Reale"), 74-76 (konkretes Ordnungsdenken mit Bezugnahme auf C. Schmitt und Kulmination in „geäußertem Führerwillen" [76]), 77 (Bedeutung von „Eugenik und Rassenforschung … für die Neugestaltung des Strafrechts"), 88 („unersetzliche Bedeutung" des „geistige[n] Umbruch[s] des Jahres 1933" … „für unsere Wissenschaft"); dazu auch *Stopp* (2018), S. 23 ff.

719 *Welzel*, ZStW 58 (1939), 501 f. sieht den auch in Äußerungen u.a. von E. Wolf, Dahm und Schaffstein „ein Bekenntnis oder mindestens Tendenzen zu einem finalen Handlungsbegriff…". S. auch *Hartl* (2000), S. 135 (Kieler Schule als „Vorbild" bei Welzels Polemik gegen die Rechtsgutsverletzungslehre; finale Handlungslehre „als Ausfluß jener geistigen Strömung der Strafrechtsdogmatik …, in der sich bei der Wesensbestimmung des materiellen Unrechts eine deutliche Wendung vom Objektiven zum Subjektiven vollzog.").

bestimmte Mitgliedschaften[720] – eindeutig zum Nationalsozialismus,[721] wobei seine Beträge zur Staatsphilosophie Hegels (1937) und zur Ehre von Gemeinschaften (1938) nicht nur wegen ihres Inhalts,[722] sondern auch wegen des nationalsozialistischen Rahmens der Veröffentlichung von besonderer Bedeutung sind.[723] Nationalsozialistische Anwandlungen finden sich auch in weiteren Beiträgen Welzels[724] und zwar praktisch bis zum Ende

---

720 Etwa NSDAP und NSD-Dozentenbund, dazu *Sticht* (2000), S. 18 f., für den Welzels „gleich mehrfache Mitgliedschaft in NS-Organisationen eine innere Distanz zum Regime nicht plausibel erscheinen läßt." Vgl. insoweit auch die bei *Sticht* (2000), S. 22 ff. wiedergegebenen Äußerungen zur nationalsozialistischen Eignung und Zuverlässigkeit Welzels im Rahmen seiner Berufung nach Göttingen. Ebenso *Stopp* (2018), S. 10 ff. u. vorher schon *Halfmann*, in: Becker (1998), S. 123 (der aber die NSDAP-Mitgliedschaft übersieht, was wohl daran liegt, das ihm Akteneinsicht, u.a. vom damaligen Dekan - Fritz Loos (!) - verwehrt wurde, ebd. Anm. 5).

721 Ebenso *Kubiciel*, in: Frisch et al. (2015), S. 148 ff. (148, 150), wobei er die beiden, im Folgenden genannten Beiträge hervorhebt. Für *Sticht* (2000), S. 19 „verstärken" diese Schriften „den Eindruck, daß Welzels Distanz zur herrschenden Ideologie nicht dezidiert gewesen sein kann."

722 *Welzel*, in: Schürmann (1937), S. 87, 102 ff. (Übereinstimmung mit Hegel hinsichtlich seines „Anti-Individualismus" [104], aber Distanzierung hinsichtlich der Bedeutung des Staats als „Konkretion des Weltgeistes" [102], dem anzugehören „letztlich eine Sache der Gesinnung ist" [103] [weshalb Hegel sich auf für die Integration der Juden [!] ausgesprochen habe] u. stattdessen Betonung des „blutmäßige[n] Zusammenhang[s]" [103], des „naturhaft-mütterliche[n] Boden des Volkstums" als „schöpferische[m] Grund" des Staates [102], als dessen „'Substanz', von deren Grundlage aus wir die institutionellen Formen des Staates und die Bildungsformen des Geistes zu begreifen suchen" [104]); *Welzel*, ZStW 57 (1938) 28, 40 ff. (material-historische Bestimmung der Gemeinschaft als „Geschichtsträger" [40], verwurzelt „im völkischen Dasein" [42], mit Forderung nach strafrechtlichem Ehrenschutz „der historischen Leistungen des deutschen Volkes" [41] sowie „der höchsten Führung" [42]; Einzelner „geschichtlich nur innerhalb der Gemeinschaft" [40]).

723 Durch Teilnahme Welzels an dem von dem ausgewiesenen Nazi Schürmann zur 200-Jahr-Feier der Universität Göttingen herausgegebenen Band – wie auch durch seine Mitgliedschaft in der neugegegründeten nationalsozialistischen Akademie der Wissenschaften – wurde Welzels Zusammenarbeit mit den Nazis der Göttinger Juristischen Fakultät dokumentiert (*Schumann*, in: Schumann (2008), S. 90 f. mit Fn. 103). Der ZStW-Beitrag ging aus einem Vortrag auf einer Tagung der strafrechtlichen Arbeitsgemeinschaft der Reichsfachgruppe »Hochschullehrer« im NS-Rechtswahrerbund am 30./31.3.1937 in Eisenach hervor (ZStW 57 (1938) 28 mit Fn. *).

724 Vgl. im Rahmen der Sozialadäquanz schon o. Kap. IV 5. mit Fn. 552; dort definiert *Welzel* als „sozialadäquat" solche Handlungen, die sich „funktionell inner-

des NS-Regimes[725] einschließlich seines Beitrags in der FS-Kohlrausch (1944),[726] obgleich dieser von Welzel selbst in der Nachkriegszeit als Distanzierung gedeutet wurde.[727]

---

halb der geschichtlich gewordenen Ordnung des Gemeinschaftslebens eines Volkes bewegen" (ZStW 58 (1939), 516); vorher *Welzel*, DRWis 3 (1938), 113, 119 („biologische[n] Grundlagen von entscheidender Bedeutung" für das „geschichtliche Leben und Schicksal"); später *Welzel*, ZStW 60 (1941), 428 (461 f. mit Fn. 61a, wo der „Volkschädling" i.S.d. genannten NS-Verordnung [Fn. 206] im Zusammenhang mit der Tätertypendiskussion – nachgerade unverfänglich – als besonderer Gesinnungstyp charakterisiert wird, der – „den Zersetzungskeim für die geballte Volkseinheit" in sich tragend – „mit der ganzen Schärfe des Strafrechts [Todesstrafe] getroffen werden" sollte); dazu auch *Stopp* (2018), S. 45 (51 ff. zu DRWis 3 (1938), 113).

725 Unzutreffend ist es deshalb, wenn *Loos* (ZStW 114 (2002), 657, 674 ff.) in Auseinandersetzung mit Sticht eine nationalsozialistische Verstrickung Welzels, insoweit Sticht zustimmend, nur in den Schriften der Jahre 1935-1937 zu erkennen vermag; danach sei davon aber kaum noch etwas zu spüren, „was man als Rückzug in den Elfenbeinturm der Strafrechtsdogmatik einschätzen könnte." (ebd., 674 f.); unzutreffend auch *Kubiciel*, in: Frisch et al. (2015), S. 150, wenn er „derartige Textstellen" nur für das Jahr 1937 festzustellen glaubt, was schon seiner eigenen Analyse von ZStW 57 (1938 [sic !]) 28 widerspricht.

726 *Welzel*, FS Kohlrausch (1944), S. 105 (Sachverhalts- und Aktwert „für die Gestaltung der Gemeinschaft unentbehrlich"), 109 („Treue gegenüber Volk, Reich, Führung ..." als „Aktwerte rechtlicher Gesinnung"), 112 (Hinwendung vom Sachverhalts- zum Handlungsunwert zur „Bewährung rechtlicher Gesinnung", um „die Kraft und den Bestand des Staates" zu sichern), 118 f. („ausnahmebedingte Krisis" der „Idee der Tatbestandlichkeit" und Betonung des „Sachverhaltswerts" durch kriegsstrafrechtliche Normen, wobei Welzel aber auch in dieser Situation „die bleibenden Akt- und Gesinnungswerte rechtlichen Handelns" für „die tragenden Pfeiler des Staates" hält). Krit. auch hinsichtlich des Bekenntnisses zum „neuen Staatsrecht" in dieser Schrift *Sticht* (2000), S. 28 m.w.N.

727 Und zwar im Rahmen einer Diskussion eines OGH-Urteils zur strafrechtlichen Verantwortlichkeit der NS-Euthanasieärzte (Urt. v. 5.3.1949, StS 19/49, teilweise in MDR 3 (1949) 370), wo er diese einerseits zu Gehilfen (mit Hitler als einzigem Täter) mittels seiner subjektiven Tatherrschaftslehre machen und anderseits einen Schuldausschluss aufgrund übergesetzlichen Notstands bzw. eines unvermeidbaren Verbotsirrtums grundsätzlich anerkennen will (*Welzel*, MDR 3 (1949), 373; zur Verbotsirrtumslösung auch *Welzel*, SJZ 3 (1948), 368 [371 mit Fn. 8]). Interessant sind dabei in unserem Zusammenhang nicht so sehr die durchaus lesenswerten und nachvollziehbaren dogmatischen Ausführungen (krit. aber auch insoweit *Matus*, ZIS 2014, 627), etwa – entgegen der Ansicht des OGH (MDR 3 (1949) 372) – zur grds. Anwendbarkeit des übergesetzlichen Notstands gerade in der Ausnahmesituation eines Unrechtsregimes (MDR 3 (1949) 374), sondern vielmehr die klare Positionierung Welzels gegen das NS-Recht, etwa die Gültigkeit des Hitler'schen Geheimerlasses vom 1.9.1939 (nach „jetzt" [!] h.A. „weder ein Gesetz noch überhaupt eine objektive Rechtsnorm", MDR 3

Solche *impliziten* Distanzierungen, einschließlich historisierender Erklärungen,[728] hat Welzel mit vielen seiner Kollegen gemein,[729] und sie finden

---

(1949) 373) oder die utilitaristische Verrechnung von Leben „als bloße Rechnungsposten in eine Gesamtrechnung“ (375), von deren „ethischen und rechtlichen Unzulässigkeit“ er „zutiefst überzeugt“ sei. Freilich begründet Welzel die grds. Möglichkeit eines unvermeidbaren Verbotsirrtums mit der fehlenden „naturrechtlichen Evidenz“ in „der Frage der Zulässigkeit oder Unzulässigkeit der Vernichtung lebensunwerten Lebens“, weshalb man darüber eben unvermeidbar irren könne (MDR 3 (1949), 376; grds. *Welzel*, 1949, S. 5 ff., wo er auf der Grundlage einer geschichtsphilosophischen Untersuchung argumentiert, dass es keine „evidenten Naturrechtssätze“ gebe und deshalb ein entschuldbarer Irrtum grds. in Betracht komme, der nur „bei Gewissenlosigkeit, d.h. bei blinder Ausführung erkennbar verwerflicher Anforderung“ vermeidbar bzw. unentschuldbar sei [26]; krit. *Frommel*, JZ 2016, 919); gründlicher Nachweis der Auswirkung der Anerkennung des Verbotsirrtums durch BGHSt 2, 194 und Welzels Anteil daran (Schuldtheorie) mit Blick auf die NS-Rspr. nun durch *Stopp* (2018), S. 98 ff. (165 ff.), 170 f. (Schuldausschluss oder Strafmilderung, insbesondere in Euthansasiefällen). Jedenfalls will Welzel *seine* klare Ablehnung der Unzulässigkeit der Vernichtung „lebensunwerten“ Lebens sogar schon im Dritten Reich „unzweideutig“ zum Ausdruck gebracht haben und verweist insoweit auf sein LB (3. Aufl. 1944, S. 165, 169) und den besagten Beitrag in der FS Kohlrausch (1944) (Fn. 537, S. 109). Im Lehrbuch lesen wir zwar, dass eine „spezialpräventive 'Sicherungstötung' nur wegen … Minderwertigkeit … ethisch nicht zu rechtfertigen“ wäre (S. 169), aber kurz davor auch, dass „die Minderwertigkeit des Täters und die Belastung der Volksgemeinschaft“ die Todesstrafe „erfordern“ könne (S. 168) (die von ihm in Bezug genommene S. 165 ist insoweit irrelevant). In der FS Kohlrausch (1944) argumentiert *Welzel*, dass zwar der Private (!) „einen sozial wertlosen Lebensträger“ nicht töten darf, „dem Staat … das Recht der Lebensvernichtung“ aber sehr wohl zustehe (S. 108 f.). Positive Deutung dieses Beitrags aber auch bei *Kubiciel*, in: Frisch et al. (2015), S. 150 („kaum ‘problematische‘ Passagen, im Gegenteil …“).

728 Vgl. *Welzel*, FS Engisch (1969), S. 91, 100 („Sinnentwürfe[n]“, „in denen wir die verpflichtenden Aufgaben unseres Lebens unter den Voraussetzungen und den wechselnden Bedingungen der *geschichtlichen Situation* zu erfassen suchen“, zu denen auch „die Normen eines *geschichtlichen Rechts*“ gehörten [Herv. K.A.], was von *Politoff*, NFP 45 (1989), 320, auf die historische Situation der NS-Zeit bezogen wird).

729 Interessant auch die Entwicklung des Lehrbuchs: *Welzel* (1940), S. 2 (Delikt als „Ausbrechen oder Abfallen von den wirklichen sittlichen Gemeinschaftsordnungen des Volkes“) sowie 3. Aufl. 1944, S. 1 (Verwurzelung des Strafrechts „in den spezifisch sittlichen Grundwerten eines Volkes“, die aus der richtigen „Gesinnung“ herrühren: „Treue gegenüber Volk, Reich, Führung, der Gehorsam gegenüber der Staatsgewalt, die Wehrbereitschaft, die Reinheit des Eides …“; vor diesem Hintergrund erscheint die zusf. Darstellung der Gesetzgebung des 3. Reichs auf S. 11 nicht nur als rein deskriptiv); in der folgenden Fassung von 1947 (der erste Teil ist zugleich die 4. Aufl. des AT) beschreibt *Welzel* die NS-Re-

ihre Fortsetzung im Schweigen oder offener Apologetik seiner Schüler.[730] Dass Zaffaroni diese apologetische Haltung noch heute einnimmt, ist mindestens aus zwei Gründen erstaunlich und eigentlich nicht nachvollziehbar. Zum einen hat schon Zaffaronis Lehrer Jiménez de Asúa – im Rahmen seiner o.g. bemerkenswerten Untersuchung zum NS-Strafrecht aus dem Jahre 1947 – Welzels Verbrechenslehre als „autoritär" kritisiert.[731] Zum anderen hat innerhalb der spanischsprachigen, insbesondere lateinamerikanischen[732] Strafrechtswissenschaft spätestens seit den 1980er Jahren – gleichsam Jiménez de Asúa bestätigend und vertiefend – eine kritische

formen dann als „unpolitisch" (S. 10), was schon deshalb erstaunlich ist, weil es sich nicht mit der von ihm apostrophierten politischen Aufgabe der Rechtswissenschaft (o. Kap. I 2. mit Fn. 24) verträgt. Krit. zu dieser Umdeutung seiner Verbrechenslehre als "unpolitisch" nun auch *Stopp* (2018), S. 170.

730 Von seinen unmittelbaren Schülern hat sich nur Fritz Loos zu Welzels NS-Verstrickung geäußert, allerdings nur in Auseinandersetzung mit der Arbeit von Sticht (s. schon Fn. 725) sowie zwei Jahre später (*Loos*, JZ 2004, 1118 mit Fn. 48 f. [„irritierende Aussagen zu den Grundlagen der Rechtswissenschaft aufgrund der nationalsozialistischen Neugestaltung des Staates"]), nicht aber vorher (insbesondere nicht in *Loos*, in: Loos (1987), S. 486). Zu positiv ist wohl Loos' Einschätzung der von Rudolf Smend und Eb. Schmidt für Welzel ausgestellten „Persilscheine" (ZStW 114 (2002), 675 mit Fn. 24; krit. auch *Sticht* (2000), S. 25 ff. (28 f.); *Matus*, ZIS 2014, 524 mit Fn. 22). *Jakobs* und *Schreiber* haben immerhin den Beitrag zur Staatsphilosophie Hegels (Fn. 722) zu Tage gefördert, der im Schriftenverzeichnis Welzels in der von *Stratenwerth* u.a. hrsg. FS Welzel (1974) nicht erwähnt ist (*Kubiciel*, in: Frisch et al. (2015), S. 149 mit Fn. 110); Jakobs sieht seinen Beitrag dazu aber als „minimal" an und rechnet die „Entdeckung" hauptsächlich Loos und Schreiber zu (email an Verf. v. 12.3.2018). *Hirsch* hingegen hat Welzel immer verteidigt, sei es indem er seine Lehre als für die NS-Zeit bedeutungslos bzw. als „Art von revolutionärem Akt" gegen die h.M. charakterisiert hat (*Hirsch*, ZStW 116 (2004), 1, 3, 7) oder *mündlich* im Gespräch mit Kollegen (so *Jakobs*, email an Verf. v. 7.3.2018). Kritischer jüngst nur *Kubiciel*, Urenkel-Schüler (über Pawlik-Jakobs), in: Frisch et al. (2015), S. 137 ff. (u.a. gg. Hirsch, aber hinsichtlich der nationalsozialistischen Verstrickung auch tendenziell verteidigend); krit. früher schon *Amelung* (1972), S. 223, 225 (allerdings kein Welzel-Schüler); auch *Ziemann* (2009), S. 133 („Kritik am neukantianischen Formalismus und ... Hinwendung zu einem ontologisch vorgegebenen Material").

731 *Jiménez de Asúa* (1947), S. 100.

732 Die hispanoamerikanische Strafrechtswissenschaft erweist sich insofern als kritischer als die spanische, vgl. auch *Llobet* (2018), S. 24. Eine Ausnahme stellt Tomás Vives Antón dar, der in seinem Lehrbuch die Nähe Welzels zum Nationalsozialismus diskutiert sowie Finalismus und Wertphilosophie als Autorität kritisiert (*Vives Antón* (2011), S. 40 f., 452) und im Prolog zu Llobets Buch Welzels Bekenntnis zum Nationalsozialismus für „indiscutible" hält (in Llobet (2018), S. 14: „compromiso de Welzel con el nacionalsocialismo ... indiscutible

Welzel-Rezeption eingesetzt, die von dem Chilenen Sergio Politoff[733] begonnen, dem Kolumbianer Fernando Velásquez[734] und Politoff-Schüler Jean Pierre Matus fortgesetzt[735] und jüngst von Javier Llobet im Rahmen einer umfassenden Monographie zum NS-Strafrecht gleichsam perfektioniert wurde.[736] All diese Autoren werden von Zaffaroni – bis auf Matus[737] – ignoriert, so dass man sich des Eindrucks nicht erwehren kann, dass es hier weniger um eine umfassende und unvoreingenommene Aufarbeitung

---

…"). Krit. auch *Muñoz-Conde*, in Zaffaroni (2017), S. 20 f. (Welzel „tuvo ningún problema … en asumir algunos de los postulados de moda entre los penalistas nazis …").

733 *Politoff*, DPC VII, Nr. 22 (1984), 71 (krit. Analyse der Schriften Welzels seit 1933, 73 f., allerdings – entgegen dem Titel – keine Auseinandersetzung mit der Sozialadäquanzlehre); *Politoff*, NFP No. 45 (septiembre 1989), 313, 318 ff. (insbesondere das an Schmitt angelehnte und in der FS Kohlrausch geäußerte Staatsverständnis und das Abstellen auf die Gesinnung kritisierend, i.W. Frommel folgend); *Politoff* (2001), S. 64 ff. [identisch *Politoff/Matus/Ramirez* (2004), S. 41 ff.] (Kritik des Finalismus samt Willens-/Gesinnungsstrafrecht statt Rechtsgüterschutz als autoritäre Lehre); *Politoff*, LH Rivacoba y Rivacoba (2004), S. 529, 537 f., 543 (u.a. Kritik der von Welzel, FS Kohlrausch, 1944, geäußerten These der Tatbestandslosigkeit von Tötungen u.a. Handlungen im Krieg als „Zweckmassnahmen" [537 f.] und der Verteidigung des Führerprinzips [543]).

734 *Velásquez*, in: Moreno et al. (2005), S. 69, 79 ff. (mit krit. Rezeption der Habilitationsschrift und einiger der hier zitierten Schriften, einschließlich des Beitrags in der FS Kohlrausch, und die Verbindungen zum NS-Regime anerkennend, aber i.E. gegen eine Überbewertung der NS-Zeit mit Blick auf die Gesamtbewertung Welzels [87 f.]); *Velásquez* (2009), S. 383 (insbesondere unter Bezugnahme auf den Beitrag in der FS Kohlrausch feststellend, dass Welzel in einigen „Absätzen … seine gesamte Konstruktion in den Dienst des [NS-] Terrorregimes gestellt hat" [„párrafos en los cuales el autor ponía toda su construcción al servicio del régimen de terror que entonces imperaba en Alemania", Übers. K.A.]).

735 *Matus*, ZIS 2014, 622 ff. (der einerseits die Kontinuität des NS-Strafrechts zur finalen Handlungslehre betont [623] und andererseits Welzels persönliches Verhalten [624 mit Fn. 22] und sein Werk [625 ff.] mittels detaillierter Nachweise kritisiert).

736 *Llobet* (2018), S. 247 ff. (gründliche Untersuchung zu Welzels Biographie, Schriften und Rezeption, wobei Llobet selbst das – hier ebenfalls nachgewiesene – NS-Gedankengut in Welzels Schriften kritisiert und dessen rechtsstaatliche Wende mit Betonung der Menschenwürde in die Nachkriegszeit verortet, Welzel selbst aber nicht als fanatischen, aktivistischen Nationalsozialisten wie etwa die Vertreter der Kieler Schule sehen will; vgl. ebd., S. 334 ff. [339, 352], 440 f.). Aus portugiesischer Sicht *Sousa Mendes* (2007), S. 371 ff., der zwei Phasen Welzels unterscheidet und hinsichtlich der ersten Phase (wohl bis 1945) die Nähe zum Schmitt'schen Ordnungsdenken und zur Kieler Schule betont (ebd., S. 371 f. m.w.N. zur portugiesischen und spanischen Literatur).

737 *Zaffaroni* (2017), S. 287; s. schon o. Fn. 702 u. Haupttext.

des NS-Strafrechts als vielmehr um die Fortsetzung der von Zaffaroni selbst kritisierten Auseinandersetzung zwischen Kausalismus und Finalismus mit anderen Mitteln geht.

Wenn auch einerseits Welzel – ebenso wie andere Strafrechtswissenschaftler dieser Zeit – nicht vorschnell zu „Strafrechtsideologen der Hitlerdiktatur“[738] gemacht und seine Schriften der nationalsozialistischen „Kampfliteratur“[739] zugerechnet werden sollten, – diese Charakterisierung dürfte wohl vor allem auf die Kieler Schule[740] zutreffen –, so kann doch andererseits der nationalsozialistische Gehalt seiner Schriften dieser Zeit nicht geleugnet werden. Welzel kann deshalb in eine Reihe mit jenen Autoren gestellt werden, die in „einer Art Konkurrenzkampf um die Schaffung eines den neuen Machthabern möglichst genehmen ideologischen Grundgerüsts“ gerungen haben,[741] sich dem Regime also jedenfalls opportunistisch angedient haben.[742]

3. *Kontinuität nationalsozialistischen Strafrechtsdenkens in Lateinamerika?*

Abschließend weist Zaffaroni auf die Kontinuität des NS-Denkens im heutigen – vor allem lateinamerikanischen – Strafrecht hin.[743] Den Kern dieses Denkens sieht Zaffaroni im romantisierenden, nie völlig realisierten Konzept der Volksgemeinschaft,[744] das in dreifacher Weise in das Strafrecht integriert worden sei.[745] In der Sache sei es um den Aufbau der o.g. Ameisen-

738 *Müller* (1989), S. 223; krit. *Sticht* (2000), S. 21 f. („fraglich“); *Kubiciel*, in: Frisch et al. (2015), S. 146; *Stopp* (2018), S. 65 (Einschätzung Müllers "inhaltlich zu weit"); dagegen auch *Velásquez*, in: Moreno et al. (2005), S. 87.

739 So aber *Frommel*, in: Reifner/Sonnen (1984), S. 90 („trotz der moderateren Töne“); auch *Frommel*, JZ 2016, 919 („furchtbarer Jurist“).

740 Vgl. aber zur Gleichstellung Welzels mit Dahm u. Schaffstein die Aussage des Leiters der Göttinger Studentenschaft Riechelmann aus 1936: „Wissenschaftlich steht W. in derselben Richtung, wie sie von den beiden Kieler Strafrechtlern Dr. Dahm und Dr. Schaffstein vertreten wird.“ (zit. nach *Sticht* (2000), S. 22).

741 *Hilgendorf*, in: Hilgendorf/Joerden (2017), S. 160 (165).

742 Vgl. auch *Frommel*, JZ 2016, 919 („furchtbar“ … „die Lautlosigkeit, mit der Hans Welzel opportunistisch sein konnte…“).

743 *Zaffaroni* (2017), S. 299 ff.

744 *Zaffaroni* (2017), S. 289 ff.

745 *Zaffaroni* (2017), S. 297 ff. (bezugnehmend auf die Theorie des Willensstrafrechts, die nationalsozialistisch inspirierten Neukantianer [!] und die Kieler Schule).

gesellschaft im Sinne Niders[746] gegangen, wobei Strafrecht vorrangig die Aufgabe gehabt habe, die widerspenstigen Ameisen, also die Dissidenten und Verräter, zu vernichten. Zaffaroni kritisiert insoweit erneut die Tätergesinnung als Grundlage der Strafbarkeit[747] und den involutiven NS-Rassismus, der die ideologische Grundlage für die Vernichtung der „kranken Elemente“ des Volkskörpers gebildet habe.[748] Er wiederholt die darin liegende Fortsetzung des neokolonialen europäischen Rassismus und grenzt – erneut – den evolutiven Rassismus Spencer'scher Prägung vom involutiven Rassismus ab.[749] Letztlich beruhe das NS-Strafrecht, auch und gerade das der Kieler Schule, auf einer imaginären Ethik der Volksgemeinschaft und des Führers, womit man sich jeglicher empirischer Kontrolle entzogen habe.[750] Die politischen Inhalte des romantischen NS-Irrationalismus seien in die Strafrechtswissenschaft inkorporiert worden, um all jene aufs härteste bestrafen zu können, die sich dem NS-Programm und Gesellschaftsmodell widersetzten.[751]

Die Kontinuität dieses Denkens erkennt Zaffaroni auch in der (lateinamerikanischen) Gegenwart, unter anderem in Form der Moralisierung des Strafrechts, einem medialen Terrorismus und der Stigmatisierung von Dissidenten,[752] auch und insbesondere in der Rechtsprechung.[753] Die vornehmste Funktion der Strafrechtsdogmatik, nämlich die rationale Beschränkung der staatlichen Strafgewalt, sieht er durch den populistischen, ja völkischen, Nationalismus lateinamerikanischer Führer, unterstützt von populistischen Medien, gefährdet.[754] Wer die (häufig medial gesteuerte) Praxis der lateinamerikanischen Strafjustiz kennt – exemplarisch sei etwa auf die öffentliche Vorführung bloß polizeilich Tatverdächtiger verwiesen –, wird Zaffaronis Diagnose kaum widersprechen können, wobei insoweit Spezialuntersuchungen, insbesondere mit Blick auf autoritär-feindstraf-

---

746 O. Kap. II 1. mit Fn. 96 u. Haupttext.
747 *Zaffaroni* (2017), S. 294.
748 *Zaffaroni* (2017), S. 295.
749 *Zaffaroni* (2017), S. 297.
750 *Zaffaroni* (2017), S. 299.
751 *Zaffaroni* (2017), S. 299.
752 *Zaffaroni* (2017), S. 299 ff.
753 *Zaffaroni* (2017), S. 301 ("signos áun más marcados"); ähnlich *Batista*, in Zaffaroni (2017), S. 111 f.
754 *Zaffaroni* (2017), S. 301, 303.

rechtlichen Tendenzen der polizeilichen Praxis[755] und Rechtsprechung, notwendige Konkretisierungen und Präzisierungen liefern müssten. In diesem Sinne bleibt uns – mit Zaffaroni[756] – nur die Hoffnung, dass seine Schrift die Skepsis gegenüber autoritärem und inhumanem Strafrecht, auch und gerade in Lateinamerika, verstärkt und dies von weiteren Untersuchungen aufgegriffen wird.

755 Zutreffende Parallele auf die sog. „Befriedungspolizei" („Policia Pacificadora") der Armenviertel Rio de Janeiros bei *Batista*, in Zaffaroni (2017), S. 109 f. ("... palavra 'paz' ... desmoralizada pelo programa das Unidades de Policia Pacificadora, que compartilha algumas caracerísticas com o modelo do 'campo,' que tanto deve ao nazismo...").

756 *Zaffaroni* (2017), S. 303.

Literaturverzeichnis

I. Literatur vor 1945

Binding, Karl (1885): Handbuch des Strafrechts. In: Binding, Karl, Systematisches Handbuch der deutschen Rechtswissenschaft, Abtheilung 7, Theil 1, Leipzig 1885.

Binding, Karl (1905): Lehrbuch des gemeinen deutschen Strafrechts, Besonderer Teil, Band II, Abteilung 2, Leipzig 1905.

Binding, Karl (1913): Grundriß des deutschen Strafrechts: Allgemeiner Teil, Leipzig 1913.

Binding, Karl/Hoche, Alfred (1920): Die Freigabe der Vernichtung lebensunwerten Lebens. Ihr Maß und Ihre Form, Leipzig 1920 [spanische Übersetzung von B. Serigós in Zaffaroni, Hrsg. (2009b), 47-97].

Blasco, Francisco/Moreda, Fernández (1943): Las escuelas de Kiel y de Marburgo y la doctrina penal nacional-socialista. In: Criminalia (Mexiko), IX, 4 (1943), 235-251; wiederveröffentlicht in Zaffaroni, Hrsg. (2011), S. 109-132.

Bruns, Hans-Jürgen (1938): Die Befreiung des Strafrechts vom zivilistischen Denken, Berlin 1938.

Cavaleiro de Ferreira, Manuel (1938): A Reforma do Direito Penal Alemão. In: Cavaleiro de Ferreira, Manuel, Obra Dispersa, Band I, Lissabon 1996 (Nachdruck), S. 69-81.

Dahm, Georg (1931): Die Zunahme der Richtermacht im modernen Strafrecht, Tübingen 1931 [Heidelberger Antrittsvorlesung].

Dahm, Georg (1933): Autoritäres Strafrecht. In: MSchrKrimPsych 24 (1933), 162-180.

Dahm, Georg (1934): Das Ermessen des Richters im nationalsozialistischen Strafrecht. In: DStR 80 [neue Folge 1] (1934), 87-96.

Dahm, Georg (1934): Die Ehre im Strafrecht. In: DR 4 (1934), 417-419.

Dahm, Georg (1934): Die Erneuerung der Ehrenstrafe. In: DJZ 39 (1934), 821-832.

Dahm, Georg (1935a): Gemeinschaft und Strafrecht, Hamburg 1935.

Dahm, Georg (1935b): Nationalsozialistisches und faschistisches Strafrecht, Berlin 1935.

Dahm, Georg (1935): Verbrechen und Tatbestand. In: Dahm, Georg et al., Grundfragen der neuen Rechtswissenschaft, Berlin 1935, S. 62-107.

Dahm, Georg (1938): Der Methodenstreit in der heutigen Strafrechtswissenschaft, ZStW 57 (1938) 225-294. (auch abgedruckt in: Dahm/Schaffstein, Methode und System des neuen Strafrechts, Berlin 1938, S. 1 ff.).

DAHM, Georg (1938): Staatsanwaltschaft und Kriminalpolizei. In: DRWis 3 (1938), 148-169.

DAHM, Georg (1940): Der Tätertyp im Strafrecht, Leipzig 1940.

DAHM, Georg/SCHAFFSTEIN, Friedrich (1933): Liberales oder autoritäres Strafrecht?, Hamburg 1933 [spanische Übersetzung von L.G. Brond in Zaffaroni, Hrsg. (2011), 57-107].

DONNEDIEU DE VABRES, Henri (1938): La Politique criminelle des États autoritaires, Paris 1938.

EXNER, Franz (1934): Das System der sichernden und bessernden Maßregeln nach dem Gesetz v. 24. November 1933 [GewohnheitsverbrecherG]. In: ZStW 53 (1934), 629-655.

EXNER, Franz (1939): Kriminalbiologie, Hamburg 1939.

FORSTHOFF, Ernst (1933): Der totale Staat, Hamburg 1933.

FRANK, Hans, Hrsg. (1934): Denkschrift des Zentralausschusses der Strafrechtsabteilung der Akademie für Deutsches Recht über die Grundzüge eines Allgemeinen Deutschen Strafrechts, Berlin 1934.

FRANK, Hans, Hrsg. (1935): Nationalsozialistische Leitsätze für ein neues deutsches Strafrecht, 1. Teil, 2. Aufl. 1935.

FRANK, Reinhard (1907): Über den Aufbau des Schuldbegriffs, Giessen 1907.

FREISLER, Roland (1933): Gedanken zur Strafrechtserneuerung. In: Preußischer Justizminister, Denkschrift des preußischen Justizministers, Nationalsozialistisches Strafrecht, Berlin 1933, S. 6-9.

FREISLER, Roland (1934): Des Führers Tat und unsere Pflicht. In: DJ 96 (1934), 850-851.

FREISLER, Roland (1934): Willensstrafrecht; Versuch und Vollendung. In Gürtner (1934), S. 9-36. [spanische Übersetzung von E.R. Zaffaroni, F.J.Arnedo, A. Bartos und G. Otano in Zaffaroni (2017), S. 113-157].

FREISLER, Roland (1934): Ergebnisse der Beratungen des Zentralausschusses der Strafrechtsabteilung der Akademie für deutsches Recht. In: Frank, Hans, Denkschrift des Zentralausschusses der Strafrechtsabteilung der Akademie für deutsches Recht über die Grundzüge eines Allgemeinen Deutschen Strafrechts, Berlin 1934, S. 7-24.

FREISLER, Roland (1935): Aufbau des Besonderen Teils und seine Stellung im Gesetz. In Gürtner (1935), S. 9-66.

FREISLER, Roland (1935): Schutz des Volkes oder des Rechtsbrechers, Fesselung des Verbrechers oder des Richters. In: DStR 2 (1935), 1-32.

FREISLER, Roland (1935): Der Wandel der politischen Grundanschauungen. In: DJ 97 (1935), 1247-1254.

FREISLER, Roland (1936): Staatssekretär Staatsrat Dr. Freisler über „Recht und Gesetzgeber" [Rede anlässlich der Amtseinführung des Breslauer OLG-Präsidenten]. in: DJ 98 (1936), 153-156.

FREISLER, Roland (1936): Der Rechtswahrer im Kampfe des Vierjahresplans. In: DJ 98 (1936), 1630.

GALLAS, Wilhelm (1936): Zur Kritik der Lehre vom Verbrechen als Rechtsgutsverletzung. In: Dahm, Georg et al., Festschrift zum 60. Geburtstag von Graf W. Gleispach, Berlin, Leipzig 1936, S. 50-69.

GEMMINGEN, Hans Dieter von (1933): Strafrecht im Geiste Adolf Hitlers, Heidelberg 1933.

GEMMINGEN, Hans Dieter von (1933): Willensstrafrecht oder Gefährdungsstrafrecht? In: JW 62 (1933), 2371-2373.

GERLAND, Heinrich (1933), Neues Strafrecht. In: DJZ 38 (1933), 857-861.

GOBINEAU, Arthur de (1853-1855), Essai sur l'inegalité des races humaines, Paris 1967 (Original von 1853).

GÖRING, Hermann (1935): Die Rechtssicherheit als Grundlage der Volksgemeinschaft, Hamburg 1935.

GRISPIGNI, Filippo (1940), Expiación y defensa en el nuevo código penal alemán. In: Zaffaroni (2009a), S. 29-42.

GRISPIGNI, Filippo (1941a), Los principios fundamentales del nuevo derecho penal alemán. In: Zaffaroni (2009a), S. 51-70.

GRISPIGNI, Filippo (1941b), El significado de las nuevas disposiciones sobre el derecho penal de la juventud en Alemania. In: Zaffaroni (2009a), S. 71-92.

GROSSMANN, Hans (1926): Die Grenze von Vorsatz und Fahrlässigkeit, Hamburg 1926.

GÜRTNER, Franz, Hrsg. (1934), Das kommende deutsche Strafrecht. Allgemeiner Teil, Bericht über die Arbeit der amtlichen Strafrechtskommission, Berlin 1934.

GÜRTNER, Franz, Hrsg. (1935), Das kommende deutsche Strafrecht. Besonderer Teil, Bericht über die Arbeit der amtlichen Strafrechtskommission, Berlin 1935.

GÜRTNER, Franz (1936): Eröffnungsansprache Internationaler Strafrechts- und Gefängniskongress, 1935. In: Actes du Congrès pénal et pénitentiaire international de Berlin Aout 1935, Procès-verbaux des séances, Volume I a, Bern 1936, S. 4-23.

HARTMANN, Nicolai (1926): Ethik, Berlin 1926.m

HEGLER, August (1915): Merkmale des Verbrechens. In: ZStW 35 (1915), 19-44.

HENKEL, Heinrich (1933): Der Begriff der Wissenschaft in Forschung und Lehre. In Krieck, Ernst/Staufing, Friedrich, Die deutsche Hochschule, Marburg 1933, S. 8-29.

HENKEL, Heinrich (1934a): Strafrichter und Gesetz im neuen Staat. Die geistigen Grundlagen, Hamburg 1934.

HENKEL, Heinrich (1934b): Die Unabhängigkeit des Richters in ihrem neuen Sinngehalt, Hamburg 1934.

HENTIG, Hans v. (1933): Nationalsozialistisches Strafrecht. In: MSchrKrimPsych 24 (1933), 633-634.

HOEFER, Frederick (1945): The Nazi Penal System - I. In: JCL&Crim 35 (1945), 385-393.

HONIG, Richard (1919): Die Einwilligung des Verletzten. Die Geschichte des Einwilligungsproblems und die Methodenfrage, Volume 1, Mannheim 1919.

Jiménez de Asúa, Luis (1920): El estado peligroso del delincuente y sus consecuencias ante el Derecho penal moderno. In: Publicaciones de la Real Academia de Jurisprudencia y Legislación de Madrid, 27 de febrero de 1920, 6-34.

Jiménez de Asúa, Luis (1922): El estado peligroso. Nueva fórmula para el tratamiento penal y preventivo, Madrid 1922.

Jiménez de Asúa, Luis (1933): Manual de Derecho Penal, Volumen Primero, Madrid 1933.

Kerrl, Hanns (1933): Nationalsozialistische Staatskunst und Strafrechtserneuerung. In: Preußischer Justizminister, Denkschrift des preußischen Justizministers, Nationalsozialistisches Strafrecht, Berlin 1933, S. 3-5.

Kohlrausch, Eduard (1936): Das kommende deutsche Strafrecht. In: ZStW 55 (1936), 384-398.

Lange, Friedrich Albert (1915): Geschichte des Materialismus und Kritik seiner Bedeutung in der Gegenwart, Zweites Buch: Geschichte des Materialismus seit Kant, Leipzig 1915.

Lange, Heinrich (1933): Liberalismus, Nationalsozialismus und Bürgerliches Recht: ein Vortrag, Tübingen 1933.

Larenz, Karl (1933): Über Gegenstand und Methode des völkischen Rechtsdenkens, Berlin 1933.

Larenz, Karl (1935): Rechtsperson und subjektives Recht. Zur Wandlung der Rechtsgrundbegriffe. In: Dahm, Georg/ Huber, Ernst Rudolf/ Larenz, Karl/ Michaelis, Karl/ Schaffstein, Friedrich/ Siebert, Wolfgang, Grundfragen der neuen Rechtswissenschaft, Berlin 1935, S. 225-258.

Liszt, Franz von (1883): Der Zweckgedanke im Strafrecht. In: ZStW 3 (1883), 1-47.

Liszt, Franz von (1907), Das „richtige Recht“ in der Strafgesetzgebung. II., ZStW 27 (1907), 91-96.

Luetgebrune, Walter (1934): „Nullum crimen sine lege, nulla poena sine lege“. In: Frank (1934), S. 42-45.

Maunz, Theodor (1943): Gestalt und Recht der Polizei. In: Huber, Ernst Rudolf, Idee und Ordnung des Reiches. Band 2, Hamburg 1943, S. 1-104.

Mayer, Max Ernst (1901): Die schuldhafte Handlung und ihre Arten im Strafrecht, Leipzig 1901.

Mayer, Max Ernst (1915): Der Allgemeine Teil des deutschen Strafrechts, Heidelberg 1915.

Merkel, Adolf (1899): Vergeltungsidee und Zweckgedanke im Strafrecht. In: Gesammelte Abhandlungen aus dem Gebiet der allgemeinen Rechtslehre und des Strafrechts, Zweite Hälfte, Straßburg 1899.

Mezger, Edmund (1924): Die subjektiven Unrechtselemente. In: GerS 89 (1924), 207-314.

Mezger, Edmund (1928): Konstitutionelle und dynamische Verbrechensauffassung. In: MSchKrimPsych 19 (1928) 385-400.

Mezger, Edmund (1934): Kriminalpolitik auf kriminologischer Grundlage, Stuttgart 1934.

MEZGER, Edmund (1934): Willensstrafrecht, Gefährdungsstrafrecht und Erfolgsstrafrecht. In: DJZ 39 (1934), Sp. 97-104.

MEZGER, Edmund (1936): Das neue Strafrecht und die Strafrechtswissenschaft. In: DJZ 41 (1936), 601-607.

MEZGER, Edmund (1936): Deutsches Strafrecht. Ein Leitfaden, Berlin 1936.

MEZGER, Edmund (1936): Die materielle Rechtswidrigkeit im kommenden Strafrecht, ZStW 55 (1936), 1-17.

MEZGER, Edmund (1938): Deutsches Strafrecht. Ein Grundriss, Berlin 1938.

MEZGER, Edmund (1940): Vergeltung und Schutz im neuen Deutschen Strafrecht, MSchKrimBio 31 (1940), 105-110; spanische Übersetzung in: Zaffaroni (2009a), 43-50.

MEZGER, Edmund (1942): Kriminalpolitik auf kriminologischer Grundlage, Stuttgart 2. Aufl. 1942.

MEZGER, Edmund (1944): Rechtsirrtum und Rechtsblindheit. In: Boeckelmann, Paul et al., Probleme der Strafrechtserneuerung, Festschrift für Eduard Kohlrausch zum 70. Geburtstage, Berlin 1944, S. 180-198.

MITTASCH, Helmut (1939): Die Auswirkungen des wertbeziehenden Denkens in der Strafrechtssystematik, Berlin 1939.

MITTERMAIER, Wolfgang (1924): Über den Begriff „Verbrechen", ZStW 44 (1924), 2-15.

MITTERMAIER, Wolfgang (1938): Die Krise in der deutschen Strafrechtswissenschaft. In: SchwZStR 52 (1938), 209-226.

NAUCKE, Alfred (1920): Einführung. in Binding, Karl/Hoche, Alfred, Die Freigabe der Vernichtung lebensunwerten Lebens, Berlin: BWV, 2006 [Nachdruck], S. VI-LXXI.

NICOLAI, Helmut (1932): Die rassengesetzliche Rechtslehre: Grundzüge einer nationalsozialistischen Rechtsphilosophie, München 1932.

NIDER, Johannes (1475): Formicarius, Köln 1475.

OETKER, Friedrich (1934): Die Teilnahme am Verbrechen. In: Frank (1934), S. 116-134.

ÖSTERREICH, Traugott Konstantin (1951): Friedrich Ueberwegs Grundriss der Geschichte der Philosophie, Vierter Teil, Tübingen 1951.

PREUSSISCHER JUSTIZMINISTER (1933): Denkschrift des preußischen Justizministers, Nationalsozialistisches Strafrecht, Berlin 1933 (zit. u.a.: Denkschrift).

RADBRUCH, Gustav (1932): Rechtsphilosophie, 3. Aufl. Leipzig 1932 (zit. nach der Studienausgabe, herausgegeben von Dreier, Ralf/Paulson, Stanley, Heidelberg 1999).

RADBRUCH, Gustav (1933/1957): Autoritäres oder soziales Strafrecht? In: Die Gesellschaft X (1933); zitiert nach der wiederveröffentlichten Fassung in: Radbruch, Gustav, Der Mensch im Recht, Göttingen 1957, S. 63-79.

RADBRUCH, Gustav (1936/1990): Rezension zu 'Welzel, Naturalismus und Wertphilosophie im Strafrecht, 1933', Zentralblatt für die Juristische Praxis 54 (1936), 43-45. In: Radbruch, Gustav, Gesamtausgabe Band 3, Heidelberg 1990, S. 29-31.

RADBRUCH, Gustav (1939): Rezension zu Erich Schwinge, Irrationalismus und Ganzheitsbetrachtungen in der deutschen Rechtswissenschaft, Bonn 1938. In: SchwZStR 53 (1939) 109-110.

RADBRUCH, Gustav (1945): Fünf Minuten Rechtsphilosophie, abgedruckt in: Dreier/Paulson (1999), S. 209 f. (Anhang 2).

RIECKE, Heinz (1935): Der Rassegedanke und die neuere Philosophie, Leipzig 1935.

RIEMER, Svend (1933): Autorität – Wofür? In: MSchrKrimPsych 24 (1933), 222-226.

RAUCH, Herbert (1936): Die klassische Strafrechtslehre in ihrer politischen Bedeutung, Leipzig 1936.

SAUER, Wilhelm (1936): Lebendes Recht und lebende Wissenschaft, Tübingen 1936.

SCHAFFSTEIN, Friedrich (1933): Die Nichtzumutbarkeit als allgemeiner übergesetzlicher Schuldausschließungsgrund, Leipzig 1933.

SCHAFFSTEIN, Friedrich (1934): Ehrenstrafe und Freiheitsstrafe in ihrer Bedeutung für das neue Strafrecht. In: DStR 80 [neue Folge 1] (1934), 273-281.

SCHAFFSTEIN, Friedrich (1934): Formalismus im Strafrecht. In: DR 4 (1934), 349-352.

SCHAFFSTEIN, Friedrich (1934): Nationalsozialistisches Strafrecht. In: ZStW 53 (1934), 603-628.

SCHAFFSTEIN, Friedrich (1934): Der Begriff „Strafanspruch“ und sein rechtspolitischer Gehalt. In: DJZ 39 (1934), Sp. 1174-1180.

SCHAFFSTEIN, Friedrich (1934): Politische Strafrechtswissenschaft, Hamburg 1934 (Antrittsvorlesung Leipzig).

SCHAFFSTEIN, Friedrich (1935): Das Verbrechen als Pflichtverletzung. In: Dahm, Georg/Huber, Ernst Rudolf / Larenz, Karl/ Michaelis, Karl/ Schaffstein, Friedrich/ Siebert, Wolfgang, Grundfragen der neuen Rechtswissenschaft, Berlin 1935, S. 108-142.

SCHAFFSTEIN, Friedrich (1935): Das Verbrechen eine Rechtsgutsverletzung? In: DStR 81 (1935), 97-105.

SCHAFFSTEIN, Friedrich (1936): Das subjektive Recht im Strafrecht. In: DRWis 1 (1936), 39-49.

SCHAFFSTEIN, Friedrich (1936): Die Bedeutung des Erziehungsgedankens im neuen deutschen Strafvollzug. In: ZStW 55 (1936), 276-290.

SCHAFFSTEIN, Friedrich (1936): Die unechten Unterlassungsdelikte im System des neuen Strafrechts. In: Dahm, Georg et al., Gegenwartsfragen der Strafrechtswissenschaft, Festschrift zum 60. Geburtstag von Graf W. Gleispach, Berlin, Leipzig 1936, S. 70-114.

SCHAFFSTEIN, Friedrich (1936): Strafrechtsreform und unechte Unterlassungsdelikte, DJ 98 (1936), 767-770.

Schaffstein, Friedrich (1936): Zur Problematik der teleologischen Begriffsbildung im Strafrecht. In: Leipziger Juristenfakultät, Festschrift der Leipziger Juristenfakultät für Dr. Richard Schmidt, Leipzig 1936, S. 47-77. (Wiederabdruck in Ellscheid, Günter/Hassemer, Winfried, Interessenjurisprudenz, Darmstadt 1974, S. 380-417).

Schaffstein, Friedrich (1937): Literaturbericht Strafrecht. Allgemeiner Teil. In: ZStW 56 (1937), 104-175.

Schaffstein, Friedrich (1937): Rechtswidrigkeit und Schuld im Aufbau des neuen Strafrechtsystems, ZStW 57 (1937), 295-336. (auch abgedruckt in Dahm, Georg/Schaffstein, Friedrich, Methode und System des neuen Strafrechts, Berlin 1938).

Scheler, Max (1915/1919): Vom Umsturz der Werte, 2 Bände, Leipzig 1915, 1919.

Scheler, Max (1916): Der Formalismus in der Ethik und die materiale Wertethik, Paderborn 1916.

Schmidt, Eberhard (1933): Antrittsrede „Juristisches Denken und Politik“. In: Hamburgerische Universität, Reden gehalten bei der Feier des Rektorswechsels am 7. Nov. 1933, Hamburg 1933, S. 27-49.

Schmidt, Eberhard (1942): Anselm von Feuerbach und Franz von Liszt. In: MschrKrim 33 (1942), 205-223.

Schmitt, Carl (1934): Der Führer schützt das Recht. Zur Reichstagsrede Adolf Hitlers vom 13. Juli 1934. In: DJZ 39 (1934), 945-960.

Schmitt, Carl (1934): Der Weg des deutschen Juristen. In: DJZ 39 (1934), 691-698.

Schmitt, Carl (1934): Nationalsozialismus und Rechtsstaat. In: JW 63 (1934), 713-718.

Schmitt, Carl (1934): Über die drei Arten des rechtswissenschaftlichen Denkens, Hamburg 1934.

Schumacher, Oskar (1927): Um das Wesen der Strafrechtsschuld, Mannheim 1927.

Schwinge, Erich (1930): Teleologische Begriffsbildung im Strafrecht: ein Beitrag zur strafrechtlichen Methodenlehre, Bonn 1930.

Schwinge, Erich (1938): Irrationalismus und Ganzheitsbetrachtung in der deutschen Rechtswissenschaft, Bonn 1938.

Schwinge, Erich/Zimmerl, Leopold (1934): Wesensschau und konkretes Ordnungsdenken im Strafrecht, Bonn 1934.

Seidenstücker, Herbert (1938): Strafzweck und Norm bei Binding und im nationalsozialistischen Recht, Quakenbrück 1938.

Siegert, Karl (1934): Der Treuegedanke im Strafrecht. In: DR 4 (1934), 528-531.

Siegert, Karl (1934): Grundzüge des Strafrechts im neuen Staate, Tübingen 1934.

Spencer, Herbert (1851): Social Statistics: Or, the Conditions Essential to Human Happiness Specified and the first of them developed, London 1851.

Spencer, Herbert (1860): The Social Organism, London 1860.

Spencer, Herbert (1864): Principles of Biology, London 1864.

Strauss, Friedrich (1934): Die Erweiterung des Rechtsgüterschutzes im nationalsozialistischen Strafrecht. In: Frank (1934), S. 31-41.

Thierack, Georg (1934): Sinn und Bedeutung der Richtlinien für die Strafrechtsreform. In Frank (1934), S. 25-30.

Torino y Roldan, Fernando (1945): Lineas fundamentales del nuevo derecho penal juvenil de Alemania – una crítica a las ideas de Erik Wolf. In: RDP (Buenos Aires) 1 (1945), 507-514.

Welzel, Hans (1931): Kausalität und Handlung. In: ZStW 51 (1931), 703-720.

Welzel, Hans (1935): Naturalismus und Wertphilosophie im Strafrecht, Münster 1935.

Welzel, Hans (1938): Tradition und Neubau in der Strafrechtswissenschaft. In: DRWis 3 (1938), 113-121.

Welzel, Hans (1938): Über die Ehre von Gemeinschaften. In: ZStW 57 (1938) 28-52.

Welzel, Hans (1938): Über die Grundlage der Staatsphilosophie Hegels. In: Schürmann, Artur, Volk und Hochschule im Umbruch, Oldenburg 1937, S. 87-104.

Welzel, Hans (1939): Studien zum System des Strafrechts. In: ZStW 58 (1939), 491-566.

Welzel, Hans (1940): Der Allgemeine Teil des deutschen Strafrechts in seinen Grundzügen, Berlin 1940.

Welzel, Hans (1941): Persönlichkeit und Schuld. In: ZStW 60 (1941), 428-474.

Welzel, Hans (1944): Über den substantiellen Begriff des Strafgesetzes. In: Boeckelmann, Paul et al., Probleme der Strafrechtserneuerung, Festschrift für Eduard Kohlrausch zum 70. Geburtstage, Berlin 1944, S. 101-119.

Welzel, Hans (1944): Der Allgemeine Teil des deutschen Strafrechts in seinen Grundzügen, Berlin 3. Aufl. 1944.

Wolf, Erik (1932): Vom Wesen des Täters, Tübingen 1932.

Wolf, Erik (1933): Krisis und Neubau der Strafrechtsreform, Tübingen 1933. (Vorträge in Heidelberg am 23.5.1933 und in Freiburg am 16.6.1933).

Wolf, Erik (1934): Das Rechtsideal des nationalsozialistischen Staates. In: ARSP 28 (1934), 348-363.

Wolf, Erik (1934): Literaturbericht „Rechts- und Staatsphilosophie“. In: ZStW 53 (1934) 544-574.

Wolf, Erik (1934): Richtiges Recht im nationalsozialistischen Staat, Freiburg 1934 (Vortrag in Freiburg am 7.12.1933).

Wolf, Erik (1935): Das künftige Strafensystem und die Zumessungsgrundsätze. In: ZStW 54 (1935), 544-574.

Wolf, Erik (1936): Tattypus und Tätertypus. In: ZAkdR 3 (1936), 358-363.

Wolf, Erik (1939): Der Methodenstreit in der Strafrechtslehre und seine Überwindung In: DRWis 4 (1939), 168-181.

Wolf, Erik (1944/45): Lineas fundamentales del nuevo derecho penal juvenil de Alemania, REP (Universidad de Valladolid, Facultad de Derecho) Band II (1944/45), 7-27.

Zimmerl, Leopold (1935): Täterschaft, Teilnahme, Mitwirkung. In: ZStW 54 (1935), 575-590.

ZIMMERL, Leopold (1936): Zur Auslegung des § 2 StGB. In: Dahm, Georg et al., Gegenwartsfragen der Strafrechtswissenschaft, Festschrift zum 60. Geburtstag von Graf W. Gleispach, Berlin u.a. 1936, S. 173-187.

II. Literatur nach 1945

ALEXY, Robert (1992): Fortwirkungen nationalsozialistischer Denkweisen in Rechtslehre und Rechtsprechung nach 1945? In: Säcker, Franz Jürgen, Recht und Rechtslehre im Nationalsozialismus, Baden-Baden 1992, S. 219-226.

ALLER, Germán (2009): Dogmática de la acción y praxis penal, Montevideo/Buenos Aires 2009.

AMBOS, Kai (2013): Rechtsgutsprinzip und harm principle: theoretische Ausgangspunkte zur Bestimmung der Funktion des Völkerstrafrechts. Ein zweiter Beitrag zu einer grundlegenden Theorie des Völkerstrafrechts. In: Zöller, Mark et al., Hrsg., Gesamte Strafrechtswissenschaft in internationaler Dimension. Festschrift für Jürgen Wolter zum 70. Geburtstag, Berlin 2013, S. 1285-1310.

AMBOS, Kai (2017): Stand und Zukunft der Rechtsvergleichung. In: RW 8 (2017), 247-276.

AMBOS, Kai (2018): Buchrezension zu Kim Christian Priemel, The Betrayal, The Nuremberg Trials and German Divergence, Oxford 2016. In: ZIS 2018, 39-42. In englischer Version in: CLF 29 (2018) 157-164.

AMELUNG, Knut (1972): Rechtsgüterschutz und Schutz der Gesellschaft, Frankfurt a.M. 1972.

AMELUNG, Knut (2002): Der Einfluss des südwestdeutschen Neukantianismus auf die Lehre vom Rechtsgüterschutz im deutschen Strafrecht. In: Alexy, Robert et al., Neukantianismus und Rechtsphilosophie, Baden-Baden 2002, S. 363-373.

ARNEDO, Fernando J., Roland Freisler: „El soldado político de Hitler". In Zaffaroni, Hrsg. (2017), S. 9-84.

BACIGALUPO, Enrique (2005): Die Diskussion über die finale Handlungslehre im Strafrecht. In: Arnold, Jörg et al., Menschengerechtes Strafrecht. Festschrift für Albin Eser zum 70. Geburtstag, München 2005, S. 61-75.

BATISTA, Nilo, Atualidade de Roland Freisler. In Zaffaroni, Hrsg. (2017), S. 103-112.

BEULKE, Werner (2002): In memoriam Friedrich Schaffstein. In: MSchrKrim 85 (2002), 81-83.

BEYER, Wilhem (1947): Rechtsphilosophische Besinnung, Karlsruhe 1947.

BOCKENFÖRDE, Ernst-Wolfgang (1990): Zur Kritik der Wertbegründung des Rechts. In: Dreier, Ralf, Rechtspositivismus und Wertbezug des Rechts (ARSP-Beiheft 37), Stuttgart 1990, S. 33-46.

BOCKENFÖRDE, Ernst-Wolfgang (1991): Recht, Staat, Freiheit, Studien zur Rechtsphilosophie, Frankfurt a.M. 1991.

BOHR, Felix (2018): Die Kriegsverbrecherlobby - Bundesdeutsche Hilfe für im Ausland inhaftierte NS-Täter, Berlin 2018.

BRAUN, Johann (2001): Rechtsphilosophie im 20. Jahrhundert, München 2001.

CATTANEO, Mario A. (2001): Strafrechtstotalitarismus, Baden-Baden 2001.

CODINO, Rodrigo, Algunas consideraciones sobre Filippo Grispigni, in Zaffaroni (2009a), S. 115-132.

COHN, Ernst J. (1973): Gelehrter in Zeiten der Wirrnis. In: Evers, Hans Ulrich et al., Persönlichkeit in der Demokratie. Festschrift für Erich Schwinge zum 70. Geburtstag, Köln/Bonn 1973, S. 1-6.

CZOLLEK, Max (2018): Desintegriert Euch! 3. Aufl. München 2018.

DAHM, Georg (1956): Zur Problematik des Völkerstrafrechts, Göttingen 1956.

DIERLAMM Alfred (2014): § 266 StGB. In: Joecks, Wolfgang et al., Münchener Kommentar zum Strafgesetzbuch, München 2014, S. 547-652.

DONNA, Edgardo Alberto (2005): El pensamiento de Hans Welzel, entre el positivismo y el nacionalsocialismo. In: Moreno, Hernández et al., Problemas Capitales del Moderno Derecho Penal, Mexico D.F 2005, S. 45-67.

DÖLLING, Dieter (1989): Kriminologie im »Dritten Reich«. In: Dreier, Ralf/ Sellert,Wolfgang, Reich und Justiz im »Dritten Reich«, Frankfurt a.M. 1989, S. 194-225.

DREIER, Ralf/PAULSON, Stanley, Hrsg. (1999): Gustav Radbruch - Rechtsphilosophie. Studienausgabe, Heidelberg 1999.

DREIER, Ralf/PAULSON, Stanley (1999): „Vorwort" und „Einführung in die Rechtsphilosophie Radbruchs", in Dreier/Paulson (1999), S. V-VIII und S. 235-250.

ECKERT, Jörn (1992): Was war die Kieler Schule. In: Säcker, Franz Jürgen, Recht und Rechtslehre im Nationalsozialismus, Baden-Baden 1992, S. 37-70.

ESER, Albin (2001): „Sozialadäquanz": eine überflüssige oder unverzichtbare Rechtsfigur? – Überlegungen anhand sozialüblicher Vorteilsgewährungen. In: Schünemann, Bernd, Festschrift für Claus Roxin zum 70. Geburtstag, Berlin 2001, S. 199-212.

ESER, Albin (2010): Über Grenzen – Streben nach Mitte. In: Hilgendorf, Eric, Die deutschsprachige Strafrechtswissenschaft in Selbstdarstellungen, Berlin 2010, S. 75-122.

EXNER, Frank (1949): Kriminologie, Berlin/Heidelberg 1949.

FELDMÜLLER-Bäuerle, Berit (2010): Die strafrechtliche Kieler Schule, Hamburg 2010.

FOLJANTY, Lena (2013): Recht oder Gesetz, Tübingen 2013.

FORSTHOFF, Ernst (1968): Zur heutigen Situation einer Verfassungslehre. In: Barion, Hans, Epirrhosis, Festgabe für Carl Schmitt, Teilband 1, 1968, S. 185-212.

FREI, Norbert (1996): Vergangenheitspolitik: die Anfänge der Bundesrepublik und die NS-Vergangenheit, München 1996.

FROMMEL, Monika (1984): Welzels finale Handlungslehre. Eine konservative Antwort auf das nationalsozialistische Willensstrafrecht - oder die Legende von der "Überwindung des Wertneutralismus" im Strafrecht. In: Reifner, Udo/Sonnen, Bernd-Rüdeger, Strafjustiz und Polizei im Dritten Reich, Frankfurt a.M./New York 1984, S. 86-96.

FROMMEL, Monika (1987): Präventionsmodelle in der deutschen Strafzweckdiskussion, Berlin 1987.

FROMMEL, Monika (2016): Rechtsphilosophie in den Trümmern der Nachkriegszeit. In: JZ 2016, 913-920.

GARBE, Detlef (1989): In jedem Einzelfall-- bis zur Todesstrafe: der Militärstrafrechtler Erich Schwinge: ein deutsches Juristenleben. Hamburg 1989.

GEYER, Christian (2018), Gibt es Germanen?, FAZ, 7.6.2018

GOLTSCHE, Friederike (2010): Der Entwurf eines Allgemeinen Deutschen Strafgesetzbuches von 1922 (Entwurf Radbruch), Berlin 2010.

GÖRTEMAKER, Manfred/SAFFERLING, Christoph (2016): Die Akte Rosenburg, München 2016.

GRAVER, Hans Petter (2018): Why Adolf Hitler spared the Judges: Judicial Opposition against the Nazi State. In: GLJ 19 (2018), 845-877.

GROSS, Raphael (2010): Anständig geblieben: Nationalsozialistische Moral (Die Zeit des Nationalsozialismus), Frankfurt a.M. 2010 (e-book).

GROSSE-VEHNE, Vera (2005): Tötung auf Verlangen (§ 216 StGB), "Euthanasie" und Sterbehilfe: Reformdiskussion und Gesetzgebung seit 1870, Berlin 2005.

GUEZ, Oliver (2018): Das Verschwinden des Josef Mengele, Berlin 2018 (e-book).

GÜNTHER, Klaus (1995): Von der Rechts- zur Pflichtverletzung. Ein „Paradigmawechsel“ im Strafrecht? In: Institut für Kriminalwissenschaften der Johann Wolfgang Goethe-Universität, Vom unmöglichen Zustand des Strafrechts, Frankfurt a. M./Bern 1995, S. 445-460.

GUZMÁN DALBORA, José Luis (2017), Contexto histórico-ideológico del Derecho penal de la voluntad. In Zaffaroni, (2017), S. 85-102.

GUZMÁN DALBORA, José Luis (2017), Doctrina penal nazi etc. (reseña), RDPC VII, no. 10 (noviembre 2017), 229-232.

HALFMANN, Frank (1998), Eine "Pflanzstätte bester nationalsozialistischer Rechtsgelehrter": Die Juristische Abteilung der Rechts- und Staatswissenschaftlichen Fakultät, In: Becker, Heinrich, Die Universität Göttingen unter dem Nationalsozialismus, 2. Aufl München 1998, S. 102-155.

HAMMON, Kathrin (2011): Karl Binding/Alfred E. Hoche, „Die Freigabe der Vernichtung lebensunwerten Lebens. Ihr Maß und Ihre Form“, Göttingen 2011.

HARTL, Benedikt (2000): Das nationalsozialistische Willensstrafrecht, Berlin 2000.

HARZER, Regina (1999): Die tatbestandsmäßige Situation der unterlassenen Hilfeleistung, Frankfurt a.M. 1999.

HATTENHAUER, Hans (2005): Eine Türkenschrift im "langen Krieg" aus dem Jahre 1606. In: JJZG 7 (2005), 173-202.

HENKEL, Heinrich (1977): Einführung in die Rechtsphilosophie, München 1977.

HENKEL, Heinrich (1995): »Kollektivschuld«. In: Nottarp, Hermann et al., Monumentum Bambergense. Festgabe für Benedikt Kraft, München 1995, S. 106-128.

HILLIGER, Fedja Alexander (2018): Das Rechtsdenken Karl Bindings und die „Freigabe der Vernichtung lebensunwerten Lebens“, Berlin 2018.

Hilgendorf, Eric (2017): Rechtsphilosophie zwischen 1860 und 1960. In: Hilgendorf, Eric/Joerden, Jan, Handbuch Rechtsphilosophie, Stuttgart 2017, S. 160-169.

Hirsch, Hans Joachim (2002): Die verfehlte deutsche Gesetzesfigur der „besonders schweren Fälle". In: Dölling, Dieter/Erb, Volker, Festschrift für Karl-Heinz Gössel zum 70. Geburtstag, Heidelberg 2002, S. 287-302.

Hirsch, Hans Joachim (2004): Zum 100. Geburtstag von Hans Welzel. In: ZStW 116 (2004), 1-14.

Hollerbach, Alexander (2009): Zum Verhältnis von Erik Wolf und Martin Heidegger: Ein nicht abgeschickter Brief Erik Wolfs an Karl Barth. In: Heidegger-Jahrbuch 4, Freiburg/München 2009, S. 284-347.

Hollerbach, Alexander (2017): Rechtsphilosophische Irrlehre: Monika Frommel über Erik Wolf. Zu Monika Frommel. In: JZ 2017, 455-457.

Holzhey, Helmut (1984): Neukantianismus. In: Ritter, Joachim/Gründer, Karlfried, Historisches Wörterbuch der Philosophie, Band 6, Darmstadt 1984, 747-754.

Honig, Richard (1962): Das amerikanische Strafrecht. In: Mezger, Edmund/Schönke, Adolf/Jescheck, Hans-Heinrich, Das ausländische Strafrecht der Gegenwart: Amerika – Norwegen - Türkei, Band IV, Berlin 1962, S. 7-262.

Höffler, Katrin (2017): Tätertypen im Jugendstrafrecht. In: Schumann, Eva/Wapler, Friederike, Erziehen und Strafen, Bessern und Bewahren. Entwicklungen und Diskussionen im Jugendrecht im 20. Jahrhundert, Göttingen 2017, S. 61-71.

Hoyer, Andreas (2008), Strafrechtswissenschaft und Nationalsozialismus. In: Hoyer, Andreas / Hattenhauer, Hans / Meyer-Pritzl, Rudolf / Schubert, Werner, Gedächtnisschrift für Jörn Eckert, Baden-Baden 2008, S. 351-368; in spanisch: Ciencia del derecho penal y nacionalsocialismo, RP 23 (enero 2009), 41-51.

Jäger, Herbert (1967): Verbrechen unter totalitärer Herrschaft. Studien zur nationalsozialistischen Gewaltkriminalität, Frankfurt/M 1967.

Jäger, Herbert (2006): [Gespräch] In: Horstmann, Thomas / Litzinger, Heike, An den Grenzen des Rechts. Gespräche mit Juristen über die Verfolgung von NS-Verbrechen, Frankfurt/New York, 2006, S. 35-67.

Jakobs, Günther (1993): Strafrecht - Allgemeiner Teil, Berlin 1993.

Jessberger, Florian (2019): Heinrich Henkel (1903-1981): Ideologie und Recht. In: Jeßberger, Florian / Kotzur, Markus/ Repgen, Tilman, Festschrift 100 Jahre Fakultät für Rechtswissenschaft der Universität Hamburg, Tübingen 2019, im Erscheinen (Manuskript zitiert).

Jiménez de Asúa, Luis (1946-1952): El Criminalista, Volume 1 – 10, Buenos Aires 1946-1952.

Jiménez de Asúa, Luis (1947): El derecho penal totalitario en Alemania y el derecho voluntarista. In: El Criminalista, Band VII, Buenos Aires 1947, S. 63-186.

Jiménez de Asúa, Luis (1957-1970): Tratado de Derecho penal, Volume 1-7, Buenos Aires 1957-1970.

Kale, Steven (2010): Gobineau, Racism, and Legitimism: A royalist heretic in Nineteenth-century France. In: MIH 7 (2010), 33-61.

Kaufmann, Arthur/von der Pfordten, Dietmar (2016): Problemgeschichte der Rechtsphilosophie. In: Hassemer, Winfried et al., Einführung in die Rechtsphilosophie und Rechtstheorie, Heidelberg 2016, S. 80-101.

Kazim, Hasnain (2018): Auf rechts gedreht (Gespräch mit Sommerfeld), Spiegel Online, 10.4.2018, abrufbar unter: http://www.spiegel.de/politik/deutschland/caroline-sommerfeld-ikone-der-neuen-rechten-und-identitaeren-a-1201899.html (zuletzt besucht am 17.9.2018).

Kiesewetter, Hubert (1974): Von Hegel zu Hitler. Eine Analyse der Hegelschen Machtsstaatsideologie und der politischen Wirkungsgeschichte des Rechtshegelianismus, Hamburg 1974.

Kindhäuser, Urs (2017): § 266 StGB. In: Kindhäuser, Urs et al., Nomos Kommentar Strafgesetzbuch, Baden-Baden 2017, S. 1142-1169.

Kindhäuser, Urs (2018): Günther Jakobs und Hans Welzel. In: Kindhäuser, Urs et al., Strafrecht und Gesellschaft, Tübingen 2018, S. 155-193.

Klippel, Diethelm (1995): Subjektives Recht und gemanisch-deutscher Rechtsgedanke in der Zeit des Nationalsozialismus. In: Rückert, Joachim/Willoweit, Dietmar, Die Deutsche Rechtsgeschichte in der NS-Zeit, Tübingen 1995, S. 31-54.

Kroeschell, Karl (1995): Führer, Gefolgschaft und Treue. In: Rückert, Joachim/Willoweit, Dietmar, Die Deutsche Rechtsgeschichte in der NS-Zeit, Tübingen 1995, S. 55-76.

Kroeschell, Karl (1995): Studien zum frühen und mittelalterlichen Recht, Berlin 1995.

Krüper, Julian (2018): Auf der Suche nach neuer Identität. Die Verfassung der Berliner Republik verlässt den Schonraum der Nachkriegszeit. In: Duve, Thomas/Ruppert, Stefan, Rechtswissenschaft in der Berliner Republik, Frankfurt a.M. 2018, S. 238-269.

Kubiciel, Michael (2015): „Welzel und die anderen". Positionen und Positionierungen Welzels vor 1945. In: Frisch, Wolfgang et al., Lebendiges und Totes in der Verbrechenslehre Hans Welzels, Tübingen 2015, S. 135-156.

Kubink, Michael (2002): Strafen und ihre Alternativen im zeitlichen Wandel, Berlin 2002.

Lepsius, Oliver (1994): Die gegensatzaufhebende Begriffsbildung, München 1994.

Lepsius, Susanne (2003): Die mittelalterliche italienische Stadt als Utopie. In: Cordes, Stadt-Gemeinde-Genossenschaft: Festschrift für Gerhard Dilcher, Berlin 2003, S. 389-455.

Lindner, Josef Franz (2017): Rechtswissenschaft als Metaphysik, Tübingen 2017.

Llobet R., Javier (2018): Nacionalsocialismo y antigarantismo penal (1933-1945), Valencia 2018.

Loos, Fritz (1970): Zur Wert- und Rechtslehre Max Webers, Tübingen 1970.

Loos, Fritz (1987): Hans Welzel (1904-1977). Die Suche nach dem Überpositiven im Recht. In: Loos, Fritz, Rechtswissenschaft in Göttingen, Göttinger Juristen aus 250 Jahren, Göttingen, 1987, S. 486-509.

Loos, Fritz (2002): Literaturbericht Rechtsphilosophie. In: ZStW 114 (2002), 657-680.

Loos, Fritz (2004): Hans Welzel (1904-1977). In: JZ 2004, 1115-1119.

LÜBBE, Hermann (2007), Vom Parteigenossen zum Bundesbürger. Über beschwiegene und historisierte Vergangenheiten, München 2007.

LUIG, Klaus (1995): „Römische und germanische Rechtsanschauung, individualistische und soziale Ordnung". In: Rückert, Joachim/Willoweit, Dietmar, Die Deutsche Rechtsgeschichte in der NS-Zeit, Tübingen 1995, S. 95-137.

MAHLMANN, Matthias (2017): Rechtsphilosophie und Rechtstheorie, Baden-Baden 2017.

MAIWALD, Manfred (2002): Friedrich Schaffstein. In: NJW 2002, 1250-1251.

MATUS, Jean Pierre (2014): Nacionalsocialismo y derecho penal. Apuntes sobre el caso de H. Welzel. In: ZIS 2014, 622-628.

MAUS, Ingeborg (1989): «Gesetzesbindung» der Justiz und die Struktur der nationalsozialistischen Rechtsnormen. In: Dreier, Ralf/Sellert, Wolfgang, Reich und Justiz im »Dritten Reich«, Frankfurt a.M. 1989, S. 81-104.

MARXEN, Klaus (1975): Der Kampf gegen das liberale Strafrecht, Berlin 1975.

MARXEN, Klaus (1983): Die rechtsphilosophische Begründung der Straftatlehre im Nationalsozialismus. In: Rottleuthner, Hubert, Recht, Rechtsphilosophie und Nationalsozialismus, (ARSP-Beiheft Nr. 18), Wiesbaden 1983, S. 55-64.

MARXEN, Klaus (1984): Zum Verhältnis von Strafrechtsdogmatik und Strafrechtspraxis im Nationalsozialismus. In: Reifner, Udo/Sonnen, Bernd-Rüdeger, Strafjustiz und Polizei im Dritten Reich, Frankfurt a.M./New York 1984, S. 77-85.

MARXEN, Klaus (1990): Das Problem der Kontinuität in der neueren deutschen Strafrechtsgeschichte. In: KritV 73 (1990), 287-289.

MERCURIO, Ezequiel (2013), El estado peligroso del delincuente: 90 años después. Psiquiatría y prognosis criminal en el ámbito de ejecución de la pena, Januar 2013 <https://www.researchgate.net/publication/305850976>.

MEZGER, Edmund (1949): Strafrecht. Ein Lehrbuch, Berlin 1949 (Nachdruck 2014).

MEZGER, Edmund (1950): Moderne Wege der Strafrechtsdogmatik, Berlin 1950.

MUÑOZ CONDE, Francisco (2003): Edmund Mezger y el Derecho Penal de su tiempo. Estudios sobre el Derecho Penal en el Nacionalsocialismo, Valencia 2003.

MUÑOZ CONDE, Francisco (2003): Comentario a "La Riforma Penale Nazionalsocialista", de Filippo Grispigni y Edmund Mezger, NDP 2003A, 303-315.

MUÑOZ-CONDE, Francisco (2017): Prólogo. In: Zaffaroni, Eugenio Raúl, Derecho penal humano. La doctrina de los juristas y el poder en el siglo XXI, Buenos Aires 2017, S. 15-23.

MURMANN, Uwe (2005): Die Selbstverantwortung des Opfers im Strafrecht, Heidelberg 2005.

Müller, Claudius (1994): Die Rechtsphilosophie des Marburger Neukantianismus, Tübingen 1994.

Müller, Ingo (1989): Furchtbare Juristen. Die unbewältigte Vergangenheit der Justiz, München 1989.

Naucke, Wolfgang (1953): Naturrecht und Rechtspositvismus. In:Universität Göttingen. Rechts- und Staatswissenschaftliche Fakultät, Festschrift für Hans Nidermayer zum 70. Geburtstag, Göttingen 1953, S. 279-294.

Naucke, Wolfgang (1981): Die Aufhebung des strafrechtlichen Analogieverbots 1935. In: Institut für Zeitgeschichte, NS-Recht in historischer Perspektive, München 1981, S. 71-108.

Naucke, Wolfgang (2010): „Schulenstreit"? In: Herzog, Felix et al., Festschrift für Winfried Hassemer, Heidelberg 2010, S. 559-572.

Nolte, Ernst (1963): Der Faschismus in seiner Epoche, München 1963.

Oneca, José Antón (1970): La obra penalista de Jiménez de Asúa. In: Anuario de Derecho Penal y Ciencias Penales 23 (1970), 547-535.

Ott, Walter (2016): Die Vielfalt des Rechtspositivismus, Baden-Baden 2016.

Paulson, Stanley (2002): Einleitung. In: Alexy, Robert et al., Neukantianismus und Rechtsphilosophie, 2002, S. 11-22.

Pfordten, Dietmar von der (1996): Die gegensatzaufhebende Begriffsbildung. Methodenentwicklungen in der Weimarer Republik und ihr Verhältnis zur Ideologisierung der Rechtswissenschaft unter dem Nationalsozialismus, (Münchener Universitätsschriften. Reihe der Juristischen Fakultät, Band 100) von Oliver Lepsius. In: ARSP 82 (1996), 591-593.

Pfordten, Dietmar von der (2004): Die Rechtsidee bei Kant, Hegel, Stammler, Radbruch und Kaufmann. In: Shing-I-Liu, Hrsg., Value Pluralism, Tolerance and Law, Taipeh 2004, S. 333-379.

Pfordten, Dietmar von der (2010): Gustav Radbruch – Über den Charakter und das Bewahrenswerte seiner Rechtsphilosophie. In: JZ 2010, 1021-1027.

Politoff, Sergio (1984): Adecuación social y terror en América Latina, el papel de la Justicia. In: Derecho Penal y Criminologia VII, Nr. 22 (1984), 71-81.

Politoff, Sergio (1989): Sistema jurídico-penal y legitimación política en el Estado democrático de derecho. In: NFP No. 45 (1989), 313-327.

Politoff, Sergio (2001): Derecho Penal. Tomo I, Santiago de Chile 2001.

Politoff, Sergio (2004): Obediencia y delito en contextos cambiantes. In: Guzmán Dalbora, José Luis, El penalista liberal. Libro Homenaje a Manuel de Rivacoba y Rivacoba (FS Rivacoba), Buenos Aires 2004, S. 529-562.

Politoff, Sergio/Matus, Jean Pierre/Ramírez, Cecilia (2004): Lecciones de Derecho Penal Chileno. Parte General. Santiago de Chile 2004.

Priemel, Kim Christian (2016): The Betrayal, Oxford 2016,

Radbruch, Gustav (1946): Gesetzliches Unrecht und Übergesetzliches Recht. In: SJZ 1 (1946), 105-108.

ROBBERS, Gerhard (1990): Zur Verteidigung einer Wertorientierung in der Rechtsdogmatik. In: Dreier, Ralf, Rechtspositivismus und Wertbezug des Rechts, (ARSP-Beiheft 37), Stuttgart 1990, S. 162-172.

ROXIN, Claus (1963): Straftaten im Rahmen organisatorischer Machtapparate, GA 1963, 193-207.

ROXIN, Claus (2006): Strafrecht, Allgemeiner Teil I, München 2006.

RÜCKERT, Joachim (1995): Der Rechtsbegriff der deutschen Rechtsgeschichte in der NS-Zeit: der Sieg des „Lebens" und des konkreten Ordnungsdenkens, seine Vorgeschichte und seine Nachwirkungen, in Rückert, Joachim/Willoweit, Dietmar, Die Deutsche Rechtsgeschichte in der NS-Zeit, Tübingen 1995, S. 177-240.

RÜPING, Hinrich (1989): Zur Praxis der Strafjustiz im «Dritten Reich». In: Dreier, Ralf/Sellert,Wolfgang, Reich und Justiz im »Dritten Reich«, Frankfurt a.M. 1989, S. 180-193.

RÜTHERS, Bernd (1989): Entartetes Recht. Rechtslehren und Kronjuristen im Dritten Reich, München 1989.

RÜTHERS, Bernd (2017): »Rechtsphilosophie in den Trümmern der Nachkriegszeit«. In: JZ 2017, 457-460.

RÜTHERS, Bernd/SCHMITT, Martin (1988): Die juristische Fachpresse nach der Machtergreifung der Nationalsozialisten. In: JZ 1988, 369-377.

SAFFERLING, Christoph (2011): Bestimmt oder nicht bestimmt: Der Untreuetatbestand vor den verfassungsrechtlichen Schranken. In: NStZ 2011, 376-379.

SAFFERLING, Christoph (2017): Verfolgung der Täter durch Täter? Vom Versagen der Politik und der Justiz bei der Strafverfolgung von NS-Tätern im Nachkriegsdeutschland. In: Lüttig, Frank/Lehmann, Jens, Die letzten NS-Verfahren, Baden-Baden 2017, S. 19-40.

SCHAFFSTEIN, Friedrich (1965): Die Jugendkriminalität in der industriellen Wohlstandsgesellschaft. In: MschrKrim 48 (1965), 53-67.

SCHAFFSTEIN, Friedrich (1974): Nachwort 1974 [zu „Problematik der teleologischen Begriffsbildung", ursprünglich *Schaffstein*, FS R. Schmidt (1936)]. In: Ellscheid, Günter/Hassemer, Winfried, Hrsg., Interessenjurisprudenz, Darmstadt 1974, S. 417.

SCHAFFSTEIN, Friedrich (2000): Robert von Hippel und Curt Bondy: Die beiden Persönlichkeiten, die vor anderen bestimmend für meinen strafrechtswissenschaftlichen Weg wurden. In: RJ 19 (2000), 647-654.

SCHAFFSTEIN, Friedrich (2005): Erinnerungen an Georg Dahm. In: JJZG 7 (2005), 173-202.

SCHILD, Wolfgang (2014): Zwischen Hegel und Hitler: Die Straftheorie von Karl Larenz (1936). In: Asholt, Martin/Eisenhardt, Ulrich/Prinz von Sachsen Gessaphe, Karl-August/Zwiehoff, Gabriele, Hrsg, Strafrecht und Juristische Zeitgeschichte. Symposium anlässlich des 70. Geburtstags von Thomas Vormbaum, Baden-Baden, 2014, S. 119-158.

SCHMIDT, Eberhard (1947): Einführung in die Geschichte der deutschen Strafrechtspflege, Göttingen 1947.

Schmidt, Eberhard (1951): Einführung in die Geschichte der deutschen Strafrechtspflege, 2. Aufl., Göttingen 1951.

Schmidt, Eberhard (1965): Einführung in die Geschichte der deutschen Strafrechtspflege, 3. Aufl., Göttingen 1965 (2. unveränderter Nachdruck 1995).

Schmitt, Carl (1967): Die Tyrannei der Werte. In: Forsthoff, Ernst et al., Säkularisation und Utopie, Ebracher Studien, Ernst Forsthoff zum 65. Geburtstag, Stuttgart 1967, S. 37-62.

Schreiber, Hans-Ludwig (1989): Die Strafgesetzgebung im «Dritten Reich». In: Dreier, Ralf/Sellert, Wolfgang, Reich und Justiz im »Dritten Reich«, Frankfurt a.M. 1989, S. 151-179.

Schröder, Jan (2016): Rechtswissenschaft in Diktaturen. Die juristische Methodenlehre im NS-Staat und in der DDR, München 2018.

Schumann, Eva (2006): Dignitas – Voluntas – Vita. Überlegungen zur Sterbehilfe aus rechtshistorischer, interdisziplinärer und rechtsvergleichender Sicht, Göttingen 2006.

Schumann, Eva (2008): Die Göttinger Rechts- und Staatswissenschaftliche Fakultät 1933-1955. In: Schumann, Eva, Kontinuitäten und Zäsuren. Rechtswissenschaft und Justiz im „Dritten Reich“ und in der Nachkriegszeit, Göttingen 2008, S. 65-121.

Schumann, Eva (2013): Fortwirken von NS-Juristen in der Bundesrepublik. In: BMJ (Hrsg.), Die Rosenburg. 2. Symposium. Die Verantwortung von Juristen im Aufarbeitungsprozess, Berlin 2013, S. 70-123.

Schumann, Eva (2017): Die DVJJ und die NS-Zeit. In: ZJJ 28 (2017), 313-313.

Schumann, Eva (2017): Der Ausschuss für Jugendrecht der Akademie für deutsches Recht 1934-1941, in Schumann, Eva/Wapler, Friederike, Erziehen und Strafen, Bessern und Bewahren, Göttingen 2017, S. 73-138.

Schumann, Eva/Wapler, Friederike (2017): Erziehen und Strafen, Bessern und Bewahren, Göttingen 2017.

Schünemann, Bernd (1984): Einführung in das strafrechtliche Systemdenken. In: Schünemann, Bernd, Grundfragen des modernen Strafrechtssystems, Berlin 1984, S. 1-68.

Siegert, Karl (1953): Grundlinien des Völkerstrafprozessrechts, Göttingen 1953.

Sontheimer, K. (1962): Antidemokratisches Denken in der Weimarer Republik, München 1962.

Spendel, Günter (1994): Nachruf: Zum Tod von Erich Schwinge. In: JZ 1994, 720.

Starck, Christian (1990): Zur Notwendigkeit einer Wertbegründung des Rechts. In: Dreier, Ralf, Rechtspositivismus und Wertbezug des Rechts, (ARSP-Beiheft 37), Stuttgart 1990, S. 47-74.

Stefanopolou, Georgia (2010), Friedrich Schaffstein und die Lehre vom Verbrechen als Pflichtverletzung. In: JoJZG 2010, 111-118.

Sticht, Oliver (2000): Sachlogik als Naturrecht? Zur Rechtsphilosophie Hans Welzels (1904-1977), Paderborn 2000.

STOPP, Heike (2018): Hans Welzel und der Nationalsozialismus. Zur Rolle Hans Welzels in der nationalsozialistischen Strafrechtswissenschaft und zu den Auswirkungen der Schuldtheorie in den NS-Verfahren der Nachkriegszeit, Tübingen 2018.

STRATENWERTH, Günter et al. (1974): Festschrift für Hans Welzel zum 70. Geburtstag, Berlin 1974.

SOUSA MENDES, Paulo de (2007): O torto intrinsecamente culposo como condição necessária da imputação da pena, Coimbra 2007.

SOUSA MENDES, Paulo de (2013): Lições de Direito Processual Penal. Lissabon 2013

SOUSA MENDES, Paulo de (2018): O ensino de Cavaleiro de Ferreira. In: Sousa Mendes, Paulo de, Novos Elementos de Estudo de Direito Processual Penal, Lissabon 2018, S. 21-29.

TELP, Jan (1992): Ausmerzung und Verrat. Zur Diskussion um Strafzwecke und Verbrechensbegriffe im Dritten Reich, Frankfurt a.M.1992.

THULFAUT, Gerit (2000) Kriminalpolitik und Strafrechtslehre bei Edmund Mezger (1883-1962): eine wissenschaftsgeschichtliche und biographische Untersuchung, Baden-Baden 2000.

VELÁSQUEZ, Fernando (2005): Hans Welzel: Una aproximación a su vida y a su obra. In: Moreno, Hernández et al., Problemas Capitales del Moderno Derecho Penal, Mexico D.F. 2005, S. 69-92.

VELÁSQUEZ, Fernando (2009): Derecho Penal: Parte General, Bogota 2009.

VIVES ANTÓN, Tomás S. (2011): Fundamentos del Sistema Penal, Valencia 2011.

VIVES ANTÓN, Tomás S. (2018): Prólogo, in: Llobet (2018), S. 13-18.

VOGEL, Joachim (2004): Einflüsse des Nationalsozialismus auf das Strafrecht, Berlin 2004.

VORMBAUM, Moritz (2019): Eberhard, Schmidt: Strafrecht im Rechtsstaat und im Führerstaat. In: Jeßberger, Florian/Kotzur, Markus/Repgen, Tilman, Festschrift 100 Jahre Fakultät für Rechtswissenschaft der Universität Hamburg, Tübingen 2019, im Erscheinen (Manuskript zitiert).

VORMBAUM, Thomas (1995): Rezension „Godau-Schüttke, Ich habe nur dem Recht gedient. Die »Renazifizierung« der Schleswig-Holsteinischen Justiz nach 1945, Baden-Baden 1993. In: GA 1995, 146-148.

VORMBAUM, Thomas (2010): Eduard Kohlrausch (1874-1948). Opportunismus oder Kontinuität? In: Grundmann, Stefan et al., Festschrift 200 Jahre Juristische Fakultät der Humboldt-Universität zu Berlin, Berlin 2010, S. 523-544.

VORMBAUM, Thomas (2011): Die Strafrechtsangleichungsverordnung vom 29. Mai 1943, Münster 2011.

VORMBAUM, Thomas (2015): Einführung in die moderne Strafrechtsgeschichte, Berlin/Heidelberg 3. Aufl. 2015.

WAPLER, Friederike (2008): Werte und das Recht. Individualistische und kollektivistische Deutungen des Wertbegriffs im Neukantianismus, Baden-Baden: Nomos, 2008

WALTHER, Manfred (1989): Hat der juristische Positivismus die deutschen Juristen im »Dritten Reich« wehrlos gemacht? In: Dreier, Ralf/Sellert,Wolfgang, Reich und Justiz im »Dritten Reich«, Frankfurt a.M. 1989, S. 323-354.

WEIL, Heinz (1986): Am Rande des Strudels. Erinnerungen 1913-1983, Stuttgart 1986.

WERLE, Gerhard (1989): Justiz-Strafrecht und polizeiliche Verbrechensbekämpfung im Dritten Reich, Berlin 1989.

WELZEL, Hans (1947): Das deutsche Strafrecht in seinen Grundzügen, Berlin 1947.

WELZEL, Hans (1948): Der Irrtum über die Rechtswidrigkeit des Handelns. In: SJZ 3 (1948), 368-372.

WELZEL, Hans (1949): Anmerkung zu einer Entscheidung des OGH vom 5.3.1949. In: MDR 3 (1949), 373-376.

WELZEL, Hans (1949): Vom irrenden Gewissen: eine rechtsphilosophische Studie, Tübingen 1949.

WELZEL, Hans (1953): Naturrecht und Rechtspositivismus, Festschrift für Hans Niedermeyer zum 70. Geburtstag, Göttingen 1953, S. 279 [auch abgedruckt in Maihofer, Werner, Naturrecht oder Rechtspositivismus?, Bad Homburg 1962, S. 322 ff.].

WELZEL, Hans (1961): Das neue Bild des Strafrechtssystems – eine Einführung in die finale Handlungslehre, Göttingen 1961.

WELZEL, Hans (1962), Naturrecht und materiale Gerechtigkeit, Göttingen 1962.

WELZEL, Hans (1969): Gedanken zur „Willensfreiheit". In: Bockelmann, Paul et al., Festschrift Karl Engisch zum 70. Geburtstag, Frankfurt a.M. 1969, S. 91-102.

WETZELL, Richard F. (2000): Inventing the criminal. A history of German criminology 1850-1945, Chapel Hill and London 2000.

WHITMAN, James Q (2017): Hitler's American Model: the United States and the Making of Nazi Race Law, Princeton 2017 (deutsch: Hitlers amerikanisches Vorbild, 2018).

WIEGAND, Marc Andre (2014): Unrichtiges Recht, Tübingen 2014.

WOLF, Erik (2009): Brief an Karl Barth v. 15.10.1945 u. 11.11.1968. Veröffentlicht durch Hollerbach, Alexander. In: Heidegger-Jahrbuch 4 (2009), 284-347.

WOLF, Gerhard (1996): Befreiung des Strafrechts vom nationalsozialistischen Denken? In: JuS 1996, 189-195.

WOLTERS, Gereon (2001): Das Unternehmensdelikt, Baden-Baden, 2001.

ZAFFARONI, Eugenio Raúl, Hrsg. (2009a): Filippo Grispigni / Edmund Mezger, La reforma penal nacional-socialista, Buenos Aires, 2009.

ZAFFARONI, Eugenio Raúl, Hrsg. (2009b): Karl Binding / Alfred Hoch, La licencia para la aniquilación de la vida sin valor de vida, Buenos Aires, 2009.

ZAFFARONI, Eugenio Raúl, Hrsg. (2011): Georg Dahm / Friedrich Schaffstein, Derecho penal liberal o derecho penal autoritario?, Buenos Aires, 2011.

ZAFFARONI, Eugenio Raúl, Hrsg. (2016): Willem Pompe / Anton, Peters, La Escuela Penal de Utrecht, Buenos Aires, 2016.

ZAFFARONI, Eugenio Raúl, Hrsg. (2017): Roland Freisler Derecho penal de voluntad, Buenos Aires, 2017.

ZAFFARONI, Eugenio Raúl (2009a): Introducción. In Zaffaroni, (2009a), S. 9-26.

ZAFFARONI, Eugenio Raúl (2009b): Introducción. In Zaffaroni, (2009b), S. 7-46.

ZAFFARONI, Eugenio Raúl (2011): Estudio preliminar. In: Gómez, Eusebio, La mala vida en Buenos Aires, Buenos Aires 2011, S. 9-28.

ZAFFARONI, Eugenio Raúl (2011): Prólogo. In Zaffaroni, Hrsg. (2011), S. 7-54.

ZAFFARONI, Eugenio Raúl (2017): Doctrina Penal Nazi, Buenos Aires 2017

ZAFFARONI, Eugenio Raúl (2017a): Derecho penal humano. La doctrina de los juristas y el poder en el siglo XXI, Buenos Aires 2017.

ZIEMANN, Sascha (2009): Neukantianisches Strafrechtsdenken, Baden-Baden 2009.

ZIPPELIUS Reinhold (2012): Juristische Methodenlehre, München 2012.

Personenverzeichnis (selektiv)

Die arabischen Ziffern verweisen auf die Seite(n)

Sachverzeichnis

Die arabischen Ziffern verweisen auf die Seite(n)